湖北省高等学校哲学社会科学研究重大项目（省社
"近代湖北翻译史"（编号：20ZD064）结题成果

近代湖北翻译史专题研究

杨荣广　翟全伟　李　铮　著

History of Translation
in Modern Hubei

WUHAN UNIVERSITY PRESS
武汉大学出版社

图书在版编目(CIP)数据

近代湖北翻译史专题研究/杨荣广,翟全伟,李铮著.—武汉:武汉大学出版社,2023.2

ISBN 978-7-307-23580-9

Ⅰ.近… Ⅱ.①杨… ②翟… ③李… Ⅲ.翻译—语言学史—研究—湖北—近代 Ⅳ.H159-092

中国国家版本馆 CIP 数据核字(2023)第 019833 号

责任编辑:谢群英 责任校对:汪欣怡 版式设计:韩闻锦

出版发行:**武汉大学出版社** (430072 武昌 珞珈山)

(电子邮箱:cbs22@whu.edu.cn 网址:www.wdp.com.cn)

印刷:武汉邮科印务有限公司

开本:720×1000 1/16 印张:21.5 字数:320 千字 插页:1

版次:2023 年 2 月第 1 版 2023 年 2 月第 1 次印刷

ISBN 978-7-307-23580-9 定价:68.00 元

序

译史与译思

荣广突然发来《近代湖北翻译史研究》书稿索序，叫我又惊又喜。惊，因为之前不知他有此研究；喜，因为博士毕业不足三年，他就推出一专题研究成果！此外甚巧，以神农架为坐标，我生于架之南，他生于架之北，南北本应相通，本序亦权当是浏览其作后与他的一种沟通和呼应。

译事与国是

本书是有关译事的历史，时段截近代，地段限湖北。据考，1927年蒋翼振①首倡"翻译学"，此前虽出现"译学"二字，只是一笔带过，而展开较深入思考者，实自他始；约百年之后的2021年，国务院学位办将"翻译"列为"文学"门类下的一级学科②（请注意，用语是"翻译"，而非"翻译学"），充分显示出国家对翻译实践人才培养的高度重视，欲借翻译服务国之大者的殷切希望。

由高俯低，自上而下，可知中国译学研究轰轰烈烈，而中国译事亟

---

① 蒋翼振（1900—1983年）在《翻译学通论》（1927年版）中首次提出"翻译学"概念和初步设想，国内多将其视为中国翻译学科发展的起点。

② 参见2021年12月国务院学位委员会下发的《博士、硕士学位授予和人才培养专业目录（征求意见稿）》。

待关切。近百年来，中国翻译学赓续本土，舶来西方，双重"催化"之下成果丰硕已然在目。种种主义、新生的译论、交叉而成的学科络绎不绝，展现了一派"新新"向荣的景象；但植根中国、基于历史的深度发掘依然不够，本书或可视为一种探索。"治一学而不深观其历史演进之迹，是全然蔑视时间关系，而兹学系统终未由明瞭"，① 由此观之，本书是从时空视角以译事服务于国是的有益尝试。

区域与全局

翻译史研究，就其内容，涉及翻译理论史、翻译实践史、翻译史学史、翻译学科史，就其书写，则分通史、断代史、专门翻译史之类。荣广博士甫一出"笼"，就回"乡"究"俗"，具有明晰的地域意识。书稿聚焦湖北近代的译事发展，是集断代、区域与专题三合一的历史。

全书以近代(1840—1911)湖北为时空坐标，取跨科视角，整合译学与史学理论，从译人译事、译报译刊、翻译出版等方面展开断代史研究，旨在以翻译为入口，从知识史和思想史层面拓展，探寻湖北士人如何藉由翻译在古今、中西之间进行会通，实现知识再生产，如何以翻译为手段，促进近代中国现代转型。内容涉及戢翼翚、李伟森、王亚南、叶君健、冯承钧、闻一多、闻家驷等多位湖北籍译家，叙其生平经历、翻译实践、翻译思想等，多为学界耳熟能详之人；亦有部分译家(如戢翼翚、李伟森等)学界较为陌生。当然，若是将翻译主体扩至在鄂译人，则既可立足近代湖北，又可关联全国译事，或许涵盖更为全面。

此外，本书反映了近代官办和民办翻译出版机构，如湖北官书局、江楚翻译局、湖北洋务译书局、湖北自强学堂、湖北舆地学会、武昌翻译学塾等，论及其引介新知、开启民智之功，赞助译作生产之实，更是新人耳目。而全书有关《湖北商报》《湖北学报》《湖北教育学报》《扬子江小说报》等涉译报刊的探讨，则借助新闻史料开辟了翻译研究的新视

---

① 梁启超. 中国历史研究法[M]. 上海：上海古籍出版社，2011：38.

角，拓展了湖北区域史研究的新面向。尤其可贵的是，本书作者在注重史实与史论之时，对区域翻译史之概念、研究现状与理论亦有初步研究，意在举一反三，窥斑知貌，以局部推全局，从特性研究延至共性研究。

俯瞰与仰望

读博期间，每次沙龙发言，荣广都对翻译材料尤其史料如数家珍。考前他深耕翻译史与译论史，毕业后持续关注，广泛阅读。这一俯瞰之法有利于他占有与消化文献与史料，亦一路助他走到今天。史学家严耕望称誉吕思勉撰史"征引繁复，扎实不苟，章节编排，篇幅有度，无任性繁简之病，更无虚浮矜夸之病"①，也成为荣广孜孜以求的目标。

荣广读博时主攻译论研究，而译论研究须基于译事考察，梳理译事发展，走向史论，继而提出译论，形成一条宏微贯通的研究链。换言之，俯瞰之时，不妨仰望，仰望译论的浩瀚星空。作者的史撰也彰显了这一追求，已然确定项目结题后续航的方向。此外，本书多位作者为中青年学人，初涉翻译史研究，尚有长足发展空间，假以时日，前途可期！

高调与低调

荣广是高调做事，低调做人的典型。他是我 2015 年南下广东外语外贸大学招生的首位博士，也是我新地育才的新标杆。回望来路，可以说他不负我望：用功最勤，每日"泡"馆，闭门苦读，入馆频次之多、在馆时间之长，无人能及。广外图书馆数据显示，他入馆频次一直是名列前茅；为人实诚，颇受同门喜爱；收获颇丰，读博期间，得千金、上副高、获国家社科项目，一毕业就晋升副院长，服务于单位与同事。上

---

① 严耕望. 治史三书(增订版)[M]. 上海：上海人民出版社，2016：191.

述种种，他都是静水流深般地推进；以此次作序为例，本书作为湖北省高校哲社科重大项目的结晶，直至拟序之时我才得知佳音。更重要的是，荣广不仅踏实肯干，还善于组织，具有合作意识，本书就是团队的智慧。这种高成低就、能上能下者，过去、现在，亦或将来，天道都将酬其勤！

黄忠廉

2022 初秋

于白云山麓三语斋

自　序

　　1922 年，梁启超在武汉作了题为《湖北在文化史上之地位及将来责任》的演讲。在演讲中，他赞誉湖北"不独能代表长江文化，并能沟通黄河文化"，"一面自己产生文化，一面又为文化的媒介者，因其沟通南北，能令二元文化调和，在历史上看来，不能不说湖北所贡献及遗留的功劳是最大"。① 梁氏此言有其充分之根据，亦是基于中国文化发展进程作出的中肯评价。一百年后的 2002 年，当我们重新回溯近代湖北之变革及其对近代中国文化和社会转型所产生的种种影响时，不禁感叹梁氏有关湖北之评价何其精准。

　　确如梁氏所言，晚清之际，当西方文明伴随着坚船利炮汹涌而入时，近代中国正处于"近三千年未有之大变局"，湖北之风气亦为之一变。虽然与上海、北京等处于中西碰撞前沿阵地的区域相比，湖北由于地处内陆，与西方接触要相对晚一些，其变革与转型起步也较晚，但是19 世纪末 20 世纪初湖北在教育、文化、工业等方面所发生的巨大变化却仍然令时人瞩目。张之洞督鄂时期，湖北更是"由一个深居腹地、经济文化均处中等发达程度的省份，一跃而为晚清全国最重要的工业、教育、文化中心之一"。② 至辛亥革命时期，湖北在近代中国之影响力已达至极高地位。鉴于其巨大影响，史学界有关近代湖北历史、人物和事件的研究几近汗牛充栋。但是，史家之研究多侧重于近代政治史、思想

---

① 佚名：《梁任公莅鄂讲演第一声：湖北在文化史上之地位及将来责任》，载《海潮音》，1923 年第 4 卷第 2 期，第 7-10 页。

② 吴贻谷. 武汉大学校史 1893—1993[M]. 武汉：武汉大学出版社，1993：2.

1

史、文化史和社会史等方面，渗透其中的翻译史则有意无意地遭到了遮蔽和忽视。而实际上，"19世纪中叶以来，翻译一事成为中国政府走向现代化的一种特殊措施，因此翻译的题材和原著的来源，常常反映出近代中国思想界的大势以及政府政策的走向。至于各时期译书的性质和数量，也可看出译书的动机和知识界兴趣的一般趋势"①。正因如此，中国香港学者王宏志曾对这种偏颇提出批评，他写道："必须承认，不少与翻译有关的人物或事件，曾经严重地影响了中国近代历史的发展，但却一直没有引起学者的注意，中外交往就好像无须仗翻译就能进行似的。这无法展示出中国近代历史进程的真正面貌，可以说是中国近代翻译史研究的一个缺失，甚至是中国近代史研究的一个缺失。"②事实的确如此，在近代湖北，乃至近代中国历史的这些不同侧面，在那些光耀千古的历史人物和影响深远的历史事件背后，都有着翻译的潜流推波助澜。

国内学者杨枫指出，"没有哪一个学科不是以翻译的方法进行知识积累，没有哪一个学科不是以翻译的形式呈现思想发展，没有哪一个学科没有自己的知识翻译史"③。杨氏此言既表达了一位翻译学者对自己所属学科的强烈认同，也表达了对翻译这种跨语言的知识加工、重构和再传播的文化行为和社会实践的高度评价。如果将杨枫教授的这段话置于近代中国"西学东渐"的历史语境下，则更见出其精辟之处。可以毫不夸张地说，正因为有了翻译所带来的新知识、新观念的冲击，才有了近代中国民识、官智之启，才有了近代科学技术观念的革新、社会政治制度的变革和传统文化观念的重审。也正是在翻译新知的过程中，近代中国才逐渐开始变科举、改学制，才逐步从传统治学方式向分科治学的观念转变，进而才有了现代知识与学科体系的创建。也正是在翻译的助

---

①　[美]钱存训：《近世译书对中国现代化的影响》，载《明报月刊》，1974年，第九卷第8期，第176-177页。

②　王宏志. 翻译与近代中国[M]. 上海：复旦大学出版社，2014：12.

③　杨枫：《知识翻译学宣言》，载《当代外语研究》，2021年第5期（卷首语）。

力作用下，近代湖北之政治、经济、文化、社会、教育等方面才开始发生改变，并因此为辛亥革命的发生作了充分的思想和舆论准备。可以说，一部近代湖北史也是一部翻译史。当然，经由翻译所发生的知识迁移并非单纯的一方输出另一方输入，或一方生产另一方消费的过程，而是产生于源文化语境的知识经由目标文化语境的折射和翻译活动主体的过滤，与目标文化固有的文化基因相结合，进而孕育出新知识的过程。同样，近代西方知识或经由日本转道或经由翻译直接进入湖北之时，必然与湖北固有的文化基因发生交互，中国传统文化和传统社会也会在中与西、古与今的互动中发生变形和新生，并由此推动近代湖北的种种巨变。

在演讲结尾部分，梁启超表达了对湖北未来的殷切希望。他说，"湖北既首义缔造民国，应负永久保持之责任，俾跻于富强之域"，又说"湖北不惟缩毂南北，而且居东西要冲，文化上应负调融之责任"。对湖北文化的未来，他信心满满地说："将来之湖北文化当不难跻身于最高上之地位。"①试观今日之湖北，当信梁氏言之不虚。在对外"讲好中国故事"，传播中国文化的当下，我辈年轻学人亦当奋发有为，为振兴湖北文化之精神和地位，扩大湖北国际影响力，推动湖北文化对外传播贡献力量，开展近代湖北翻译史研究即是我们的尝试。

本研究选取近代湖北为时空坐标，整合翻译学和历史学理论，运用跨学科研究方法，从译人译事、译报译刊、翻译出版机构三个方面开展断代史专题研究，旨在以翻译为入口，从知识史和思想史的层面，探寻近代湖北如何借助翻译在中西、古今之间进行知识再生产，进而拓展湖北区域史研究的新面向。著作《近代湖北翻译史专题研究》是基于此研究形成的结题成果，其撰写既有理论意义和方法论意义，也有其现实意义。就理论意义而言，本书采用区域翻译史研究的跨学科路径，尝试将史学研究与翻译学研究相融合，进而在历史与翻译的勾连中揭示翻译之

---

① 佚名：《湖北在文化史上之地位及将来责任》，载《海潮音文库》，1985年，第173-174页。

历史价值、文化价值和社会价值。就方法论意义而言，当前区域翻译史研究以史料梳理为主，多在翻译学科内部展开，对历史研究方法借鉴偏少。本书以近代湖北翻译相关的史料为研究对象，运用个案和专题研究的方式，对湖北籍翻译家的翻译实践与翻译思想、湖北官方和民办的译报译刊，以及湖北翻译出版机构等三个方面开展研究，进而在一定程度上丰富了学界对区域翻译史研究的认识。就现实意义而言，本书旨在以翻译作为方法，综合运用文化史、思想史、教育史、出版史、新闻报刊史等史料考察湖北士人在近代中西思想激荡、古今时代交替历史进程中所扮演的角色及其知识生产过程。如果说翻译是近代引进西学、传播新知的重要途径，那么以史学的眼光考察湖北近代翻译活动，或可丰富湖北地方史研究，凸显湖北作为辛亥革命首义地的历史功绩，并在一定程度上揭示由翻译引进的西学对近代湖北革命思想形成的重要作用。此外，本书通过深度挖掘湖北地方翻译史料，反思其历史经验，或可为今日地方文化外译以及翻译人才培养提供历史鉴镜。

　　本书是湖北省高等学校哲学社会重大项目（省社科前期资助项目）"近代湖北翻译史"（编号：20ZD064）的结题成果，同时也得到了"湖北省优秀青年社科人才培育项目"、湖北汽车工业学院博士基金（编号：BK202003）和"湖北汽车工业学院出版基金"的支持。湖北汽车工业学院科技处、研究生处、图书馆和外国语学院等部门领导和同事也为项目顺利完成提供了保障，在此一并致谢！

　　本书是湖北汽车工业学院外国语学院翻译史研究团队协同合作的结果。本研究的提出、研究设计以及全书统稿由杨荣广完成。书稿撰写则得益于多位同事和合作者的参与。具体撰写分工如下：杨荣广负责第一章、第二章（第一节和第二节）、第三章（第一节、第三节和第四节）、第四章（第一节、第二节、第三节、第四节和第八节部分内容）和第五章的撰写；翟全伟负责第四章（第五节、第六节、第七节和第八节部分内容）的撰写；李铮负责第三章（第二节和第三节部分内容）的撰写和参考文献的整理；汪梦楚负责第二章（第五节和第九节）的撰写；何晓莉负责第二章（第三节、第六节和第七节）的撰写；叶露负责第二章(第四节和第八节)的撰写。此外,蒋露露(十堰市实验中学教师,暨南大学历史学硕士)协助搜集整理了史料,并校对了书稿。

最后,需要特别说明的是,虽然我们在研究和写作过程中力求做到史料占有充分、史实梳理清晰、史论阐述确当,但是仓促之间,失误在所难免,敬请专家、老师、学者批评指正!

杨荣广

2022 年夏于静心斋

目　　录

"中国古代，史外无学，举凡人类智史之记录，无不丛纳之于史，厥后经二千年分化之结果，各科次第析出，例如天文、历法、官制、典礼、乐律、刑法等，畴昔认为史中重要部分，其后则渐渐与史分离矣。"①

——梁启超

① 梁启超.中国历史研究方法[M].上海：上海古籍出版社，2011：32.

第一章 近代湖北翻译史专题
研究：路径与方法

近代湖北翻译史专题研究拟整合翻译学和历史学的研究方法，参照区域翻译史的跨学科研究路径，开展相关研究。本章旨在厘清核心概念，梳理研究现状，并且阐明研究路径和撰写方法。

第一节 区域翻译史作为方法

区域翻译史是本书主要的研究路径和方法，而学界对其缺乏统一且清晰的认识，因此，有必要作简要讨论。我们认为区域翻译史研究是指以某区域的翻译活动为研究对象，综合运用史学和翻译学研究方法，开展的翻译史研究。作为一种跨学科研究路径，区域翻译史既可以视为区域史研究的范畴(侧重于区域史中的翻译实践)，也可以视为翻译史研究的范畴(侧重于区域翻译实践中的历史)。本节将参照既有的区域史和翻译史研究理论对区域翻译史作理论廓清。

一、区域翻译史与区域史

区域史研究是随着微观史学的兴起而逐渐受到广泛关注的研究范式。经过多年发展，此领域已然产出了丰硕的成果，形成了一些共识。① 首

---

① 当然，在共识之外也存在较多分歧，学界对如何区别研究中的空间范围、如何科学合理地选择研究区域，以及区域史研究究竟是一种方法论还是一种新学科分支等基础理论问题仍然持有较多不同认识。相关理论探讨可参阅戴一峰《区域史研究的困惑：方法论与范畴论》，载《天津社会科学》，2010 年第 1 期，第 128-135 页；王先明《"区域化"取向与近代史研究》，载《学术月刊》，2006 年第 3 期，第 126-128，137 页；徐国利《关于区域史研究中的理论问题——区域史的定义及其区域的界定和选择》，载《学术月刊》，2007 年第 3 期，第 121-128 页。

先，区域史之"区域"是个相对概念，它包括多个层次，范围可大可小，大可覆盖数个国家构成的跨国界空间(如东亚、西亚、西域、南海、蒙古高原等)，小可为一国之内多个地方构成的空间范围(如华中、关陇、岭南等)。它可以是因行政管理需要而形成的具体区域(如特定的省、市、县、镇、村等)，也可以是因共有的历史、文化、语言、风俗、经济、生态环境而形成的非行政区划或地理空间。其次，区域史研究强调以局部作为切入点，注重自下而上的微观叙述，但是也要重视局部与整体之间的互动，由区域而整体。换言之，"小区域的历史，不仅要置于彼此间的互动中，更需要置于更大区域的脉动中去认识"，研究者"在以国家内部的一个地方作为研究对象的同时，更应该把这个地方放到更宏大的超越国家的视野里去认识"。① 如果说，地方史关注的是介于家庭与国家之间的地方社区或社群，那么区域史就是在超越地方(有时甚至超越国家)的空间范围上展开。再次，区域史研究对区域的选择需要从问题出发，立足于区域内和区域外之间的或然性因素，以及区域内各结构性要素之间的关联。

相较于其他形态的历史研究，区域史研究有其自身的特点和优势。以我国学界广泛关注且成果颇丰的近代区域史研究为例，② 其优点主要体现在两个方面：其一，有助于凸显特定区域自身的特点。作为整体概念的"中国"，地域辽阔，不同区域之间在经济、文化、风俗等方面存在诸多不同。近代中国新旧交替，中西杂糅，社会动荡，区域差异之大远超以往。倘若研究者仅仅采用国别史的单一视角，固然能够从相对宏观的方面把握我国政治、经济、文化、社会的整体发展，但是却极易忽略不同区域之间存在的种种差异。对此，中国台湾学者张朋元在《湖南现代化的早期进展》一书的序言中有较为清晰的陈述："有鉴于中国幅员辽阔，区域特征各异，发展先后迟速又复参差，若循中央入手之研究

---

① 刘志伟、任建敏：《区域史研究的旨趣与路径》，载《区域史研究(创刊号/总第 1 辑)》，北京：社会科学文献出版社，2019 年，第 35 页。
② 李玉：《中国近代区域史研究综述》，载《贵州师范大学学报(社会科学版)》，2002 年第 6 期，第 64-70 页。

方式，固然可以得到整体综合性的观察，然了解难于深入。不如从地区入手，探讨细而后综合，或可获得更为具体的认识。"①而晚清以来日益凸显的分省意识，② 更在一定程度上加剧了这种差异。在此背景下，运用区域史研究方法，在整体观照下分区块、多层面展开研究，或可呈现出近代中国更加丰富的内部层级，并避免以国别作整体观照可能导致的以面带点、见整体不见局部的问题。其二，区域史研究方法有助于充分占有和深入分析史料。史料是历史研究的基础，梁启超曾将其比作"史之组织细胞"，认为"史料不具或不确，则无复史之可言"。③ 好的历史研究必然要以完全、详尽、充分的占有史料为前提。在有些历史研究中，研究者面临的重大难题是如何获取足够的史料，而近代以来，史料的丰富程度前所未有，却又导致了新的困难。一方面，近代印刷技术的发展，使得史料的保存和流布更为容易，各种图书、期刊出版远胜此前，中外交流频繁也催生出大量海外史料，史料的数量大大增加。另一方面，由于史学理论的发展，史料的范围也大大拓展，史志、丛书、类书、金石、档案、碑传、方志、书信、笔记、日记、简牍帛书等都被作为史料，④ 且大量史料在数字化之后变得更易获取。史料数量和种类的增多以及易获度的提升在推动史学研究深入的同时，也实际上导致了研究者不得不从较小入口切入，以便于更好地掌控和运用史料。这也使得越来越多的研究者意识到，就资料搜集和利用便利的角度而言，从问题出发围绕某区域进行研究更加切实可行。

既然区域翻译史研究可视为区域史研究方法在翻译研究领域的具体运用，那么上述关于区域史研究形成的共识及其特点和优势也基本适用于区域翻译史。当然，区域翻译史有其自身的特殊性，其中最突出的一点是其研究的出发点和归宿都指向翻译问题而非史学界普遍关注的政

---

① 张朋园. 湖南现代化的早期进展[M]. 长沙：岳麓书社，2002：1.

② 桑兵. 治学的门径与取法——晚清民国研究的史料与史学[M]. 北京：社会科学出版社，2014.

③ 梁启超. 中国历史研究法[M]. 上海：上海古籍出版社，2011.

④ 严昌洪. 中国近代史料学(增订本)[M]. 北京：北京大学出版社，2018.

治、经济、文化或社会问题。从这个意义上说，如果将区域翻译史置于史学研究的框架中，则它又可视为以翻译为主题的专门史。关于专门史，梁启超曾经如此写道：

> "今日所需之史，当分为专门史与普遍史之两途。专门史如法制史、文学史、哲学史、美术史……；普遍史即一般之文化史也。治专门史者，不惟须有史学的素养，更须有各该专门学的素养。此种事业，与其责望诸史学家，毋宁责望诸各该专门学者。而凡治各专门学之人，亦须有两种觉悟；其一，当思人类无论何种文明，皆须求根柢于历史。治一学而不深观其历史演进之迹，是全然蔑视时间关系，而兹学系统，终未由明瞭。其二，当知今日中国学界，已陷于'历史饥饿'之状况，吾侪不容不亟图救济。历史上各部分之真相未明，则全部分之真相亦终不得见。而欲明各部分之真相，非用分功的方法深入其中不可。此决非一般史学家所能办到，而必有待于各学之专门家分担责任。此吾对于专门史前途之希望也。"①

梁氏称专门史研究需要"专门学者"的参与，且需要研究者有"专门学的素养"。同样，区域翻译史的研究者无论在史料选择、问题提出，还是史实还原或阐释等方面都需要充分运用翻译学的概念和视角。正如孙慧怡所说"出自其他学科的专论，自然以他们本学科为中心，翻译活动只占次要或边缘地位，同时任何有关翻译的记载，也是通过这些学科的筛选角度才进入其叙述范围，节选的原则并不以翻译为主要考虑"。②因此，区域翻译史研究者需要充分意识到这一点，避免史料选择不当、不全，或者在叙述比例上失去重心，或是用其他学科的问题遮蔽翻译问题。同时需要注意的是，区域史研究虽强调区域性，但是仍然

---

① 梁启超. 中国历史研究法[M]. 上海：上海古籍出版社，2011：38.
② 孙慧怡. 重写翻译史[M]. 香港：香港中文大学出版社，2005：12.

需要在整体史的视野中展开。① 与之类似，尽管区域翻译史研究通常是在特定空间范围中展开的，研究者依然不能忽视区域内翻译史与文化史、思想史、社会史、政治史等的互动，也不能忽视区域内翻译史与区域外的互动，以及区域翻译史与区域所在文化圈整体翻译史之间的互动。

二、区域翻译史与翻译史

就其史料基础而言，区域翻译史研究需要以某区域内的翻译史料为基础，因此又可视为翻译史的子范畴。从这个意义上说，亦可在翻译史的框架中认识和把握区域翻译史。

翻译史一直是翻译学的重要构成部分。我国学者蒋翼振于 1927 年就在《翻译学通论》一书中明确提出翻译教学需要注意两个方面："第一，应当使学子们有翻译学门径的知识并通晓其种种译学的学理……第二，应当使学子们在本书中能得着中国翻译学史的梗概"并立志要先编《翻译学通论》，再编《中国译学史》。② 蒋氏此说得到了董秋斯的响应。他于 1951 年在《论翻译理论建设》一书中提出翻译理论建设需要编写中国翻译史和中国翻译学两本大书。③ 西方学者詹姆斯·霍姆斯也在 1972 年提出的现代翻译学框架中提及了翻译史。但是，他并未将翻译史作为独立学科分支，而只是认为对特定时期、特定地区和特定语种的译本或译本库进行共时或历时描写研究（包括以语篇为焦点的单一译本描述和以比较为方法的多译本描述）最终即可形成一部翻译通史。④ 与之不同的是，安托瓦纳·贝尔曼和苏珊·巴斯奈特则给予了翻译史研究

① 张杰：《在整体视野中深化区域史研究》，载《中国社会科学报》，2016 年第 939 期。

② 蒋翼振：翻译学通论[M].上海：上海梵王渡圣约翰大学校，1927：9-10.

③ 董秋斯：《论翻译理论的建设》，原文收录入罗新璋、陈应年主编《翻译论集》，北京：商务印书馆，2009 年。

④ 陈德鸿、张南峰. 西方翻译理论精选[M]. 香港：香港城市大学出版社，2000：105.

相当高的学科地位。贝尔曼将翻译史、翻译伦理和翻译分析学视作翻译
研究的三大重要分支，认为"现代翻译理论的首要任务是建构关于翻译
的历史"。在他看来，翻译史与语言史、文化史，甚至与宗教史和民族
史交相影响，并认为研究者要做的"不是混同以上史家之言，而是要呈
现每个时期、每个特定的历时情境中，翻译实践史如何同文学、语言及
各种跨文化语言交际活动绊结的"。① 也即是说，撰写翻译史的过程就
是耐心地挖掘特定时期翻译在不同场景中所牵涉的无限复杂且千头万绪
的网络，及其与人类其他智识活动之间的联系，其目的是从历史研究中
获得历史知识以运用于当下语境。不过，贝尔曼并没有深入描述翻译史
研究所包括的内容。相对而言，巴斯奈特的讨论更加细致。她指出，翻
译史既是文学史的组成部分，也是翻译研究的四大领域之一，其具体研
究内容如下：

> "本领域涉及对不同时代翻译理论的探索、对译作的批评性反
> 应、译作从翻译授权到翻译出版的操作过程、译作在特定时期所扮
> 演的角色和发挥的作用、翻译方法的演进过程，以及分析个体译者
> 的译作——迄今为止最常见的研究。"②

就巴斯奈特所罗列的研究内容来看，翻译史大体包括翻译理论史、
译作批评史、翻译出版史、译作接受与影响史、翻译方法史以及关于译
作的研究史。总体而言，无论是贝尔曼还是巴斯奈特所说的翻译史都是
以文学翻译史为主体，其倡导的研究内容大体上没有脱离霍姆斯划定的
范围。正因为此，国内学者屈文生将翻译史研究分为"文学化的翻译史
研究""史学化的翻译史研究"，并批评前者"史料基础常显薄弱，常举

---

① 安托瓦纳·贝尔曼，章文译. 异域的考研：德国浪漫主义时期的文化与翻
译[M]. 北京：生活·读书·新知三联书店，2021：2-3.

② 其他三个领域分别是目标语言文化中的译作、翻译与语言学、翻译与诗
学。参阅 Bassnet, Susan. *Translation Studies*（Third Edition）[M]. Shanghai：Shanghai
Foreign Language Education Press，2010.

西方翻译理论的旗帜，呈现的是西方中心主义与现代化范式"。①

随着翻译学科地位的提升和边界的拓展，② 翻译史研究也愈显丰富和多样。仅就国内翻译史研究而言，就已产生了累累硕果。早期著作有马祖毅《中国翻译简史》（五四以前部分）（1984）、陈玉刚《中国翻译文学史稿》（1989）、臧克伦《中国翻译史话》（1991）、陈福康《中国译学理论史稿》（1992）、谭载喜《西方翻译简史》（1992）、黎难秋《中国科学文献翻译史稿》（1993）、王克非《翻译文化史论》（1997）、郭延礼《中国近代翻译文学概论》（1998）以及李亚舒、李难秋《中国科学翻译史》（2000）等。近年来，更有诸多翻译通史、翻译思想史、翻译理论史和翻译史学史以及翻译历史研究方法的著作出版。就研究内容而言，这些既有著作或从翻译活动主体角度开展译者研究，或从翻译赞助人（包括个体赞助人、赞助机构或团体及其赞助活动）角度开展研究。比如，《近代湖南翻译史论》关于近代湖南翻译活动赞助人的一系列研究，③《翻译出版与学术传播：商务印书馆地理学译著出版史》关于商务印书馆翻译赞助活动的研究，④ 以及《翻译家周作人》《翻译家林语堂研究》等。

由于翻译活动渗透于现代人类社会的方方面面，几乎任何现代学科知识的积累都离不开翻译的过程，因此翻译史研究的对象史料和范围极为广泛。翻译史研究学者王宏志曾经写道："译文以外，译者、赞助人、翻译理论、翻译出版、翻译审查、翻译作品的流播和影响、翻译法律，以致翻译、社会、文化、政治等方面在特定译入语时空的不同规范，都可作为翻译史研究的现象"，翻译史研究的范围还包括"科学翻

---

① 屈文生：《翻译史研究的面向与方法》，载《外语教学与研究》，2018 年第6 期，第833-834 页。

② 杨荣广：《定名与求实：翻译学的学科演进再反思》，载《上海翻译》，2018 年第 2 期，第 6-11、94 页。

③ 张旭. 近代湖南翻译史论[M]. 长沙：湖南人民出版社，2014.

④ 肖超. 翻译出版与学术传播——商务印书馆地理学译著出版史[M]. 北京：商务印书馆，2016.

译史的个案，以至于宗教、政治、教育、思想、经济等各方面。"①故而，翻译史研究除了最为普遍且成果也最为丰富的文学翻译史之外，还有其他各种专门翻译史，如宗教翻译史、科技翻译史、法律翻译史、歌曲翻译史、经济翻译史、军事翻译史、外交翻译史、教育翻译史（如教育学思想的翻译与传播史和教科书翻译史）、政治翻译史、美术翻译史、哲学翻译史等。如果跳出翻译活动研究的内部视角，从外部看与翻译活动相关的环境要素，翻译史则很可能还包括翻译政策史、翻译出版史、翻译审查史、翻译教学史、翻译传播史等。凡此种种，大致都属于围绕某个特定专题开展的翻译史研究。

除按照专题划定翻译史研究范畴之外，学界关于翻译史研究尚有其他分类方法。如易经主张将翻译史研究分为翻译史引论、翻译实践史、翻译理论史、专题史、元翻译史论等五大分支，② 黄焰结主张按照层次分为翻译史实践、翻译史学实践（翻译史论）和翻译史学理论三类，③邹振环提出的内部史与外部史，以及翻译史学史等。④ 如果参照历史学的分类方法，还可分出翻译通史、翻译断代史，或是世界翻译史、国别翻译史、区域翻译史等，或是按照撰写方法分为编年体翻译史、史论式翻译史和翻译史料汇编等。这些分类方式有些只是称名存在差异，实际所指大同小异，如元翻译史和翻译史学理论等。参照已有的相关讨论，我们认为可将翻译史研究大体分为理论翻译史、翻译实践史、翻译理论史和专门翻译史等四类。其中，理论翻译史是对翻译史研究任务、对象、方法、学科属性、史料选择等基础理论问题的反思与建构研究。如《翻译史研究方法》（*Method in Translation History*）、《什么是翻译史》

---

① 王宏志．翻译与近代中国．上海：复旦大学出版社，2014：7.

② 易经．试论翻译学体系的构建[D]．湖南师范大学博士论文，2009.

③ 黄焰结：《翻译史研究的层次与特征》，载《理论月刊》，2014 年 7 月，第 92-96 页。

④ 参阅邹振环《晚明至晚清的翻译：内部史与外部史》，载《东方翻译》，2010 年 4 月，第 18-26，32 页；邹振环《20 世纪中国翻译史学史》，上海：中西书局，2017 年。

(*What Is Translation History*)等均属于此类。① 翻译理论史则主要侧重于从知识生成角度对翻译理论产生、发展和演进过程的探讨,主要体现为对翻译相关理论(如理论流派、知识概念演进、相关理论成果)的系统梳理和反思。代表性著作有《西方翻译理论简史》《西方翻译理论通史》《中国译学史》,以及《现代翻译知识史》(*A History of Modern Translation Knowledge*),《翻译史研究未来展望》(*Charting the Future of Translation History: Current Discourses and Methodology*)等。② 翻译实践史主要是关于翻译实践活动的系统梳理,如马祖毅著《中国翻译通史》等。翻译专门史则是以各专门学科之翻译史料为基础开展的研究,如黎难秋著《中国科学翻译史》和王铁钧著《中国佛典翻译史稿》等。

综上可知,翻译史研究的路径丰富多样。参照有关翻译史的探讨,区域翻译史研究或可采用两种方式展开:一种是挖掘和梳理某个区域相关的翻译家、翻译教育、翻译期刊、翻译机构以及翻译政策等报纸杂志史料,以求考证史实,澄清偏误,进而形成关于某个区域的翻译史书写。比如"贵州彝文文献翻译史研究"和《西藏翻译史》研究即是此类;另一种是将区域翻译史置于区域社会史研究的大背景之下,着力剖析某个特定区域内,翻译史与文化史、思想史、社会史、政治史等结构性要素之间的互动,进而以自下而上的视角揭示出翻译在该区域历史进程中的作用。本书中所探讨的区域翻译史在具体研究方式上兼及上述两种。

---

① 参阅 Pym, Anthony. *Method in Translation History* [M]. Manchester: St. Jerom Publishing, 1998; A. Rizzi et al. *What Is Translation History?* [M]. Queesland: Palgrave Macmillan, 2009.

② 参阅 Lieven D'hulst & Yves Gambier. *A History of Modern Translation Knowledge* [M]. Amsterdam / Philadelphia: John Benjamins Publishing Company, 2018; Bastin, G. and P. Bandia (eds.). *Charting the Future of Translation History: Current Discourses and Methodology*[M]. Ottawa: Ottawa University Press, 2006;谭载喜:西方翻译简史(增订版)[M]. 北京:商务印书馆, 2008. 刘军平:西方翻译理论通史[M]. 武汉:武汉大学出版社, 2014. 陈福康:中国译学史[M]. 上海:上海外语教育出版社, 2010.

第二节　区域翻译史研究现状述评

"区域翻译史"概念的提出虽然较晚，但此前已有部分学者开展了相关研究。本节将从理论建构和实践研究两个方面梳理国内外区域翻译史研究现状。同时，为突出重点，本节将单列部分篇幅探讨湖北翻译史研究现状。

一、区域翻译史理论研究述评

区域翻译史的理论研究主要探讨区域翻译史的核心概念、研究对象、研究方法和理论框架等基础理论问题，旨在从学理层面对区域翻译史研究作理论建构。就现有文献来看，此类研究总体数量相对较少。不过，部分具有普适性的翻译史理论探讨也适用于区域翻译史研究。如安东尼·皮姆（Anthony Pym）在《翻译史研究方法》（*Method in Translation History*）一书中有关翻译史研究原则、翻译史研究选题方法、史料目录编纂、历史数据分析以及史实阐释等方面的讨论对于同样适用于区域翻译史研究。在皮姆看来，翻译史研究包括翻译考古（即考察何人在何时何地、以何种方式、生产出何种译作、产生了何种影响）、译史批评（即在特定历史时段内，评价某特定译文对社会发展的促进/阻碍作用）和翻译阐释（即剖析译文在特定时空内得以产生的历史动因及其与社会变迁之间的互动关系）。① 这三种类型的翻译史研究在区域翻译史中或多或少都会涉及。另一方面，杰罗米·芒迪（Jeremy Munday）提出的微观史学研究方法也颇具理论参考价值。芒迪指出微观史研究路径对于重构译者翻译实践的深层次细节最为适用，要实现这一目的则需要广泛使用个人书信、口述史料、回忆录等一手史料，而基于微观史路径的研究

---

① Pym, Anthony. *Method in Translation History*［M］. Beijing：Foreign Language Teaching and Research Press，2007：6.

能够挑战和弥补只关注主流文学家和文学翻译家的翻译史研究现状。①
芒迪的观点对于本研究尤其具有启发性。近代湖北翻译史研究所关注的
译者除了少数主流文学史翻译家之外，更多的是被国别翻译史或文学翻
译史所忽略或边缘化的非文学翻译家。但是这些翻译家（更多人也许并
不以"翻译家"名世）所从事的人文社科类学术著作翻译恰恰在近代湖北
（乃至近代中国）的发展进程中发挥着重要作用，因而有必要作深入
探讨。

国内有关区域翻译史理论的研究也同样较为零散。国内学者易经在
其博士论文中较早从理论和实践两个维度对区域翻译史作了粗略分类，
并指出存在通史和断代史两种区域翻译史撰写方法。② 贾洪伟、贾闽虹
曾从区域分类入手将区域翻译史分为泛区域史和特定地区的区域史两个
子类，并指出前者以整个中国版图内区域为地理空间，后者以中国香
港、澳门、台湾等特定地区为地理空间。③ 从他们的界定来看，这里的
"泛区域翻译史"近似于国别史，是一个地理空间概念，蓝红军在强调
整体翻译史撰写的同时也肯定了区域翻译史作为翻译整体史的补充价
值。④ 肖志兵参照地方史研究方法和路径，提出了区域翻译史研究的两
种方式：从史料出发的知识考古式研究和在理论和问题引导下的史料阐
释研究，以揭示翻译在中国现代发展史中的作用。⑤ 若干年后，李金树
在评介《抗战时期重庆翻译研究》时顺带讨论了区域翻译史研究的概念
和路径。他指出区域翻译史"即围绕某一地区或地域，展开关于翻译现

---

① Munday, Jeromy. Using Primary Sources to Produce A Microhistory of
Translation and Translators: Theoretical and Methodological Concerns. *The Translator*,
Vol. 20(1), 2014: 64-80.

② 易经. 试论翻译学体系的构建[D]. 湖南师范大学博士论文，2009.

③ 贾洪伟、贾闽虹. 述往事 思来者 明道理——有关翻译史写的思考[J]. 上
海翻译，2014(2): 60.

④ 蓝红军：《整体史与碎片化之间：论翻译史书写的会通视角》，载《中国翻
译》，2016年第1期，第8页。

⑤ 肖志兵. 论区域翻译史的研究路径——张旭近《近代湖南翻译史论》评
析[J]. 中国比较文学，2016(1).

象、翻译主体活动和重大翻译事件的知识考古和话语阐释"，并强调研究中需要重视史料的运用和现实关怀。① 在此定义中，李氏对"区域"并未作任何限定，但是将区域翻译史对象细化为翻译现象、翻译主体的活动和翻译事件的阐述，并且把历史书写的内容界定为史实考述和阐释，进而在理论层面对区域翻译史书写作了初步厘定。此外，周丽红等对国内区域翻译史研究现状作了简要梳理，指出现有研究中存在理论建构缺失、史学方法论缺失和文化阐释不足等问题。② 邹振环从史学史角度评析了区域翻译史的代表性著作，并指出其中存在史料选择偏颇的问题。③

　　总体而言，尽管翻译史研究已经日益成为学界关注的热点，但是区域翻译史研究（尤其是理论层面）仍然亟待深入。区域翻译史的基本概念、研究方法、史料选择、书写方式、理论框架等基本问题都尚待厘清。

二、区域翻译实践史研究述评

　　值得注意的是，区域翻译史的理论研究虽然较少，但围绕区域翻译实践史展开的相关研究却已然较为丰富。其中，国外学者在这方面的研究以单篇论文为主，研究领域涉及亚洲、非洲、欧洲和美洲等多个地区。比如，多德·苏西洛（Daud Soesilo）梳理了汉字文化圈（包括中国、日本和韩国）的《圣经》翻译史，揭示了亚洲文化圈在《圣经》专名翻译方面的相互影响。④ 理查德（A. Z. Richard）探讨了18世纪大西洋地区（尤其是美国）的文本翻译史，着重描述了当时法国、德国和美洲土著

---

　　① 李金树.《抗战时期重庆翻译研究》评介[J]. 外国语文，2017(4)：159.

　　② 周丽红等：《地域翻译史研究：问题与思考》，载《辽宁工业大学学报（社会科学版）》，2021年第6期。

　　③ 邹振环. 20世纪中国翻译史学史[M]. 上海：中西书局，2017：288-304.

　　④ Soesilo, D. An Overview of Bible Translation History in Asia with Focus on the Regions of Chinese-Character Cultures[J]. *Journal of Biblical Text Research*，2006(19)：138-152.

文学向英国文学的译入史，并以莫和克语(Mohawk language)"祈祷书"
(*Book of Common Prayer*)为个案对部分文本的译介作了深入分析。① 库
利耶娃等以系列论文讨论了 19 世纪中亚地区并入苏俄之后，从俄语向
土耳其等其他语言翻译的历史。其中一文着重论述了从 16 世纪到 19 世
纪和 20 世纪初(俄罗斯帝国分崩离析之前)俄国和哈萨克斯坦之间的互
译史，② 另一文则考察了后苏联时代，土耳其语国家的翻译活动。③ 这
些研究大多以区域翻译实践的史实考述为主，侧重于知识考古。

　　另一种研究路径以某一区域特定历史时期内的翻译活动为切入点，
挖掘翻译和当时社会历史文化语境以及社会变革之间的关联。比如，艾
马殊(K. Almas)以 1848—1918 年间斯洛文尼亚教科书的创作与翻译历
史语境为分析对象，梳理了当时教科书翻译的参与主体、册数、翻译特
征(如是否被标明为译本、翻译策略和借助翻译实施的意识形态控制
等)以及其教育主管部门如何通过翻译控制和引导教科书的内容与生产
方式等。④ 也有学者研究了 14 世纪至 18 世纪伏尔加-乌拉尔地区
(Volga-Ural area)和 1735—1740 年巴什基尔人起义(Bashkir Uprising)期
间，俄国翻译的一位佚名作者所著波斯语作品，作者认为这部译作在很
大程度上体现了该地区历史叙述传统特征。⑤ 迪·乔瓦尼(Di Giovanni)
和谢拉提·迪拉尔(Chelati Dirar)基于历史和翻译研究的跨学科视角探
讨了 19 世纪和 20 世纪初基督教传教士在厄立特里亚和埃塞俄比亚的翻
译活动，研究对部分事例进行了反思，揭示了翻译和多向书写对非洲角

　　① Reichard, A. Z. Translation[J]. *Early American Studies: An Interdisciplinary Journal*, 2018(4): 801-811.

　　② Sheker A. Kulieva & D. V. Tavberidze. From the History of Translation Activity in Central Asia (XVI-XIX)[J]. *Polylinguality and Transcultural Practices*, 2017, 14 (2): 310-318.

　　③ Sheker A. Kulieva. Development of Translation in Central Asia: Kazakhstan's Experience[J]. *Polylinguality and Transcultural Practices*, 2018(2): 528-536.

　　④ Almasy K. Setting the Canon, Translating the Canon[J]. *Chronotopos*, 2020 (2): 43-62.

　　⑤ Gibadullin I. R. An Anonymous Persian Work-"Hikayat": A Source on the History of the Volga-Ural Region[J]. *Zolotoordynskoe Obozrenie*, 2019(4): 687-719.

地区文化和身份的塑造与建构作用。① 玛琳·阿罗希泽(Marine Aroshidze)和尼诺·阿罗希泽(Nino Aroshidze)以黑海地区的国家为对象，分析了"翻译潮"(translation boost)对这些地区和国家科学文化发展的刺激作用以及由此引发的社会政治范式变迁，也讨论了这些地区和国家的宗教中心、学校和修道院在通过翻译实践获得中心地位的同时在科学知识传播方面所扮演的推动角色。②

如果说上述研究与特定区域的语际翻译实践有关，那么布雷姆斯(E. Brems)的研究则主要聚焦于特定区域的语内翻译实践。他梳理了佛兰德斯和荷兰地区长期存在的语内翻译史，从翻译的译入译出方向、对象领域、语言媒介、翻译过程中涉及的利益相关者、所涉及的文本元素以及语内翻译译本的接受等探讨了翻译在两个区域之间权利关系互动中所起的作用，并基于此探讨在不需要翻译就能理解的两种语言之间，研究语内翻译所起到的作用。③ 另一方面也有部分学者注意到多模态翻译史料在区域翻译史研究中的潜力。比如，泷口健(Ken Takiguchi)考察了韩国国家长庚剧院创作的《罗密欧与朱丽叶》(2009)的日文翻译版(该剧被收录为"亚洲莎剧跨文化档案"(Asian Shakespeare Intercultural Archive)的在线多语数字档案)，其目的在于揭示东亚地区翻译过程中被"抹去"的历史性。同时，该论文也探讨了翻译团队为了解决韩国和日本莎剧翻译史以及韩国后殖民话语生产的复杂性所采取的翻译策略，并提出了数字化平台在挖掘中西二元对立外的亚洲内部文化沟通与协商方面所具有的重要潜力。④ 金海娜(Jin Haina)则以政府法规、报纸、实

---

① Di Giovanni；Chelati Dirar. Reviewing Directionality in Writing and Translation：Notes for a History of Translation in the Horn of Africa[J]. *Translation Studies*，2015(2)：175-190.

② Aroshidze，Marine；Aroshidze，Nino. Role of Translation in Enhancement of the Religious and Scientific Knowledge[J]. *Balkanistic Forum*，2019(2)：205-214.

③ Brems，E. Separated by the Same Language：Intralingual Translation Between Dutch and Dutch[J]. *Perspectives*，2019，26(4)：509-525.

④ Ken Takiguchi. Translating Erased History：Inter-Asian Translation of the National Changgeuk Company of Korea's Romeo and Juliet[J]. *Journal of World Languages*，2016，3(1)：22-36.

证数据、回忆录和口述历史等史料，考察了自 20 世纪 50 年代至今中国
少数民族语言电影的翻译历史。① 从这些数量不多，但日益多元的英文
研究个案来看，区域翻译史研究已经走出了对传统文本史料(尤其是文
学翻译史)的依赖，开始呈现出与文化研究、媒介研究和社会研究汇流
的趋势。

　　中国学者在此领域亦有建树。大体而言，国内区域翻译实践史研究
以专著为主。较早的相关研究是热扎克·买提尼亚孜(维吾尔族)主持
的国家社会科学基金项目的结题成果《西域翻译史》。全书由五章构成，
系统梳理了古代西域地区民族接触及语言状况，以及从东汉、唐宋到
元、明、清时期的西域翻译活动。② 该书一方面较为全面地呈现了我国
西域地区少数民族语言之间及其与其他国家语言之间的翻译实践活动，
另一方面也大体奠定了西域翻译史研究的整体框架，在某种意义上树立
起了类似研究的书写典范。其后，"西域翻译史"研究课题组成员陈世
明撰写了续篇《新疆现代翻译史》。全书大体沿袭了《西域翻译史》的撰
写方法，勾勒出"民国"和当代新疆地区的翻译实践活动。需要注意的
是，该书作者不仅重视史料梳理，而且尤其注意官方和非官方翻译实践
活动之间的差异。该书上编聚焦于"民国"时期新疆的翻译实践活动，
一方面梳理了官方翻译人员、翻译机构、翻译政策以及重大翻译事件，
讨论了当时的新疆地区的翻译报纸杂志和翻译人才培养问题；另一方面
也梳理了非官方机构将英语文学、俄罗斯文学和汉语文学作品等译成新
疆少数民族语言的翻译实践活动，以及中国共产党政治理论和革命思想
译成少数民族语言的语内翻译实践活动。下编则讨论了党政部门和非党
政部门的文字翻译活动，以及翻译理论和新疆翻译名家的介绍。值得注
意的是，《新疆现代翻译史》虽然与《西域翻译史》都采用了按照历史阶

---

① Jin, HN (Jin, Haina). *Film Translation into Ethnic Minority Languages in China*: *a Historical Perspective* [J]. *Perspectives*: *Studies in Translation Theory and Practice*, 2020, 28(4): 1-13.

② 热扎克·买提尼牙孜. 西域翻译史[M]. 乌鲁木齐：新疆大学出版社，1994.

段划分和组织材料的方式，但前者在宏大叙事之外，也注意到了对翻译译本的语言分析、重大翻译理论成果的介绍以及 90 位民族翻译家的个案研究。同时，该书运用的史料和方法较多，不仅采用了数据分析的方法，而且也尝试基于史料进行阐释，这些都为后续研究提供了方法论参考。

　　除了少数地区的区域翻译史研究以外，其他地区的翻译史研究在世纪之交也较为活跃。其中，历史专业出身的邹振环在本领域的贡献颇为突出。他先后出版了《江苏翻译出版史略》(1998) 和《20 世纪上海翻译出版与文化变迁》(2000) 两部著作，本节仅就后者作简要评述。《20 世纪上海翻译出版与文化变迁》将"翻译出版"作为整体概念，从出版和翻译互动的角度，分析了译者在翻译对象选择、出版工作者如何编辑和加工译作、译作在出版后如何流通、读者对译作的接受和评价反应等多个侧面，并探讨了区域翻译出版与文化变迁之间的互动关系。在具体撰写方法上，作者大体按照历史先后顺序，串联起徐光启与早期上海翻译出版、清末民初的上海民营翻译出版，以及"五四"时期、二三十年代、上海"孤岛"时期、1949—1966 年间和 1978—1999 年等重要历史时间节点中上海的翻译出版状况。① 相较于早期的两本区域翻译史专著，邹氏本人的史学研究背景使得此书不仅凸显出明确的问题意识和理论意识，而且也跳出了前两本书以史实梳理为主的书写和研究方式，对史学研究方法的运用更为自觉和纯熟。

　　另有部分研究者聚焦于福建、浙江、湖南等特定区域的翻译家研究，典型者有林本椿著《福建翻译家研究》(2004)、陈爱钗著《近现代闽籍翻译家研究》(2007)、温中兰等编著《浙江翻译家研究》(2010)、张旭著《湘籍近现代文化名人·翻译家卷》(2007) 等。其中，林本椿著《福建翻译家研究》为编著形式，书中收录了近四十位作者独著或合著的近 50 多篇翻译家小传，每篇都以知识考古的方式聚焦一位翻译家。全书以福

---

① 邹振环. 20 世纪上海翻译出版与文化变迁 [M]. 桂林：广西教育出版社，2000.

建为地理空间选取对象，论及的人物众多，既有翻译家，也有翻译理论家和翻译赞助人，既有晚清时期名震天下的严复、林纾、林则徐、辜鸿铭等，也有近代译坛、文坛名宿许地山、郑振铎、冰心等人，更有张培基、杨仁敬、朱纯深、李景瑞等现当代的翻译家、翻译理论家和翻译出版人。除此之外，还挖掘了翻译学界关注较少的译人译事，如黄加略、罗丰禄、陈季同、陈寿彭与薛绍徽、陈衍、王寿昌（以口译方式与林纾合译的《茶花女》）、唐钺、杨骚、王亚南、许孟雄、梁遇春、林同、严群、黄嘉德与黄嘉音等。就体例而言，全书各篇独立成文，内容多以译家生平、译著梳理和少量译文评析组合而成，具体行文结构方面亦有种种差异，因而体例略显松散。另需注意的是，书名虽为"翻译家"，但实际内容并不限于此，这也从另一个侧面表明在翻译观念和翻译研究不断发展的当下，学界对翻译和翻译家的认识也开始发生变化。① 与林著不同，《近现代闽籍翻译家研究》是陈爱钗攻读专门史博士学位的毕业论文，因而在撰写体例方面更为清晰、严谨。全书一方面以时间为经，梳理了古代和近代（鸦片战争时期、洋务运动时期、维新时期、民国时期）闽籍翻译家的译作译著，另一方面也设专章讨论了福建地理空间和本土文化对于译家实践活动的影响，以及翻译家的翻译实践对当地和近代中国带来的影响。② 从这个意义上说，陈著在研究开掘的深度方面要明显高于林著。若干年后出版的林大津主编《福建翻译史论》则更进一步，以通史的方式涵盖了福建地区从古代到近代、现代和当代的翻译史。在内容方面，既有对福建地区翻译实践活动的史实梳理，亦有对本地区翻译教育、翻译政策的论述，不过，其主体仍然以翻译家个案研究为核心。③ 张著《湘籍近现代文化名人·翻译家卷》与前述研究大体类似。全书以近现代史上的十位湘籍译家为研究对象，以知识考古的方式梳理了赵必振（社会学与历史学翻译家）、李季（政治理论翻译家）、萧

---

① 林本椿．福建翻译家研究[M]．福州：福建教育出版社，2004.
② 陈爱钗．闽籍翻译家研究[M]．福建师范大学博士论文，2007.
③ 林大津．福建翻译史论（三卷本）[M]．厦门：厦门大学出版社，2013.

三(红色经典翻译家)、杨东龚(哲学与史学翻译家)、徐梵澄(哲学和印度学经典翻译家)、杨昌济(教育学与伦理学翻译家)、傅任敢(教育理论翻译家)、朱湘(新格律体诗歌翻译家)、钱歌川(英美文学翻译家)和黎烈文(法日俄文学翻译家)等的翻译实践。① 其他同类著作如《浙江翻译家研究》《河北省翻译史专题研究》等大体与前述著作类似，此处不赘。

值得注意的是，学界近年对中国香港、澳门、台湾地区翻译史的关注逐年上升。这些区域由于地理位置和历史原因处于汉语与其他外来语言频繁接触的区域，进而形成多语并存的语言环境，因而其对于翻译的依赖和重视更为强烈，相关翻译史研究也更加需要深入探究；另一方面，由于文献获取相对困难，此前与之相关的研究数量较少。随着研究的深入，这种状况正在发生变化，出现了一些较为成熟的研究。比如，李长森所著的《近代澳门翻译史稿》。该书是第一部专论澳门地区翻译史的著作。全书围绕澳门开埠至19世纪的翻译活动、翻译制度的确立与发展、土生澳门葡人译者等三个章节探讨了澳门地区的翻译史，并且在中西文化交流的大背景下对澳门翻译实践所起的重要作用进行了深度开掘。本书作者李长森长期从事新闻传媒和外事翻译实践，因工作原因几乎走遍了世界上所有使用葡萄牙语的国家和地区，后来长期在澳门任教。或许由于作者本人的学术背景，他在该书中所呈现的问题意识更为宏观，更注重翻译史的外部研究(翻译与文化、译者养成与学校教育、翻译政策制度)，在史料运用方面也更为丰富，大量使用了澳门葡文报纸、澳葡政府公报档案、澳门法律条文历史档案、历史人物信函、学校章程、译者个人名片等史料，因而极具借鉴和参考价值。当然，如作者本人所说，全书"是对澳门翻译史的初步研究，尤其是近代澳门翻译活动的研究，并非澳门翻译历史的全部"，② 其在篇幅和内容方面都有较

---

① 张旭. 湘籍近现代文化名人·翻译家卷[M]. 长沙：湖南师范大学出版社，2011.

② 李长森. 近代澳门翻译史稿[M]. 北京：社会科学文献出版社，2016：312.

大的拓展空间。台湾地区翻译史研究方面近年也有突破。邹振环在《近五十年来台湾的翻译史研究》一文中从史学史角度探讨了方豪明清之际西书中译史、张曼涛的中国佛典译印史，以及台湾地区 60 至 90 年代的文学翻译史。① 徐裕轩以个案研究的方式梳理和检视了 1949 年到 2016 年俄国文学在台湾地区的翻译史。② 杨承淑对日据时期台湾地区译者作了群像式描写。③ 此外，杨承淑和孔慧怡主编的《亚洲翻译传统与动向》一书中也有多篇文章涉及中国台湾口译和文学翻译史，中国香港翻译教育，以及朝鲜、日本、泰国、马来西亚等地区和国家的翻译史。④ 此外还有，黄焰结等运用文献计量分析法考察了 1979—2013 年间在中国出版的翻译史学著作，发现大陆和中国香港、澳门、台湾学者先后出版区域翻译史著作共计 12 部之多。⑤ 孙艳、张旭等基于九大国际译学期刊的论文数据考察了中国学者 1955—2020 年海外发文现状，指出区域翻译史研究相关论文有 8 篇，占比 2.8%。⑥

从国内外相关文献来看，区域翻译史的实践研究的内容和路径大体可分为以区域翻译史为目的的研究和以区域翻译史为方法的研究。就其区别而言，前者是以翻译为目的，在翻译学科内部开展的与译者和翻译现象相关的研究，后者则是以翻译为方法，试图阐明的却是翻译所引发的社会历史变革，以翻译为目的的研究多侧重于某一区域在特定历史时

---

① 邹振环：《近五十年来台湾的翻译史研究》，载《东方翻译》，2014 年第 6 期。

② 徐裕轩：《俄国文学在台湾的翻译史初探》，本文为第七届斯拉夫语言、文学暨文化国际研究讨会会议论文。论文获取网址：https：//www. docin. com/p-2 166206456. html。

③ 杨承淑：《台湾日据时期的译者群像》，载王宏志主编《翻译史研究 (2012)》，上海：复旦大学出版社，2012 年。

④ 孔慧怡、杨承淑. 亚洲翻译传统与动向[M]. 北京：北京大学出版社，2000.

⑤ 黄焰结等：《中国新时期(1979—2013)翻译史作的计量分析》，载《浙江越秀外国语学院学报》，2016 年第 6 期。

⑥ 孙艳、张旭：《中国翻译史的海外发声——基于九大国际译学期刊的考察 (1955—2020)》，载《上海翻译》，2022 年第 1 期。

期内某些翻译家、翻译事件和翻译活动的史料梳理。

三、湖北翻译史研究述评

在区域翻译史研究中，与湖北相关的研究成果非常之少。仅有的少量研究大体可分为三类。其一，围绕近代湖北官办书局的翻译实践展开，如周俊博简要梳理并评析了湖北译书局的翻译实践活动，① 江凌考察了近代湖北编译书局兴起对当地教育的影响，② 罗伟华在其硕士论文中考察了江楚书局的创办始末、翻译出版成就及其历史地位，文末对江楚书局出版书目的整理尤其具有参考价值。③ 其二，对鄂籍译者和湖北翻译实践赞助人展开研究，如范铁权、孔祥吉④和王祖华⑤分别从政治活动考述和文学翻译成就两方面对戢翼翚作了研究，苏艳考察了张之洞督鄂期间的翻译赞助活动。⑥ 其三，有关湖北外语和翻译教育机构的研究，其中受关注最多的是湖北自强学堂。如付克早在1986年出版的《中国外语教育史》一书中就简要论及了湖北自强学堂的办学状况，⑦ 但限于篇幅和论述重点并未提及自强学堂的翻译实践活动。相比较而言，高晓芳在《晚清洋务学堂的外语教育》一书中对自强学堂的讨论更为聚焦，论及自强学堂附设翻译处，兼译西书等。⑧

---

① 周俊博：《晚清"湖北译书局"译介活动研究评析》，载《长春师范学院学报》，2013年第11期，第24-25页；《晚清"湖北译书局"的译介活动》，载《郑州航空工业管理学院学报(社会科学版)》，2013年第5期，第107-110页。

② 江凌：《试论近代译书局的兴起对湖北教育近代化的影响》，载《湖北第二师范学院学报》，200年第11期，第90-92页。

③ 罗伟华. 江楚译书局研究[D]. 华东师范大学硕士论文，2019.

④ 范铁权、孔祥吉：《革命党人戢翼翚重要史实述考》，载《历史研究》，2013年第5期，第173-182页。

⑤ 王祖华：《但开风气不惧先——戢翼翚的翻译活动述考》，载《东方翻译》，2017年第4期，第51-55页。

⑥ 苏艳：《张之洞督鄂期间翻译赞助行为研究》，载《外语研究》，2021年第5期，第70-76页。

⑦ 付克. 中国外语教育史[M]. 上海：上海外语教育出版社，1986：18-19.

⑧ 高晓芳. 晚清洋务学堂的外语教育[M]. 北京：商务印书馆，2007：174-206.

在相关论著中，孙霞的《清末民初时期湖北的外语教育和翻译活动》与本书最为相关。作者在前言中论及全书写作目的时提及"从历史的角度出发，立足于湖北省范围内，将散落在各种文献中的关于清末民初的外语教育和翻译活动进行整合和梳理，形成系统的、有体系的专门研究"。① 就内容而言，本书的确涉及湖北部分官办翻译机构（如湖北译书局、江楚译书局）的翻译实践与出版活动，提及了辜鸿铭和张之洞等人的翻译实践与赞助活动，对近代湖北的译报译刊也有简要提及。但是全书时间跨度较长，试图论及的话题亦较繁杂，且其论述重点在于外语教育而不是翻译活动，所涉及的话题和史料也较为有限。

综合本节论述可知区域翻译史研究已经取得了部分成果，且对本研究具有较大启发意义，但仍有下述不足。首先，既有研究较为零散且湖北翻译史相关的研究数量不足。现有区域翻译史研究大多偏向于闽、沪、浙等近代中外接触最先发生的地区和近代政治与文化交流频繁的京冀与藏、新地区。面向近代革命重镇和新式教育与知识生产重地的湖北的翻译史研究极少。其次，有关区域翻译史的史料选择、研究对象、研究方法、研究价值及其与普通翻译史之间的区别与联系等理论问题的探讨暂付阙如。再次，既有研究虽然提及湖北的翻译出版，但是大多以知识介绍为主，对湖北的译人译事、译报译刊等面向挖掘不足，所运用史料也较为有限，因而存在进一步探讨的空间。

第三节　研究内容与本书结构

近代湖北翻译史专题研究以清末民初时期湖北相关的翻译史料为研究对象，整合历史学和翻译学的研究方法，从湖北籍翻译家及其翻译思想、湖北翻译出版以及湖北译报译刊等三个专题展开研究。本节对其中涉及的核心概念和全书写作结构作简要阐述。

---

① 孙霞. 清末民初时期湖北的外语教育和翻译活动[M]. 武汉：武汉大学出版社，2018：2-3.

一、以近代作为时间界限

本书以"近代"为时间界限。一般而言，学界在中国近代史书写时大多采用两种时间划分方式：一种是将 1840—1949 年统一归为中国近代史，另一种是将 1840—1919 年归入近代中国史，1919—1949 年归入中国现代史。考虑到本书主要涉及翻译研究，因此在时间界限选取时参照了相关研究者的论述。比如，熊月之在论及近代西学传播与译介问题时，曾将近代分为四个阶段：1811—1842 年(即以传教士为主时期)、1843—1860 年(以沿海六大通商口岸为传播中心的时期)、1860—1900 年(西学传播逐渐深入到长江流域)、1900—1911 年(西学传播的高潮时期)。① 据孔慧怡研究，在 1842 年至 1860 年间，传教士是在中国本土翻译及出版西学的主力，中国政府和中国人真正开始主动参与西学翻译则要到 1860 年之后。② 综合考量前人论述，同时也考虑到如果所涉时间过长，必然导致史料过多，很难纳入单本著作范围，故本书将"近代"限定于 1860—1911 年之间。当然，考虑到历史的延续性在实际讨论中可能会前后延伸几年。

之所以选择 1860—1911 年前后作为讨论的历史空间，是因为这一历史时期借助翻译输入的西学知识对近代中国以后的历史进程具有重要影响，对中国思想史、社会史和文化史上也具有重要意义。自 19 世纪中叶以来，中华大地开始经历数千年未有之大变局，中国延续了数千年的本土社会和文化体系也因此面临着前所未有的冲击。随着国门被来自西方的坚船利炮打开，清朝政府开始面临内忧外患的双重危机。危机一方面促使旧秩序因内外压力而逐渐崩溃，另一方面也促使中国智识阶层认识到唯有变革自身才能强国保种。于是，开始大量引入来自日本的东学和源自西方的西学。在中与西、新与旧的激荡之中，中华大地开始发生前所未有的变化。这种变化在促进中国器物方面的现代化转型的同

---

① 熊月之.晚清社会与西学东渐[M].上海：上海人民出版社，1994.
② 孔慧怡.重写翻译史[M].香港：香港中文大学出版社，2005：161.

时，也影响着中国的思想和文化，而导致这些变化和影响发生的关键在于翻译。留美学者钱存训指出"自 19 世纪中叶起，翻译就是中国政府现代化过程中的典型特征。无论是翻译的题材还是承载这些题材的语言都引导着近代中国政府的政策变迁和思想潮流更迭"。① 华人学者王德威曾说过"没有晚清，何来'五四'"。② 尽管他这是关于文学研究的主张，而且也仅仅指的是晚清和"五四"文学之间的关系问题，但是他的话同样适用于思想史、文化史和翻译史。我们也可以套用这句话说"没有近代翻译，何来现代中国"。可以说，在翻译催化之下，近代思想、文化和社会发生的种种变革——无论是积极的还是消极的——都深深地渗透到了中国社会（当然也包括湖北）的方方面面，甚至影响到了今日中国社会之发展。

二、以湖北作为空间区域

本书以"湖北"作为空间范围开展区域翻译史研究。本书选择"湖北"作为区域翻译史研究的地理空间不仅是作者个人研究兴趣使然，而且是基于湖北在中国文化史上的地位作出的选择。

作为地理空间的"湖北"是一个历史概念，其在历史上迁变情况较为复杂。大体来看，"湖北"之名始于宋初。据《读史方舆纪要》载："宋初为湖南（治潭州）、湖北（治江陵府）及京西路，后又置京西南路（治襄阳）"，湖北遂有其名。宋代其大部分县治逐步稳定，元代时设湖广行中书省（治武昌）。明初沿袭元制，仍设行省，洪武九年（1376 年）改为湖广布政司（辖地为今湖北、湖南全境），下辖 16 个府。清初袭明制，至康熙三年（1664 年），分设左右二布政司，左司改名湖北省，右司改

---

① Tsien T. H.: Western Impact on China Through Translation[J]. *The Journal of Asian Studies*, 1954, 13(3): 305-327.

② 王德威认为晚清文学不仅在时间上先于"五四"，而且在重要性和开创性上也超越了"五四"，提倡在文学研究和对中国文学现代性的追溯中重视晚清文学研究。参阅王德威《想象中国的方法：历史·小说·叙事》，天津：百花文艺出版社，2016 年，第 3-19 页。

名湖南省。至此，湖北作为独立的省级行政区，其省境大体与今日一致。①

　　湖北又不仅仅是一个地理空间，更是与"楚文化""荆楚文化"等紧密相关的文化空间。张伟然指出"今湖北省境作为一个文化地域，它有一个可以依凭的独特的感觉文化区"。② 所谓的"感觉文化区"即深深地镌刻在区域空间内土生土长的民众文化记忆中的乡土情结。在中国数千年历史长河中，地处九省通衢的湖北一直扮演着沟通南北的角色。梁启超 1922 年在武昌中华大学暑期学校所作《湖北在文化史上之地位及将来之责任》的演讲中就曾盛赞湖北在中国文化地理上的重要地位。他认为，中国文化包括以黄河为代表的北方文化和以长江为代表的南方文化，湖北不仅与江苏一起代表南方文化，而且在沟通黄河文化的同时，影响江苏文化。同时，他还指出湖北文化在张之洞督鄂期间（1889—1907）和辛亥革命时期显示出莫大的影响力，但是辛亥之后湖北文化是"愈趋而愈下"。③ 湖北革命风气之形成离不开"新学"的传播。所谓"新学"即源自西方的"西学"和来自日本的"东学"为主要内容，④ 而无论何种"新学"都需要以翻译为媒介才能成为可能。对于湖北，乃至于后来的整个中国而言，译介活动所起的作用和产生的影响绝对不容小觑。故而，探讨近代之革命必然要论及近代湖北之新学传播，而论及近代湖北新学的传播则必然要论及翻译。

---

① 　参阅（清）顾祖禹撰，贺次君、施和金点校《读史方舆纪要》，中华书局，2005 年；潘新藻：《湖北省建制沿革》，武汉：湖北人民出版社，1987 年；张伟然：《湖北历史文化地理研究》，武汉：湖北教育出版社，2000 年。

② 　张伟然. 湖北历史文化地理研究[M]. 武汉：湖北教育出版社，2000：221.

③ 　周积明. 湖北文化史[上][M]. 武汉：湖北教育出版社，2006：16.

④ 　"新学"包括"西学"（指直接源自欧美的知识，包括人文科学、社会科学和自然科学，同时兼及工程技术）和"东学"（指经过日本改造或转口输入的西学）。在戊戌变法之前，学界多用"西学"，变法之后越来越多学者倾向于使用"新学"代替"西学"。参阅王建朗、黄克武《两岸新中国近代史》，北京：社会科学文献出版社，2016 年，第 1034 页。

再次，这是基于区域史和区域翻译史研究的现状作出的选择。与湖北相关的区域史研究已经产出了相对丰硕的成果。举其要者有《湖北通史》、《中国现代化的区域研究：湖北省（1860—1916）》《湖北文化史》《湖北教育史》《近代武汉城市史》《丹江口水库区域历史地理研究》《传统慈善组织与社会发展：以明清湖北为中心》《汉口商业简史》《郧阳抚治两百年》等。① 这些研究或通史、或断代史、或专门史，从不同角度对湖北（及其管辖区域）的政治、经济、文化、社会等多个方面作了较为深入的研究。但是对于影响近代湖北（乃至近代中国）甚大的翻译史却甚少涉及。故而，本书选择湖北区域翻译史作为研究和论述对象。

三、以专题为撰写方法

在具体撰写方式上，本书以专题形式展开。称其为专题研究，是因为本研究并未采用编年、断代或通史常用的按时间顺序组织史料的方法，而是采用了分专题组织材料的架构方式。全书包括湖北籍翻译家及其翻译思想研究、湖北翻译出版以及湖北译报译刊等三大专题。之所以采用专题形式，也是因为以专题为限，便于充分搜集和组织史料。

当然，分专题展开研究并非要将不同专题彻底割裂。前文指出，梁启超将专门史分为人的专史、事的专史、文物的专史（包括政治专史、经济专史和文化专史三类）和地方的专史、断代的专史等。② 这些专门史实际也可以理解为围绕某个专题开展的专题史研究，如果将其放置在

---

① 章开沅、张正明、罗福惠主编. 湖北通史[M]. 武汉：华中师范大学出版社，1999；苏云峰. 中国现代化的区域研究：湖北省 1860—1916[J]. "中央研究院"近代史研究所专刊（台湾），1987(41)；周积明. 湖北文化史[M]. 武汉：华中师范大学出版社，2006；熊贤君. 湖北教育史[M]. 武汉：湖北教育出版社，1999；明麻主. 近代武汉城市史[M]. 北京：中国社会科学出版社，1999；晏昌贵. 丹江口水库区域历史地理研究[M]. 北京：中国社会科学出版社，2007；黄永昌. 传统慈善组织与社会发展：以明清湖北为中心[M]. 北京：光明日报出版社，2012；阎志. 汉口商业简史[M]. 武汉：湖北人民出版社，2017；冷遇春、冷小平. 郧阳抚治二百年[M]. 武汉：湖北人民出版社，2004.
② 梁启超. 中国历史研究法[M]. 上海：上海古籍出版社，2011：172-323.

通史的大背景下，则任何历史研究都需要涉及特定时间和空间中的人与事。从这个角度来说，专门史只是相对而言，所谓"专门"也仅仅是指在研究时史料搜集的角度、解读的方式和行文的组织结构侧重点各围绕不同的专题而已。与之类似，本书虽然分为翻译家、翻译教育机构和翻译相关报刊等三个专题，但是三者之间在组织和叙述过程中仍然存在重叠之处。只是，我们在具体撰写时各有侧重而已。

　　本书整合区域史和翻译学的研究方法，以时间（近代）为经，以空间（湖北）为维度，交织成近代湖北翻译的整体历史画卷。围绕上述对象，全书拟分以下三个专题展开研究。专题一，近代鄂籍译家翻译实践及其思想研究。全书选择近代湖北较有代表性的翻译家，从其翻译对象、翻译动机、翻译策略、译作接受与影响，以及翻译思想等多个方面，探讨翻译与近代湖北社会新思潮形成之间的互动关系。其中涉及的翻译家包括戢翼翚、王亚南、叶君健、冯承钧、闻一多、闻家驷、李伟森、夏道平等。同时，也将兼及湖北翻译活动赞助人（如张之洞等）对湖北翻译政策和翻译活动的影响。专题二，近代湖北翻译机构个案研究。除个体译者之外，近代官办和民办翻译机构是译作生产的重要发起人。而江楚翻译局、湖北洋务译书局，以及兼具翻译出版和外语教育功能的自强学堂等在引介新知、开启民智的过程中所起的历史作用更是不容小觑。考察其成立背景、翻译对象、翻译管理与运作机制以及翻译政策制定和社会影响、湖北翻译机构与其他地区翻译机构的异同等相关方面，将能够揭示当时翻译与近代新知生产与传播之间的互动关系。专题三，近代湖北翻译相关报纸杂志研究。本研究将以近代湖北民间、官方和湖北籍留日学生创办的翻译相关报纸杂志为考察对象，探究以翻译为媒介发生的中西文化/学术、新旧思想之间的碰撞与互动，以及新知的再生产。

"每一时代中须寻出代表的人物，把种种有关的事变都归纳到他身上。一方面看时势及环境如何影响到他的行为，一方面看他的行为又如何使时势及环境变化。在政治上有大影响的人如此，在学术界开新发明的人亦然。先于各种学术中求出代表的人物，然后以人为中心，把这个学问的过去、未来及当时工作都归纳到本人身上。这种作法，有两种好处：第一，可以拿着历史主眼。历史不外若干伟大人物集合而成。以人作标准，可以把所有的要点看得清清楚楚。第二，可以培养自己的人格。知道过去能造历史的人物，素养如何，可以随他学去，使志气日益提高。所谓'奋乎百世之上，百世之下，闻者莫不兴起也。'"①

---

① 梁启超. 中国历史研究法补编[M]. 长春：吉林出版集团股份有限公司，2017：28-29.

第二章　近代湖北译家译论专题研究

本章以近代湖北籍翻译家的翻译实践和译论为主线，开展专题研究。其中，第一节对翻译家研究的路径和方法作了简要探讨，其他各节论及的翻译家有戢翼翬、冯承钧、闻一多、王亚南、李伟森、闻家驷、叶君健、夏道平等。

第一节　近代湖北译家译论研究概说

对近代湖北的译家译论研究是近代湖北区域翻译史研究的重要组成部分。它是以湖北籍翻译家的翻译实践活动和翻译话语为研究对象，是运用历史研究方法以特定区域的翻译家为中心展开的专题研究。之所以强调"翻译家"作为中心论题是因为任何翻译历史事件的发生都离不开译者的参与，而译者的阅读和审美体验、主观情感偏好、翻译策略选择，及其与翻译活动赞助人、发起人的互动等都在很大程度上塑造着译作的最终面貌，并影响着翻译文化价值、社会价值和历史价值的实现。另一方面，重视翻译家研究也是现当代翻译理论中强调译者主体性和"译者转向"①的必然要求。安东尼·皮姆在《翻译史研究方法》一书中反复陈说"翻译历史知识的核心对象不应该是翻译的文本，也不应该是语境系统，甚至不是文本的语言特征，而应该是作为人的译者，因为只有人类才能对社会事件的前因后果承担相应的责任，也只有通过研究译

---

① Chesterman, Andrew. The Name and Nature of Translator Studies[J]. *Hermes：Journal of Language and Communication in Business*, 2009, 22(42)：13-22.

者和他们的社会关系(客户、赞助人、读者)我们才能解释为什么在特定的历史时空中产生了特定的译作"。① 王向远也指出"创造翻译历史的是翻译家,翻译史的研究必然要以翻译家的活动为中心"。② 王宏志指出"译者研究是以译者作为主体的研究,是直接指向译者,探讨译者作为翻译现象本身的问题,而不是以译者作为众多翻译元素之一来协助讨论其他翻译元素或现象"。③ 由此可见,将翻译家作为翻译史(或翻译理论)研究的核心(或者说即使不是核心,也应该是极为重要的组成部分)已然是学界共识。

但是,翻译家研究究竟如何开展,学界却论说纷纭。皮姆指出以译者为中心"不仅要叙述译者的生平经历,更重要的是还要注意到其作为一位普通的、活生生的人具有的一切生活特征和习性"。④ 王向远认为"以研究翻译家(译者)为中心,则必须围绕译者的人生轨迹与翻译活动展开……作为单个翻译家的研究是传记式、历时的研究,作为群体翻译家的研究自然是翻译史的研究"。⑤ 显然,生平经历对翻译家研究而言是必要构成部分,在具体写法上可按照时间先后顺序采用传记式写法。从目前学界已有之研究来看,如《翻译家鲁迅》⑥《翻译家梁实秋》⑦《翻译家徐志摩研究》⑧等大抵如此。就翻译家研究的具体方法而言,方梦之在《中国翻译家研究》一书的序言中有着更为细致的说明:

————————

①　Pym, Anthony. *Method in Translation History*[M]. Beijing: Foreign Language Teaching and Research Press, 2007: xxiii.

②　王向远. 译文学: 翻译研究新范式[M]. 北京: 中央译出版社, 2018: 272.

③　王宏志. 作为文化现象的译者: 译者研究的一个切入点[J]. 长江学术, 2021(1): 87.

④　Pym, Anthony. *Method in Translation History*[M]. Beijing: Foreign Language Teaching and Research Press, 2007: xii.

⑤　王向远. 译文学: 翻译研究新范式[M]. 北京: 中央编译出版社, 2018: 272.

⑥　王友贵. 翻译家鲁迅[M]. 天津: 南开大学出版社, 2016.

⑦　白立平. 翻译家梁实秋[M]. 北京: 商务印书馆, 2016.

⑧　高伟. 翻译家徐志摩研究[M]. 上海: 东南大学出版社, 2009.

　　"译家描述要交代五个问题：何许人？为何译？译什么？怎样译？译效如何？我们把它分解为五个部分：1. 生平简介——翻译家成长的社会环境(包括家庭熏陶)；2. 翻译活动——翻译家在特定历史语境中的翻译动机、活动方式和事件；3. 翻译思想——翻译家对译事的原则主张或基本理念，"理论化的方法论"；4. 著译介评——对翻译家成果的介评，包括翻译策略和翻译手段的介绍；5. 翻译影响——论主的翻译思想、翻译理论、翻译活动及其著译带给后人的启迪和进益。翻译家研究的重点在于探索译者素质的养成、成功的动因和环境，包括从事翻译的心路历程、翻译观念、选题偏好、翻译策略、翻译影响等一系列主客观翻译语境因素。当然，对于以上五个方面，撰写者因掌握史实的多寡和写作偏好的不同，侧重点有所不同。"①

　　可以说，方文为翻译家研究提供了极具操作性的方法指导。当然，也有学者对此类研究模式提出了批评，认为单纯对译家生平或翻译作品的研究并不能算是严格的译者研究，在研究深度尚会有所欠缺。② 不仅如此，多数关于翻译家研究的理论探讨注意到学界在开展相关研究时过于偏重文学翻译名家，而忽视非文学或非著名译者的现象。因而，王宏志倡导在开展译者研究时，将"译者作为文化现象"，即"不要只把译者作为个人或个体，或将其翻译行为视为个人或个别的活动，而是不论个人还是群体、知名或不知名的译者及他们的翻译以至于其他活动，都集体地构成一个文化现象，在特定的文化环境下参与、回应、协商以至影响一些重要文化问题，甚至是具体地对独特

---

　　① 方梦之、庄智象主编．中国翻译家研究(历代卷)[M]．上海：上海外语教育出版社，2017：x.

　　② 王宏志：《作为文化现象的译者：译者研究的一个切入点》，载《长江学术》，2021年第1期，第89页。

文化问题作出回应"。①

　　从这个意义上说本章所探讨的译者也就有其典型意义。本章所讨论的翻译家大多并非专门以翻译为职业的译者。他们或者是记者兼文学创作者(如叶君健)，或者是某个领域的专门性学者(如闻一多、冯承钧等)，或者只是因某种需要临时从事了部分翻译活动(如戢翼翚、王亚南、夏道平)。相较于严复、林纾、鲁迅、老舍、郑振铎、徐志摩等已受到学界广泛关注的翻译家，他们中的大部分不是当前翻译理论研究所关注的重点。但是，即便翻译或翻译家只是他们多重身份中的一个部分(甚至可能是最不重要的部分)，他们所从事的政治、经济、学术和少量文学翻译作品却真真切切地起到了巨大的社会作用，其承载的思想和知识也切切实实地产生了真切的社会影响，并在一定程度上改变了其所生活的现实世界。从这个意义上说，正是因为他们作为翻译家和非翻译家身份之间的相互作用才使得他们的译作在翻译之外产生了重大影响，对其展开研究也就有着极为重大的意义。

　　当然，也正因为这些译者的主体身份并非翻译家，因此他们有关翻译的理论话语也就相对较少。本章所说的"译论"并非严格意义上的"翻译理论"的简称，而是一个较为宽泛的说法，它包括翻译家有关翻译的任何主张、看法或者从译者序、译者相关研究等副文本中所能见到的关于翻译目的与动机、策略与方法等。

第二节　译以救国：戢翼翚翻译实践考述

　　中日甲午之战，中国惨败。当时，有志之士大多认为日本之所以能够在短时期强盛起来是因为其普及现代教育和法治制度与精神所致。故而，清末之际，相当一部分有志青年选择留学日本，并选择性地翻译了一批教科书或政法类书籍。在早期留日学生中，号称"晚清湖北留日第

---

　　①　王宏志：《作为文化现象的译者：译者研究的一个切入点》，载《长江学术》，2021年第1期，第90页。

一人"的戢翼翚是其中的代表人物。《世载堂杂记》称"东京留学生日众，元丞遂领袖诸生，宣播革新、革命两种政派之说"，① 足见其影响之大。本章将基于史料，考察戢翼翚的翻译实践，剖析其翻译主张。

一、戢翼翚生平述略

戢翼翚(187？—1908②)，字元丞，湖北郧阳府房州人(今湖北省十堰市房县)，父亲因军功擢升为湖广总督都标辖下守备，其后随父至武昌定居。定居武昌后，戢翼翚就读于张之洞创办的新式学堂——自强学堂。在此期间，他"得于当地士大夫游，始识读书之法，有四方之志"③。

1895 年，甲午中日战争之后，清政府和日本政府签订了《马关条约》。此后，中日之间互派公使，文书来往频繁。由于急需娴熟日语的本国人才担任译员，时任驻日公使裕庚便派人至湖北自强学堂选拔学生赴日学习日语。戢翼翚应征入选，并于 1896 年 6 月，与其他 12 名中国学生一道，由清政府派遣公费赴日留学。到达日本后，就读于日本人嘉纳治五郎创办的学堂学习。④ 关于此段历史，刘成禺著《世载堂杂忆》

① 刘成禺 . 近世文化书系·世载堂杂忆[M]. 沈阳：辽宁教育出版社，1997：173.

② 关于戢翼翚生年学界说法不一。较为通行的说法是他生于 1878 年，但也有学者考证认为他生于 1874 年前后。参阅湖北省档案馆档案资料辑室、湖北省地方志办公室资料室印《辛亥革命湖北人物传资料选》，1983 年版第 13-14 页；孔祥吉《惊雷十年梦未醒：档案中的晚清史事与人物》，广州：广东人民出版社，2017 年，第 213-214 页。

③ 刘成禺 . 近世文化书系·世载堂杂忆[M]. 沈阳：辽宁教育出版社，1997：130.

④ 他们到达日本后由时任日本东京高等师范学校校长的嘉纳治五郎(1860—1938 年，日本教育家)负责其教育问题。但是考虑到这批留日学生连日文字母也不认识，不能立即进入高等师范学校学习，嘉纳治五郎租用了神田三崎町一丁目二番地的一所房子作为校舍，对他们进行日语集训。学校所授课程包括日本语文及普通学科，体育和理科等课程则在高等师范学校的"御茶之水"校舍讲授。参阅[日]实藤惠秀著，谭汝谦、林启彦译《中国人留学日本史》，北京：生活·读书·新知三联出版社，1983 年，第 6 页。

中述说如下：

> "会甲午中日战争，马关和议告成，两国互派公使，首派李经
> 芳，后派裕庚。时外交人员少娴日本语言文字者，两国交涉，多以
> 英语酬酢。观马关议和，李相国鸿章、日本内阁总理伊藤博文，辩
> 论问答，俱用英文，刊为专书。翻译则李经芳、罗丰禄、伍廷芳
> 也。两国既复邦交，来往须用日本文字，译员多用留日华侨，若辈
> 焉知交涉，裕庚乃派其参随安徽吕某，来鄂招使馆练习学生。元丞
> 应选，东京中国使署，特辟学堂，为教授翻译人材之用元丞等乃为
> 留学日本开山祖师，使馆学生学成者，湖北戢翼翚、刘艺舟，安徽
> 吕烈辉、吕烈煌，广东唐宝锷，江苏冯阅模等凡七八人"。①

经过近五年半的学习，戢翼翚不仅熟练掌握了日语，而且以日语为
工具了解了大量西方知识。在日本学习期间，他既目睹了日本的强大，
也亲身经历了日本人对中国的歧视，同时深感清政府统治制度的落后，
遂幡然醒悟，产生了极大的革命热情，与雷奋、杨廷栋、杨荫杭等在东
京创办《译书汇编》，同时与当时由伦敦归横滨的兴中会首领孙中山合
作，最后走上革命道路。

1900 年 7 月，他持孙中山手函回国参加唐才常等组织的自立军起
义。起义被镇压，义军领袖约十一人被捕杀害，另有部分人员侥幸得
脱，戢翼翚"避匿刘成禺家，赖姚锡光父子设法得以出险"，② 起义遂

---

① 刘成禺. 近世文化书系·世载堂杂忆 [M]. 沈阳：辽宁教育出版社，
1997：130. 另据后世学者考证，这十三名留日学生分别是韩寿南（23 岁）、朱光忠
（22 岁）、冯阅模（20 岁）、胡宗瀛（20 岁）、王作哲（19 岁）、唐宝锷（19 岁）、戢翼
翚（19 岁）、赵同颉（19 岁）、李宗澄（18 岁）、瞿世瑛（18 岁）、金维新（18 岁）、刘
麟（18 岁）、吕烈辉（18 岁）等。由于李宗澄、韩寿南、赵同颉、王作哲等赴日两三
周后即提前回国，金维新和刘麟二人中途退学，13 人中最后真正毕业者仅 7 人。
参阅 [日] 实藤惠秀、谭汝谦、林启彦译《中国人留学日本史》，北京：生活·读
书·新知三联出版社，1983 年。
② 冯自由. 中华民国开国前革命史 [M]. 桂林：广西师范大学出版社，
2011：52.

告失败。武汉自立军起义失败后，戢翼翚并没有灰心丧气，而是返回日本继续从事革命活动。他一方面利用在日本的交游，寻找同道，壮大革命队伍，以待东山再起。另一方面，他试图以日本作为革命基地向国内传播革命思想。他在日本与秦力山一同创立《国民报》宣传反清革命主张，后来又经日本女子贵族学校校长下田哥子资助，在上海创立作新社，在作新社出版印刷《东语正规》，"导中国人士能读日本书籍，沟通欧化，广译世界学术政治诸书，中国开明有大功焉。元承遂为沪上革命党之交通重镇矣"。① 1902 年春，他再次回国。回国后在蔡元培创办的中国教育会中担任干事一职。1905 年，他被清政府擢选，获赐政治经济科进士。为救国计，他入京任外务部章京，并于同年十月随五大臣（镇国公载泽、户部侍郎戴鸿慈、兵部侍郎徐世昌、湖南巡抚端方、商部右丞绍英等）赴日考察。其后，为进一步考察日本的政法制度滞留日本。在日本期间，他不仅实地考察，而且与时任枢密院顾问的日本法学家、政治家金子坚太朗当面探讨中国实施宪政的相关问题。之后，他将金子坚太朗的建议译成中文呈交给时任军机大臣瞿鸿禨。虽然这些建议并未得到落实和实施，但是戢翼翚赤心报国的热忱可见一斑。除此之外，他还曾请宋教仁将大量日译西方政治制度书籍转译为中文。日本考察结束后，他回国继续担任旧职。1907 年，袁世凯陷害他"交通革命党，危害朝廷"，② 遂被革职押解回鄂，次年病逝于家中。

二、编译政法书报和日文教科书

戢翼翚的报国热忱不仅体现在他积极投身革命的行为中，也体现在他创办《译书汇编》《国民报》和《大陆》等书报的活动中。其中，《译书汇编》最为世人称道。该杂志于光绪二十六年十月十五日（1900 年 12 月 6 日）在东京创刊，参与创办者包括戢翼翚、杨廷栋、杨荫杭、雷奋等

① 刘成禺. 近世文化书系·世载堂杂忆［M］. 沈阳：辽宁教育出版社，1997：155.

② 刘成禺. 近世文化书系·世载堂杂忆［M］. 沈阳：辽宁教育出版社，1997：134.

十四名留日学生，戢翼翚为主事者。《译书汇编》"所译书籍，如卢骚之《民约论》，孟德斯鸠之《万法精理》，约翰穆勒之《自由原论》诸书，皆于青年思想之进步，至有关系"。① 《译书汇编》是最早由留学生界出版的月刊，且对后来其他类似期刊的影响力颇大，被称为"留学界杂志之元祖"。② 该刊物在传播西方先进政治思想，激发进步青年参与革命方面起到了巨大作用。冯自由在《革命逸史》中盛赞"吾国青年思想之进步，收效至巨，不得不谓《译书汇编》实为之倡也"。③ 当然，戢翼翚此举也是时代风气使然。

在当时办报风气影响下，戢翼翚先后创办了多种政法类期刊，戢翼翚还亲身参与翻译活动。据《中国译日本书综合目录》载，戢翼翚署名的译著有《政治学》(1902)、《万国宪法比较》(1903)和《万国兴亡史》(1903)等三种。④ 其中，学界讨论较多是《政治学》一书。该书原作者为德国学者那特硁(Karl Rathgen)。那特硁于1882—1890年间在日本东京大学文学部担任国法学、政治学和统计学教授。他教学讲义的部分内容被学生李家隆介、山崎哲藏整理后译成日文以《政治学》为名由明法堂(日本东京)于明治25年(1892)印刷出版，两年后该书修订后再版。该书由《国家编》《宪法编》和《行政编》等三部分构成。戢翼翚与王慕陶二人合译了该书的《国家编》部分，上编由商务印书馆于光绪二十八年(1902年)出版，下编于同年八月出版。上编版权页注明译述者为"出洋学生编辑所"。(该所为早期留日学生组织的翻译团体，其核心人物是戢翼翚。)他们所译版本包括《国家之要素》和《国家之生理》两编，具体章节内容见表2-1：

---

① 冯自由. 中华民国开国前革命史[M]. 桂林：广西师范大学出版社，1997：36.

② 冯自由. 革命逸事[M]. 北京：新星出版社，2011：81.

③ 冯自由. 革命逸事[M]. 北京：新星出版社，2011：81.

④ 谭汝谦. 中国译日本书综合目录[M]. 香港：香港中文大学出版社，1980.

表 2-1 《政治学》目次

		章目	节目
上编 国家之要素	绪论	第一章 自然之要素	第一节 气候 第二节 地形 第三节 地质 第四节 人民
		第二章 社会之要素	第一节 家族 第二节 地方团体 第三节 社会(狭义社会) 第四节 族民
下编 国家之生理		第一章 国家之政体	第一节 国体理论之分类 第二节 国体历史之分类
		第二章 国权之范围	第一节 国家之目的 第二节 政府行为之范围 第三节 国权之制限 第四节 国家之渊源 第五节 国家之性质

该书标题与日译本上编的目次完全一样，可见中译本至少在结构上与日译本保持了最大程度的一致性。日译本正文前的绪言《政治学小引》也被全译为中文。关于本书之内容和译笔，沈兆祎在《新学书目提要》中如是写道：

"此篇分析章节颇繁，盖学堂讲义之类，中多日本名词，或就和文转译也，采辑西人学说甚博，于各学派皆略具要领。其论国家之渊源一节是众说之汇归，所论国权之范围及其制限各节良多精诣，而叙述各国立宪之制尤详，至论宪法之义而辨及国体及政体不同之由尤为名论。又谓英吉利中央政府权力微弱，不能果断，故其法典至今尚未编纂，(按近人谓英国之宪法为不成文宪法，以未经国家编纂也)则亦可知专制之体未尝无适用之时矣。持论之间，颇归美于地方自治之政，以为共和政体之所由成，英国内阁交迭之变动不能牵及地方自治之政体，为大陆各国所无，而亚美利坚与瑞士其地方自治皆极发达，共和制之基础已固，法国则未能整顿，故共和之制难于久远云云，皆深合事情之说。又云共和国体无须重兵压制，惟法国因特殊之理由不得不置强大之常备军，故其共和制常为奸雄蹂躏，又云国家主义行于德意志，个人主义行于英吉利，盖因两国海陆地形之异与其文化程度之殊而定之，凡此片义亦读近世史者所当知也。译笔畅达，间有附注，皆于原书有关者焉。"①

由此可知，戢氏译著是由日文转译而得，译文流畅，且专门附有译者注。戢氏译《政治学》绪论第二节的内容后来不仅被邓实1902年创办的《政艺通报》转载，后来也进入了1903年通雅书局印行的《新学书目提要》，对晚清君主立宪思想的形成影响深远。②

戢翼翚的报国热忱不仅体现在他积极投身革命实践和翻译政治学著作的行为中，也体现在他刻苦攻读、积极编纂日语教科书，为后来者学习日语提供便利的行为上。在日本留学期间，他对日语的精深掌握为他后来编纂日语教科书打下了坚实基础。刘成禺在《世载堂杂忆》中盛赞戢翼翚编纂日语教科书为中国人读懂日语书籍所提供的便利，同时指出戢氏所著日语教材有《东语正规》和《日本文字解》两种。③ 就现有文献

---

① 沈兆祎：《新学书目提要(卷一)》，收录入熊月之主编《晚清新学书目提要》，上海：上海书店出版社，2014年，第394-395页。

② 孙宏云：《那特硜的〈政治学〉及其在晚清的译介与影响》，载《辛亥革命与清末民初思想》，2012年，第274-297页。

③ 熊月之主编．晚清新学书目提要[M].上海：上海书店出版社，2014：133.

看，《日本文字解》是不是误记尚存疑，① 但是《东语正规》影响力之大
或许比刘氏所说有过之而无不及。

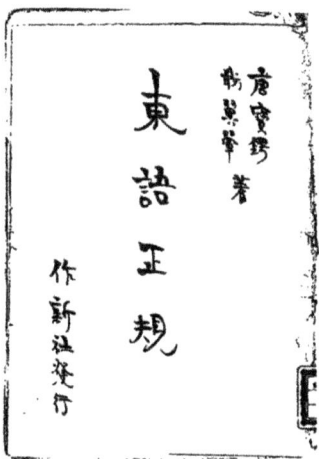

图 2-1　《东语正规》封面

　　《东语正规》是戢翼翚和唐宝锷合著的一本为中国人编写的日语教
科书。该书首版于明治三十三年（1900），七月二十三日在日本印刷，
同年八月五日出版发行，此后多次再版。到 1903 年，短短不足三年时
间里共发行了 6 版。本研究依据的版本是光绪二十九年（1903）七月二
十六日由作新社印刷局（上海英租界四马路惠福里五十三号）印刷，作
新社（上海英租界四马路老巡捕东首第五十五号）发行的版本。此版有
三卷，第一卷卷首附有序言、凡例各一篇。在该书序言中，他阐明了编
书的背景、动机和目的，兹转录如下：

---

　　① 　我们查阅了《伊澤修二の日本語教材『東語初階』・『東語真伝』》（书中列
出了 1884—1903 年出版的 6 种日语教材）、《中国人留学日本史》（实藤惠秀，
1983）（书中列有 1900—1910 年出版的 59 种日语教科书）和《清末中国人使用的日
语教材》（鲜明，2011）等中外学者的相关研究作，均没有发现有关《日本文字解》的
相关信息。

　　"岁辛丑之冬，期满将归，思谋输入东邦文明，以享吾同胞之
有志新学者。译述之书多至十余种，已成箧矣，正谋付梓。适《东
语正规》又告罄，以东文之书在中国发印殊未便故，故不能不在东
付刊。窃思我国当兹创钜痛深之后，有志之士旋思磨荡脑力以为变
法用，将来东渡留学者更当不绝于道，则输入文明之先导不得不求
之于语学也。爰将是书增入散语数十门，原刻古文聊斋数则则芟夷
之，重付活版携之归国，以为吾国有志留学东邦者预备科之一助，
兼示肄习东文者以津梁也。惟以归期迫切，蝟务纷繁，所有应加之
处，挂漏尚多，广增辑补，尚待异日。"①

　　由此序言可知，《东语正规》出版不久即售罄，出版本书的目的是
希望它能有助于将来留学日本、学习新知的中国人。此后，戢翼翚创刊
办报，致力于传播西方政治、法律、制度和文学等实践活动，表明他已
充分意识到语言和文化观念之间的紧密关系。他所强调的也不仅仅是器
物和技术层面的文明，更是突出输入观念层面的文明。而他所说的"东
渡留学者更当不绝于道"也已经为史实所证明。其后数年中，中国留日
学生多的时候竟高达八千人之众。② 他们所编纂的《东语正规》数次再
版也恰恰说明，此书的确颇受欢迎。

　　《东语正规·凡例》非常清楚地说明了本书的特点和目标读者群。
在目标读者方面，本书有意识地"措辞只取简洁"，因为其目的在于让
初学者能够"一览便解"。在内容方面，本版删去了此前版本中取自《聊
斋志异》的数则故事，而后又增加了较多散语。在风格方面，该书"务
求雅驯，务使学者研究此书，即可从事一切普通专门学问"。③ 整体上

----

　　① 戢翼翚、唐宝锷. 东语正规[M]. 上海：作新社，1903：1-2.
　　② 关于在此时期中国留日学生具体数字，不同文献说法不一。日本学者实藤
惠秀在综合运用多种史料，详细考证后指出中国留日学生数字在 1905 年及 1906 年
约为 8000 人，本文采用此说。参阅[日]实藤惠秀《中国人留学日本史》，生活·读
书·新知三联书店，1983 年，第 39 页。
　　③ 戢翼翚、唐宝锷. 东语正规[M]. 上海：作新社，1903：3-4.

看，全书共三卷，分别为语法（卷一）、散语问答（卷二）和语诀（卷三）。具体各卷内容如表2-2所示：

表2-2 《东语正规》目次一览表

卷次	类别	子　类
卷1	语法	文字溯源、文字区别(附引证)、字母原委、字母音图、字母解释、调拼音法、音调、变音、虚字、文法摘要、言彙、学期、学诀
卷2	散语	天文类、时令类、数目类、颜色类、舆地类、宫室类、国名类、各国都城商埠类、方向类、人伦类、称呼类、官爵类、人民类、身体类、形容动类、身动类、动作类、动作副类、动作成语类、言语类、性情类、品性类、人事类、应酬类、政事文牍类、文事类、武备类、商买类、行店类、疾病类、丧葬类、外教类、金宝类、衣服类、布帛类、饮食类、日用火类、日用水类、饮食炊爨器用类、舟类、车类、居家器用类、杂器类、树木类、物形容类、事例形容类
	问答	日用语、燕居语、访友语、游历语、庆贺语、吊唁语、卖买语、商业语、学校语、天时语、消遣语、辞别语
卷3	语诀	语诀
		人事六则(洁身、起居、择友、节用、修身、前车可鉴)、史事三则(郭巨、陆绩、司马温公)、杂谈四则(兵商并重、野蛮各述、德使遇盗、英国工人会规)
	附	泰西哲言十三则

在"卷一"中，编者首先从语言发展史角度简述了日语的源起（尤其提到中日交流史和汉字对日语的影响），其次对日语的读法、字母的发音、字母音图、字母解释、声调、拼音法、音调、变音、虚字等有关语音、语调的知识作了罗列和阐释，尤其注意通过与汉语的比较和类比来解释日语的文法。解释时所用语言或简明扼要，直奔主题，或铺排有致，要言不烦。比如在解释"声调"时，书中写道：

　　"日本文学，既取之我国，故其音韵，亦与汉字大略相同，仍有音韵四声。由百十音中区别而出。韵为母音，音为子音。母音单独，久而不变，不假他音，即ア、イ、ウ、エ、オ是也。其余音为子音，子音与母音迥异，虽引其长音，仍有母音存也，其声不能天然自出，必假他音与母音相拼而成，其与母音拼而成子音之音者，谓之父音……"①

　　在这段概述性文字中，编者为解释日语的"声调"，阐述时一方面通过汉日比较说明日语声调构成，一方面将其巧妙地比喻成子音、母音、父音的方式，寥寥数语就将其构成特征勾画出来。后面解释"音调"时则较多铺陈，如行云流水，一气呵成，体现出良好的古文功底：

　　"凡物必有声，声必有调。金有金声，木有木声，石有石声。凡固形之物，必有自然之声，然其声音有一定。石声与金异，木声与石异，至人物为万物之灵，其为声也不一而足。喜怒哀乐，同一声也。发扬疾徐，同一声也。其所以分辨之者，惟在音调之间耳。于本国语且然，况异域乎。"②

　　其后的"文法摘要"部分介绍了名词(及其子类和变体)、动词(尤其是变体和助动词)、形容词、接续词、感叹词等。尤其值得一提的是，在"言汇"部分，编者不仅列举了训语、汉语、音语等，而且以举例的方式罗列了新语。所举例子既有自然科学类词汇，如"肋膜炎(肺病始基)"，也有人文社会科学词汇，如"归纳法(举大成法，论理学语)""物质文明(有形文明，若格致等学)"和"宪法(君主与百姓所约之法)"。这些词汇和例子在解释语言用法的同时也无形中传播了新知。

_____

① 戢翼翚、唐宝锷．东语正规[M]．上海：作新社，1903：14.
② 戢翼翚、唐宝锷．东语正规[M]．上海：作新社，1903：19-20.

"学期"部分指出学习日语的重点、难点，提出学习者应该注重"明厥次
序，定兹学期，庶学者拾级渐进，确有持循，是所望也"。① 书中强调
学习日语需要循序渐进，并批驳那些认为"日本文字数月可通，是道听
途说者之谬"。"学诀"部分则简述了学习日语三种方法，即"读""记"
"听"，并称"熟读王道也，强记霸道也，习听天籁也"。在三种方法中，
"习听"为最有效之方法，而要想真正实现"习听"则需要"求方言者，必
莅其境，入其群，晨摩夕荡，目濡耳染，而后习与性成也"。② 他们用
儒家思想中"王道"与"霸道"类比语言学习中的"熟读"和"强记"，将
"习听"的过程类比为"习与性"的养成过程，由是将中国文化和思想运
用于外国语言的学习，且方法之间的区别与联系一目了然，对于当时有
志于留学日本的中国士子而言也可谓入脑入心。总而言之，卷一既有语
音、语法、词汇知识的介绍，也有汉日比较和学习方法的探讨，对于初
学日语的中国人而言，读之既易，习之亦不难。

卷二主要是"散语"和"问答"部分。"散语"包括上表中所列的46类
日常生活中常用词汇。每个词汇都由假名、日文汉字和汉语解释三部分
构成。问答部分则主要是以日常生活场景中的常用句式为主，比如"卒
业辞行"部分有下述句式：

　　　　"私ハ多年御國ニ留學シテ今度卒業シテ歸朝致シマスカラ御
　　暇乞ニ参リマシタ何卒コレカラモ相變ラズ度々御通信ナ願ヒマス
　　　　我在贵国，留学多年，这回卒了业，要回国去了，特为到这儿
　　来辞行。以后还求阁下照常时时两相通个信儿"。③

有意思的是，日语会话的汉语译文大多如上例一样，用的是较为浅
显的白话，凸显出明确的口语语体特征。

---

① 戢翼翚、唐宝锷. 东语正规[M]. 上海：作新社，1903：67.
② 戢翼翚、唐宝锷. 东语正规[M]. 上海：作新社，1903：68.
③ 戢翼翚、唐宝锷. 东语正规[M]. 上海：作新社，1903：200.

第三卷以篇章阅读为主，除了针对中国人学习日语中可能存在的困难提供了建议和学习口诀外，还以汉日对译的方式提供了"人事六则""史事三则""杂谈四则""泰西哲言十三则"共计二十六个小短篇（具体子类见表 2-2）。就其内容而言，这些短篇既有关于中国古代修身齐家之道的教诲，也有西方治国方略、做人之法和名人趣事。但是编著者并不是盲目倡导中国古代伦理思想教化，而是加入了自己对文化糟粕的批判。比如在改编自《二十四孝·郭巨埋儿》的故事最后，编者写道：

> 我國ニハ親ニ孝行スル人ガ澤山アリマスガ私ハ大變ニ郭巨ガ人ノ出来ナイ┐ヲ能クシマシタ┐ヲ好ミマス併シ私ガ爰ニ郭巨ノ為メニ残念ニ思ウ┐モ矢張此ノ事デス何故カト云ヘバ假リニ郭巨ガ土ヲ堀ッタ時ニ金ガ出マセンナラ巨ガ屹度子ヲ埋メタデアリマセウ本當ニ埋メタナラバ彼ノ孫ヲ可愛ガル母ハ此ノ事ヲ聞イテ悲ミマスマイカ必ラズ悲ミマセウサウシタラバ郭巨ハ何シテモ孝子中ノ愚ナ孝子デ順デナイ孝子ニナリマシタデセウ本當ノ順ナ孝子ナラバ決シテコンナ考ヘヲ起サナイ筈デス
>
> 我们中国的孝子很多，我最喜欢的是郭巨，能做人做不到的事体。然我又不能不替他可惜，是什么缘故呢？假使郭巨掘不着金子，必一定是要埋他的儿子的，要是真正埋了，那个疼孙子的母亲，未必不伤心哪。这样想来，郭巨只算得是一个愚孝，不是真正有道理的孝子。要是真正有道理的孝子，必不这么样做的。①

从全书结构来看，三卷内容，由易入难，循序渐进，由语音而词汇，由词汇而篇章，非常适合日语学习者使用。日语助词用法繁琐、细碎，且对于日语构句、成篇极为重要。《东语正规》之前的日语教科书多以词汇为主，对语法问题涉及较少，初学者往往觉得无从下手。对于成年人学习日语而言，掌握一定的语法规则可以有效帮助其取得事半功倍的效果。因此，本书《凡例》中提到"日本只有文法，绝鲜语法等书，

---

① 戢翼翬、唐宝锷. 东语正规[M]. 上海：作新社，1903：215-216.

初学苦无考证，兹特刻意搜求，编成语法一篇，旁及文法，凡言语之规则于是其乎"。① 考虑到戴翼翚等人留学之初连日语假名也不认识，而后逐步学习日语的过程，我们不难想象《东语正规》是他们基于在日本修习的相关课程以及自身学习日语的经验编著而成。

如果将《东语正规》置于当时中日文化交流史的大背景下来看，本书的意义也非同小可。在本书出版之前，已有大量专门针对中国人学习日语的书籍出版，但是编者大多将日文中大量存在的和式汉字看作与汉语没有区别，因而也就导致了书中存在较多错误。由于《东语正规》是委托日本印刷所印刷，校对方便，且有日本人参与其中，因此得以避免此前类似书籍中的错误。而《东语正规》的内容编排方式，其实也在一定程度上回应了当时日本有识之士关于如何向中国留学生教授日语的看法。1898 年 8 月 20 日，日本文部省专门学务局长兼东京帝国大学教授上田万年发表的《关于中国留学生》一文中，曾提到中国留日学生日语教学方法的问题。他们在文中一方面批评旧式教学方法陈旧落后、费事低效，一方面提出了科学教授日语的方法。他指出：

　　"希望我粗通中国语人士，用中日两国语文对照法而教之。……关于文字，起初宜用罗马字母施教，渐次以平假名片假名（日文字母）教之。至于日语中之汉字，须俟一定期间之后，即学会日用会话之后，方可教以日汉音韵之比较。"②

据日本学者实藤惠秀统计自 1900 年《东语正规》首版后，到 1910 年间，尚有其他 58 种供中国人学习日语的教材出版，③ 影响力最大者，

---

①　戴翼翚、唐宝锷. 东语正规[M]. 上海：作新社，1903：3.

②　[日]实藤惠秀. 中国人留学日本史[M]. 北京：生活·读书·新知三联书店，1983：25.

③　具体书目名称、出版时间、作者、出版者以及页数等详细信息，参阅[日]实藤惠秀《中国人留学日本史》，北京：生活·读书·新知三联书店，1983年，第41-43页。

仍然以《东语正规》为首。不仅如此，《东语正规》也是中国人主持刊印的第一本采用洋纸、铅字、正反双面印刷、西式装订的图书。这种印刷方式一方面节省了纸张，降低了成本，另一方面也比中国传统单面印刷的线状书便于阅读，书中还使用了现代形式的版权页。它"改变了中国从隋末唐初一直到清朝末年单面印刷的传统技术，是个划时代的进步"，① 因而在出版史上也有着非凡的意义。正因为如此，它被称为"划时代的教科书"。② 本书首印后，颇为畅销，多次再版，对其后的中国学生留日起到了巨大的推动作用。

三、转译俄国文学作品《俄国情史》

戢翼翚不仅翻译了大量政法类著作，而且译有文学作品《俄国情史》（今译《上尉的女儿》）。《俄国情史》是国人最早译介的普希金（该书中译为"普希馨"）作品，而戢翼翚也是我国第一位翻译俄国伟大诗人和文学家普希金的小说的译者。据樽本照雄所编《新编增补清末民初小说目录》可知，当时出版《俄国情史》的有小说林社和大宣书局，③ 本研究所依据的版本是大宣书局 1903 年版。该书于光绪二十九年（1903 年）五月十五日由作新社印刷局印刷，同年六月十五日由大宣书局出版，开明书店（上海四马路东首）和文明书店（上海河南路棋盘街）经售。该书采用洋装本样式（即今日所说的平装本），售价为"大洋四角"，初版本封面为 22.2 厘米×14.9 厘米。④

从版权页和正文第 1 页所注"译述者日本高须治助""重述者房州戢翼翚"等信息可知戢翼翚的中文译本并非根据普希金的俄语原文直接译出，而是根据日本人高须治助的日译本间接翻译而成。据考证，高须

① 杨永德，蒋洁. 中国书籍装帧 4000 年艺术史[M]. 北京：中国青年出版社，2013：72.

② [日]实藤惠秀. 中国人留学日本史[M]. 北京：生活·读书·新知三联书店，1983：21.

③ 樽本照雄. 新增补清末民初小说目录[M]. 济南：齐鲁书社，2002：132.

④ 陈建功，吴义勤主编. 中国现代翻译文学初版本图典（上）[M]. 南昌：百花洲文艺出版社，2015：164.

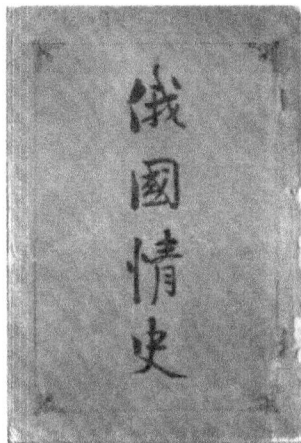

图 2-2 《俄国情史》封面　　　　图 2-3 《俄国情史》版权页

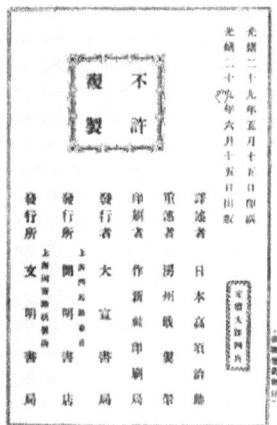

治助根据普希金俄语原作将其译为日语，日语译本共有 1883 年和 1886 年两个版本。① 1883 年的日语首版题为"露国奇聞 花心蝶思録"（封面题字居中），版权页附有"東京書肆 法木書屋"（居左），和"日本 高須治助訳述""服部誠一校閲"（居右）等有关书名、出版商、译者和审阅者的信息（见图 2-4）。1886 年，当该书再版时，封面上的相关信息发生了变化。新版封面上的书名变为"露国情史 スミスマリー之伝 全"（居中），出版商信息变为"版権所有 髙﨑書房藏"（居左），以及原作者（"露国 プシキン先生原著"）、审阅者（"日本 服部誠一先生校閲"）、译者（"日本 高須治助先生訳述"）和插画作者（"日本 大蘇芳年図画"）（以上信息处于封面右侧）等相关信息（见图 2-5）。

① 该书首版题为《露国奇聞 花心蝶思録》，于 1883 年 11 月出版。这是最早在日本出版的普希金作品单行本。当时比较受人欢迎的日本作家服部诚一对译作进行了校阅，比如将主人公的名字从俄语改为在英语世界颇为常见的"スミス"和"マリ"就是他建议的结果。但是除此之外，他的介入究竟在多大程度上影响了该译本目前尚缺乏相关研究。就出版方面而言，该版本为洋装书，18.1 厘米×11.9 厘米，用活版、插绘铜版方式印刷。内附序言一篇，插画六幅。参见日本文学研究资料馆提供的电子信息，具体网址：https：//base1.nijl. ac.jp/infolib /metapub/ G0000203KDS_NIJL-00501

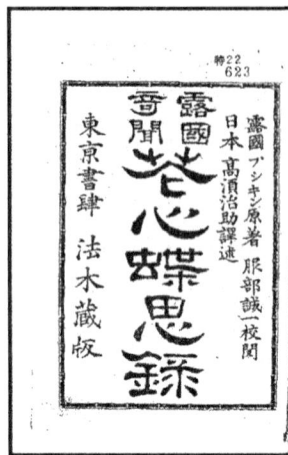

图 2-4　日译《露国奇聞 花心蝶思録》　　　图 2-5　日译《露国情史》

在戢翼翚所译《俄国情史》第一章正文的右侧标有"俄國情史斯密士瑪利传〔一名花心蝶夢録 俄国普希馨原著〕"（竖排）。由此可见，戢翼翚的中文译本将高须治助两个版本的名字融合了起来，显然他应该见过两个日文版本。在晚清之际，通过转译方式译介国外文学作品颇为普遍，而借助日文小说或者说通过日文译本转译欧美小说也颇为普遍。戢翼翚的特别之处在于他的大部分译著都为政法著作，那么是什么促使译介当时较少为人所关注的俄文小说呢？通过译介《俄国情史》他又希望实现什么目的呢？他的翻译动机和翻译目的与高须治助又有何不同呢？这些问题结合两人的翻译动机、历史背景和两本书绪言的细读与比较或许可以给出部分答案。

首先来看两者的翻译背景和动机。《露国情史》的翻译发生于日本明治年间。与中国晚清时期颇为类似，日本在明治之前基本处于闭关锁国状态，但是自 1854 年被迫开国后就逐渐进入了主动向西方学习的明治维新时期。在明治维新（1868）以前，日本积极主动翻译西方的活动极其少，而此后则日渐增多。在明治之前的江户时代（1603—1868），随着日本社会秩序趋于稳定，经济生产力得到快速发展，市民阶级开始兴起。新兴市民阶级偏好官能刺激，喜欢世俗享乐，各种浮世绘艺术和色欲小说盛行。故而，高须治助在序言中有"人情易溺，不有甚于色欲者也"之说。① 接着，他笔锋一转，指出人之所以沉溺于色欲并非"情史"类小说(以男欢女爱为主要情节的小说)本身的过错，而是因为日本此类小说"不猥亵则野鄙，以故有导淫秽之忧"。随后他赞誉"泰西情史不然，读者不感其事，使感其情，是所以其尊情史也"，但是西方此类小说在日本翻译甚少。为此，他决定翻译此书，以供读者"知当时人情"，并且"供小说家参考"。从这个角度来看，高须治助翻译《露国情史》部分是为了教化民众，但更重要的是出于原作文学性和改良本土文学题裁的考虑，或者说他是作为"小说家"，而非作为"政治家"从事翻译活动。

与高须治助不同的是，戢翼翚首先是革命家、政治家，而非文学家。他关注的焦点在改良社会，而并非改良文学。尽管戢翼翚并没有直接阐明其翻译动机和目的，但是《俄国情史》正文前所附黄和南作的"绪言"或许可以提供部分答案。② 在"绪言"中，黄和南首先对译作的题裁

① [日]高须治助：露国情史 スミスマリー之傳[M]. 东京：高崎书房，1886：1.

② 《绪言》全文如下："全书仅二万数千言，为叙事体，非历史，非传记，而为小说。所述者又不出于两人相悦之轶事，实则即吾国之所谓传奇。其曰情史者，乃袭用原译者之原用名词也。通览全书既毕，恨弥士不与弥路洛夫及路顿三人同死，又恨玛丽亦不死。然吾东洋人最好以死责人，而不问其时与事之必须死与否，是不然也。将谓弥士当为君死乎？此固为东洋专制国民之眼孔，不暇深驳。将谓弥士宜为死者死乎？彼弥路洛夫与路顿之就义，诚伟矣。然视彼从次林军大破敌酋，复得亲见普加秋尔枭首之弥士，则又何其壮也。弥士不死，则玛丽亦不必遽死。有弥士存，而玛丽亦可以解嘲，安得谓彼二人之偷生苟活耶？自由结婚，世界文明之一大证据也。弥士自为觅妻，于公理宁有所背，而乃父竟施严酷之手段，以阻遏之。可见俄人之专制，较之支那，殆不相下。夫婚媾何事也，而父母干预之，越俎代庖。有此习惯，致使全国中之男女，皆不能得其所，则人生无乐矣，可悲也哉。夫小说有责任焉。吾国之小说，皆以所谓忠臣、孝子、贞女、烈妇等为国民镜，遂养成一奴隶之天下。然则吾国风俗之恶，当以小说家为罪首。是则新译小说者，不可不以风俗改良为责任也。元丞述《俄国情史》，能以吾国之文语，曲写他国语言中男女相恋之口吻，其精神靡不毕肖。其文简，其叙事详。其中之组织，纡徐曲折，盘旋空际，首尾相应，殆若常山之蛇。其不以弥、玛二人之不死为嫌者，正谓死者易而生者难也。弥士之匍匐救玛丽，玛丽之殷勤为弥士哀恳，较之一死塞责者，其情感之深，殆百倍过之，抑亦见自由结婚之结果之善。呜呼！我国人见此，社会可以改革矣。"参阅戢翼翚译《俄国情史》，上海：作新社，1903 年。

作了解读和定位。与晚清诸多译者和批评者偏好将西方小说土文学作比附一样，"绪言"称译作"为叙事体，非历史，非传记，而为小与中国本说。所述者又不出两人相悦之轶事，实则吾国之传奇"，并认为书名中的"情史"二字，是"袭用原译者之原用词也"。黄氏关于译作是"传奇"或者说"小说"的定性基本准确，而译者戢翼翚之所以保留了日语译作中的"情史"除了是受日语译本影响外，或许还因为在中国传统小说中有过将记叙男女之情的短篇故事称为"情史"的传统。比如，明代文学家冯梦龙曾经编选历代笔记小说和其他著作中的男女之情的故事编成《情史类略》。

其次，黄和南对译作主人公所作所为和悲惨遭遇作了主观评价，借此批判封建专制制度，倡导自由婚恋。《绪言》假设了读者阅读全文之后可能会对主人公弥士不为君死，玛丽不为夫死表示不满，而后话锋一转，批评道"吾东洋人最好以死责人，而不问其时与事之必须死与否。是不然也，将谓弥士当为君死乎？此固为东洋专制国民之眼孔，不暇深驳"。不仅如此，黄氏此文直言"自由结婚，世界文明之一大证据也"，且借主人公弥士为追求自由婚恋，遭受父亲残酷折磨之情节，抨击"俄人之专制"，认为父母干预子女婚姻是"越俎代庖"，且这种干预"致使全国中之男女，皆不能得其所，则人生无乐矣"。由此，"绪言"建构出了文明与野蛮、专制与自由、父权压迫与子女不幸等一系列二元对立的话语。在最后一部分，黄氏写道"弥士之匍匐救玛丽，玛丽之殷勤为弥士哀恳，较之一死塞责者，其情感之深，殆百倍过之，抑亦见自由结婚之结果之善。呜呼，我国人渐次，社会可以改革矣"。由此，绪言进一步照应了前文关于改良父权专制，提倡自由婚姻的观点，而且明确提出颠覆旧伦理，呼吁社会改革。

再次，他批评传统小说对国民观念造成的负面影响，倡导新小说改造社会的责任。黄氏在文中严厉谴责中国传统小说大多是以忠臣、孝子、贞女、烈妇的故事宣扬封建专制的道德伦理，讽喻教化国民，最后造的只是"奴隶之天下"，对于这种状况，"小说家为罪首"。他主张"新译小说者，不可不以风俗改良为责任也"。从某种意义上说，黄氏此文是对梁启超 1898 年发表在《清议报》上的题为《译印政治小说序》一文的呼应。梁启超在该文中，盛赞（政治）小说对欧洲各国社会进步所起的重要作用，认为它们能使"全国之议论为之一变"，且"彼美、英、德、法、奥、意、日本各国政界之日进，则政治小说，为功最高焉"。①梁启超对小说在改良社会方面的功能的强调远不止此，1899 年，他又在《清议报》中发表《饮冰室自由书》一文。在此文中，梁启超不再单独强调政治小说的功用，而是将范围扩展到其他题材的西方小说，且着力强调日译小说在明治维新时期的重要社会和政治意义。他开篇即称"于日本维新之运有大功者，小说亦其一端也。明治十五六年间，民权自由之声，遍满国中。于是西洋小说中，言法国、罗马革命之事者陆续译出"。② 巧合的是，戢翼翚所依据的原本恰恰是日本译者高须治助于明治十六年译出。而黄氏此文中关于小说负有移风易俗、改良社会责任的论说在梁启超 1902 年发表于《新小说》（第一号）上的《论小说与群治关系》一文的关联似乎更加明显。梁启超在此文中，以其一贯激昂、雄辩的笔调写道：

> "欲新一国之民，不可不先新一国之小说。故欲新道德，必新小说；欲新宗教，必新小说；欲新政治，必新小说；欲新风俗，必新小说；欲新学艺，必新小说；乃至欲新人心、欲新人格，必新小说。何以故？小说有不可思议之力支配人道故。"③

当然，这并不是说黄氏此文是受梁氏启发，或者梁氏《论小说与群治关系》一文是受到黄氏观点的启发。毕竟，在当时的历史背景下，认

---

① 梁启超：《译印政治小说序》，收录入陈平原《20 世纪中国小说理论资料》，北京：北京大学出版社，1997 年，第 22 页。

② 梁启超：《译印政治小说序》，收录入陈平原《20 世纪中国小说理论资料》，北京：北京大学出版社，1997 年，第 23 页。

③ 梁启超：《论小说与群治之关系》，收录入陈平原《20 世纪中国小说理论资料》，北京：北京大学出版社，1997 年，第 33 页。

为小说具有开启民智之功能和责任的并非他们二人。对"绪言"的分析
也并不是想说黄氏的观点就一定代表戢翼翚的观点。这里只是想说明
"绪言"在某种意义上反映了当时的有识之士对译介小说所具有的政治、
社会功能的共识，体现的是对时代呼唤的回应和译者的责任担当。

从上文关于"绪言"的细读可知，译文在当时的历史背景下承担着
引介西方异质文化观念、打破和颠覆本土文化规范的历史使命。作为译
者，戢翼翚之所以选择这样的文本进行译介，实际上也体现了他身为当
时的知识分子试图通过翻译实现救国启民的理想，而实现其理想的前提
在于译文为当时的读者所接受。

对于日译本译者高须治助而言，他所面对的是明治十六年（1883
年）的日本读者，而对于戢翼翚而言，他所面对的则是光绪二十九年
（1900 年）的中国读者。两者的相似点在于，他们所处文化的旧有的诗
学规范虽然在西方思想的冲击下开始发生变化，但是以传统小说作为典
范形成的叙事规范和诗学规范仍然处于主导地位。在译文传递的文化信
息形成对目标文化规范挑战的背景下，如果在叙事规范上再过于贴近原
文势必会影响到译作交际目的实现。因而，对原文进行改编、增添、删
节和合并等变通式处理也就是最优策略了。

这些变通方式在高须治助的日译本体现为篇幅的删节、标题的增加
和具体叙述方式的改变。经过高须治助改编后的日译本共有十三章（见
表 2-3），原作中第九章中的大部分内容被删除，剩余内容和第十章合
并，形成了新的章节。在内容上，高须治助将原作中的第一人称改成了
第三人称。在人物和情节上，普希金原作以布加乔夫起义为中心情节展
开，日译本却是以弥士与玛丽的"情史"为中心。除了与其"情史"相关
的人物被保留外，其他人物一概被删除。在叙事方式上，译者除了加入
风景描写和心理描写外，还按照当时日译小说的习惯性作法在译作中插
入了许多汉诗。章节标题也按照章回体小说的形式，改成了七言诗，甚
至于小说插画中人物的样貌也近似于日本人而非俄国人。虽然高须治助
在前言中声称译作"专存原书之意，不敢滥加削，又敢不加粉饰"，但

事实却是变通式翻译在明治维新时期的日文翻译中颇为常见。①

戢翼翚基本上忠实地再现了日译本的结构，但是在标题上则进行了译写。日译原为七言章回体小说式标题，然而，戢氏译本中却抛弃了日译本的标题样式，采用了散句方式。单就中文译文各章标题而言，译者基本上是根据小说情节和具体内容重新拟定了章目。读者单看每章的章目基本就能够大致了解故事的主要内容。高须治助日译本标题的作法完全沿袭了中国传统章回体小说回目的书写方式。对戢翼翚而言，无论就日语和汉语两种语言之间的距离来看，还是从其古文功底（译作以浅近文言文译出）来看，将高须治助日译本的章回体式标题转换为中文都是最简单省力的方式。但是戢翼翚却并没有这样做。或许这可以解读为戢翼翚尝试改变传统小说形式的一种方式。另一方面，在新标题中，除了第二章和第八章外，其他各章题目中都有两位主人公的名字，进而使得主人公在改编后的情节中核心地位更加突出。

表 2-3 《露国情史》原作与译作标题对比

章序	原作	[日]译文	[中]译文
第一章	近卫军中士	壮士何堪屈寒境 单骑冒雪出山城	弥士与家宰克灵顿远出，途遇暴客给骗
第二章	向导	風雪埋蹊前途暗 停車逶巡待行人	主仆二人遇大风雪，迷途遇异人
第三章	要塞	胸中已蓄青雲志 付与天涯一美人	弥士与丽女玛丽相见，并受提安厚遇
第四章	决斗	一挥剛腕应搏虎 百鍊勇气欲拔山	弥士钟情于玛丽，赋诗示胆顿，并与胆顿龃龉
第五章	爱情	風戦花梢逞妬念 転使宿鶯恼春心	弥士负伤，寄书于其父，欲以玛丽为妻不果

① 田中千春，赵和平译：《日本翻译史概要》，载《中国翻译》，1985 年第 11 期，第 41-44 页。

续表

章序	原作	[日]译文	[中]译文
第六章	普加乔夫的暴动	腥風拂地毒露朧　可憐義士斃狼牙	敌军压境，玛丽将远徙避，弥士送之
第七章	进攻	貔貅迫人噴毒焔悲風落日奈孤城	玛丽之父母与路顿俱死，弥士临刑而复释
第八章	不速之客	満地落花春狼藉　山城無人鳥声哀	城中兵燹后凄凉景色及及敌酋之述旧恩
第九章	离别	縦遇風雨妬花梢　無復鴛蕎眠春波	弥士复与玛丽之一见而别及玛丽之寄弥士书
第十章	围攻		
第十一章	叛逆的村子	誰知廃苑寥々裏　猶有愁蝶宿花陰	弥士匍匐救玛丽，复途遇敌酋
第十二章	孤女	纔脱虎口出郷国　此喜寧倍旧富貴	敌酋为玛丽解其危，并为弥士作伐
第十三章	逮捕	籠鳥出籠又入籠　難期自由欸々飛	弥士从军，大破敌酋及政府之逮捕弥士
第十四章	审判	風歇雨晴花苑静　一双春蝶夢魂長	弥士伏诛，胆顿诬之，玛丽往圣彼得堡救弥士

在具体内容方面，高须治助的日译本和戢翼翚中译本也有所不同。比如日译本第一章开头是一段关于主人公出生地自然环境的描写，具体如下：

【高须治助译本】山脈蟠蜿万里に亘り林樹蓊蔚幽谷に連り蕉々たる荒原ありと雖とも荊棘、地に蔓して纔かに樵蹊を通じ狐狸の居る處、豺狼の叫ぶ処此ハ是れ露国の北部即ちシビリヤ地方の一村落にして最も鄙寒陋僻の境なり爰に一少年あり名をジヨン、スミスと呼び父をジヨン、グリーと曰ひ母をジヨネサン、

サラムスと称す。(现代汉语大意为：山脉绵延万里，树木郁郁葱葱，荒原一望无际，到处荆棘丛生。在人迹鲜至的小径上，满布着狐狸的洞穴，到处都可以听到豺狼的吼叫。这个地方就是俄国北部，也即西伯利亚北部的一个小村落。在偏僻的边境线上，有一个少年，他叫约翰·斯密斯，他的父亲叫约翰·格林，他的母亲叫约翰·琼莲。

【戢翼翚译本】俄罗斯西伯利亚地方，荒烟衰草，僻陋在夷。其山脉则龙蹲虎踞，盘亘万里；其林树则蔚然深秀，高插云表。虽有绝大之平原，而荒凉满目，蹊径始通。豺狼之所穴处，麋鹿之所来游。饥鹰厉虎，寒鸱吓雏，木魅山鬼，野鼠城狐，风嘷雨啸，昏见晨趋。读鲍氏芜城赋则若或遇之矣。爰有少年。名曰弥士。笃生于此。父格利。为皇族某之近侍。母曰琼莲。

戢翼翚在翻译此文时加入了南朝文学家鲍照《芜城赋》中的诗句(见划线部分)。这种译者根据需要对原作(此处的原作即日译本)进行增删、改编的变通式处理方式在晚清文学译作中极为常见。不仅如此，戢氏所译《俄国情史》中还添加文字，以主人公弥士的口吻，写给父亲书信一封，求父亲应允其与玛丽之婚事，极其生动地刻画了一个孝子的形象。在儒家伦理中，婚姻大事当由父母做主(尽管在清末本土小说中许多故事情节表明这种伦理观念已经逐渐为人们所摒弃)，故而弥士真切恳求父亲允诺。但是这段请求非但没有被允许，而且遭到了父亲的残忍阻挠("绪言"中有"而乃父竟施严酷之手段，以阻遏之"等语)。如果说黄和南的"绪言"所传达的是读者读完《俄国情史》之后的感受和附加于小说之上的改良社会的愿望，那么戢翼翚改编之后的译文中塑造的"孝子"形象则似乎又在一定程度上体现的是对传统伦理观念中"孝"的宣扬。两相对比，或许看到晚清翻译小说中所反映的当时西与中、新与旧的碰撞、缠绕与交织。这种交织中，既有对新思想的呼唤，又有对旧道德的坚守。

在为《俄国情史》撰写的"绪言"中，黄和南从叙事结构、语言风格等方面对译作进行了评价，认为在语言方面，译者"能以吾国之文语，曲写他国语言中男女相恋之口吻，其精神靡不毕肖"；在叙事方面，"其文简，其叙事详"。此评价与顾燮光在《译书经眼录》中的评价颇为接近，后者认为译文"情致缠绵，文笔亦隽雅可读"。① 总而言之，戢翼翚译《俄国情史》是我国早期引介俄国文学作品的创举之一，虽然属于转译，但其文学价值和社会观念启蒙价值仍然值得后世研究。

第三节　行路难，敢为先：史地著作译介先驱冯承钧

冯承钧是我国近代重要的中外交通史家和交通史著作翻译家。他将专门学问研究与西学译介融为一体，在研究之余大量译介西方相关学术成果，在翻译之时兼及学术纠误与批评，形成了颇为独特的翻译思想。

一、冯承钧生平简介

冯承钧，字子衡，1887 年（光绪十三年）生于湖北省下口县（今汉口）。他的成长与当时的时代背景息息相关。早在 19 世纪 70 年代，清政府为推行"洋务"，开始成批派遣学生出国留学，及至 20 世纪初，"新政"施行之际，留学生派遣更为普遍。与此同时，当时的广大知识分子为了寻求救国救民的真理，纷纷争取到国外学习的机会。冯承钧身为湖北子弟，"虽然身逢乱世，却也受到了张之洞在湖北大办洋务气氛的熏陶，特别是受到了张之洞赞同的'中学为体，西学为用'口号的启迪"，② 15 岁时考取湖北官费留学生，赴比利时布鲁塞尔读中学后肄业。1905—1906 年就读于比利时列日大学，1906—1910 年在法国巴黎大学法科学习，主修法律。1910 年（宣统二年），冯承钧获法学学士学位，而后转入法兰西学院从事研究。他研究兴趣广泛，在法国期间的研

---

① 转引自戈宝权《中外文学因缘：戈宝权比较文学论文集》，上海：华东师范大学出版社，2013 年，第 195 页。
② 耿昇：《冯承钧与〈中国南洋交通史〉》，参阅冯承钧《中国南洋交通史》，北京：商务印书馆，2017 年，第 244 页。

究涉及语言文字以及西域、南海古代的历史、地理等，并为此搜罗了各种语言的字典、文法类书籍。不同领域知识的广泛涉猎为他日后在语言、法律、历史、中外关系等领域开展研究打下了良好基础。

1911 年，他学成归国，辛亥革命后任湖北省民政公署外交司参事、黎元洪副总统府法文秘书等职务。1913 年到 1924 年，冯承钧赴北京就职，先后任众议院一等秘书（1913）、教育部秘书（1914）、教育部专门教育司第三科佥事（1915）、教育部专门教育司第三科科长（1924）等职务。在此期间，他同时在北京大学兼任教职（1920 年至 1926 年间）。除担任公职和授课外，他潜心著译。1927 年，为腾出更多精力从事著译，他辞去了教育部科长职务，以佥事留科任职。1928 年至 1929 年，他在北京师范大学兼课。1932 至 1938 年，冯承钧受胡适之邀，担任中华教育文化基金董事会编译委员会长期编译一职，并以此维持一家人的生计。1937 年抗战兴起，他因病无法离开北平，一年后基金会稿费中断，冯家生活困窘，只能靠儿子冯先恕微薄的教书薪资维持。1938 年夏天，冯先恕因参加华北地下工作，遭敌伪抓捕并惨遭拷打。1939 年，冯承钧在给向达（1900—1966，著名历史学家、中西交通史和敦煌学专家）的书信中写道："遭无妄灾，祸几覆巢，后虽化凶为吉，然藏书之念已灰。现所存书仅少数限度必须者，余皆捐赠辅大图书馆。际此时会，读书不易，此在从前所梦想不及者也。"①此后，他只能靠典当衣物维持生活，其子冯先恕积劳、忧国成疾，于 1943 年夏病逝。冯承钧晚年丧子，生活愈加艰难，1945 年，各大学从西南迁回北平，冯承钧为维持生计不得不再次承担教职，先后被聘为临时大学第二分班史学系教授，讲授中亚交通、西北史地、蒙元史等课程。1946 年 2 月 9 日，冯承钧因肾炎病故于北平，终年 60 岁。

冯承钧猝然离世，引起学术界巨大悲痛，一些好友或学者发文纪念。1946 年 2 月 28 日冯承钧病逝后不久，向达在昆明写下《悼冯承钧

---

① 向达：《悼冯承钧先生》，参阅李孝迁、任虎校《近代中国史家学记 上》，上海：上海古籍出版社，2018 年，第 146 页。

先生》一文，盛赞冯氏在西方学术翻译方面的巨大文献。文中提到法国近代有名的汉学家著作大多刊登在《亚洲学报》《通报》《河内法国远东学院院刊》等三种刊物上，由于中国学习法语的人不太多，上述三种刊物和其他专著可供学术界利用参考的寥寥无几，而独有冯氏"近二三十年来孜孜不倦以个人的力量将法国近代汉学大家精深的研究，有系统地转法为汉，介绍给我们的学术界，使我们对于中国历史的研究，特别是陈寅恪先生所谓近缘学，如西域、南海诸国古代的历史和地理，能有一种新的认识、新的启发者，这只有冯承钧先生！"①

西夏研究学者王静如（1903—1990）在《冯承钧教授传》中回忆道：

"教授译著等身，尤以贡献于文史学界者为最大。译述名著之多，实达近三十年来之最高峰。且译文流畅，用词正确，治史学者莫不钦服。一生译著不下百数十种，约五百万言，其中关于法学书籍，多未刊印；而中国文史之译作，其行世者，即约三四十本。"②

冯承钧不顾困难，毅然向学的决心令东南亚史、华侨史学家朱杰勤（1913—1990）对他敬佩有加。朱氏曾撰写《纪念冯承钧先生》一文，总结了冯承钧一生的著述及他在文化交流、中外文化交通史、宗教研究、南洋研究等领域的贡献。文中谈到冯承钧的为人，称虽从未谋面，但朱杰勤"始终认为他是一个有勇的仁者，看他不顾痼疾和环境，为学术而努力，近三百万言的著述，并非偶然"③。他的许多专著和译著不仅在当时起到了开风气之先的作用，而且反复再版，为后世学者提供了参考的范例和研究便利。

---

① 向达：《悼冯承钧先生》，参阅李孝迁、任虎校《近代中国史家学记 上》，上海：上海古籍出版社，2018年，第141页。
② 王静如：《冯承钧教授传》，载《燕京学报》，1946年第6卷。
③ 朱杰勤：《纪念冯承钧先生》，参阅冯承钧撰，邬国义校《冯承钧学术论文集 下》，上海：上海古籍出版社，2015年，第707页。

二、冯承钧的译著成就

冯承钧是我国中西交通史领域的先驱之一，"综观冯承钧的整个治学历程，大约经历了一个从法制史向蒙元史、南洋交通史和中外文化交流史研究转变的过程"①。他的专业虽在法律，但兴趣却在历史，而留学国外的经历和熟练的外语语言能力也为其研究提供了同时代其他学者所不具备的优势。他的研究成果体现了法律与历史的完美结合。对于史学研究之难，冯承钧在《中国旅行家译序》中如此写道：

> "余从事于中国法制史沿革之研究，久焉于兹。所用方法不专事掇拾书本之记载，故于材料之搜集，颇注意前人所不经意之事物。顾用此种方法，研究之范围既广，而考索之材料亦多。进行愈远，困难愈甚。往往因一物之考据，有经年累月尚难详其梗概者。"②

由此可见，在研究中国法制史的过程中，冯承钧搜集了越来越多的资料，扩展了研究范围。同时，他精通中国史籍，在历史学、历史地理学、历史语言学和考古学等方面都有着较深的造诣，遂在史地研究考证方面卓然成家。他的研究著作为后人研究中外交通史、元蒙史、南洋史地史及宗教史提供了极大的便利。他的部分自撰与笺注作品包括《西域地名》(1930)、《历代求法翻经录》(1931)、《成吉思汗传》(1934)、《瀛涯胜览》((明)马欢著，冯承钧校注，1935)、《中国南洋交通史》(1937)、《星槎胜览校注》《海录注》(1938)、《诸蕃志校注》(1940)、《西力东渐史》(1945)等。从这些著述名录和出版时间可见出冯氏涉猎

---

① 修彩波．近代学人与中西交通史研究［M］．北京：光明日报出版社，2010：128.

② 朱杰勤：《纪念冯承钧先生》，参阅冯承钧撰，邬国义校《冯承钧学术论文集 下》，上海：上海古籍出版社，2015年，第696页。

范围之广，学术研究用功之勤。①

另一方面，他通晓法文、英文、比利时文、梵文、蒙古文、阿拉伯文、波斯文，兼及古回鹘语、吐火罗语和八思巴文，并运用自己的语言优势完成了大量学术著作的译介。据统计，他的译书多达 54 种；未单独成书、收入译丛译集的短篇译文超过 80 篇。② 另有统计称"翻译和著作的关于西域南海史地的专书和论文达 170 余种，约 500 万字"③。而他的翻译生涯始自 1908—1910 年在法国巴黎大学学习期间。当时，冯承钧便从外报上翻译了许多资料，交由《商务官报》《东方杂志》等发表。1911 年回国在省民政公署任职后至 1914 年，他先后在《东方杂志》《宪法新闻》和《中华杂志》上发表《英法政党一斑》《宪法修正之研究》《世界议院组织最近调查一览表》《墨国内乱记》《英国政制考》《宪法及习惯》《记巴黎目下巨案》《艾尔兰自治问题》《奥匈并立国之现状》《东欧交涉》《丹麦宪法问题的解决》《瑞典选举》《西班牙选举》《义大利内阁成立》《俄人之思想及德皇之游历》《日本大限内阁成立》《志土耳其新国会》《俄国议会之情形》《罗马利解散国会》《法国选举结果》《商提瓜郎塔城会议》等文，为中国的政治改革提供资料信息。④ 同时，他毕生研究中外交通史和边疆史，留下了诸多颇具学术价值的译著。

正因为冯氏在翻译方面的巨大成就和影响力，著名文献学家郑鹤声在论及他的译文集《西域南海史地考证译丛》九编时认为，翻译介绍法国汉学家关于西域南海史地考证方面的学术成果，是冯承钧在学术上的一个重要贡献。在撰写关于西域南海交通史料及西域南海古史地考证等论著时，法国汉学家不仅使用了中国的史籍文献，还大量运用了其他国

---

① 耿昇：《冯承钧先生学术年表》，参阅冯承钧《中国南洋交通史》，北京：商务印书馆，2017 年，第 241-243 页。

② 方梦之，庄智象主编. 中国翻译家研究 民国卷 [M]. 上海：上海外语教育出版社，2017：336.

③ 修彩波. 近代学人与中西交通史研究 [M]. 北京：光明日报出版社，2010：130.

④ 耿昇：《冯承钧先生学术年表》，参阅冯承钧《中国南洋交通史》，北京：商务印书馆，2017 年，第 240-241 页。

家的文献资料，吸收了西方学者的相关研究成果。郑鹤声盛赞冯氏为我国南洋交通史的研究工作"做了一项基础性的工作"，通过翻译"为我国学者研究西域南海史地提供了新的资料，展示了西方学者的观点，使我国学者增长了新知，开阔了眼界"，"在我国学术界起到了填补空白的作用"，① 季羡林曾指出，"冯承钧翻译了大量的法国学者关于敦煌吐鲁番研究以及中外交通史的论著。用力至勤，成就最大，大大地扩大了我们的眼界，至今学者蒙受其益"。②

　　历史学家向达认为，19 世纪的法国学者例如日玉莲、雷缪塞对于汉学研究有开创性作用，沙畹将法国的汉学研究带入了新时代，伯希和不仅表现了法国学者研究汉学的最高成就，也是西洋汉学家中最大的大师。陈援庵先生曾说，"伯希和所用的方法，就是清代乾嘉诸老治朴学的方法，我以为还不止此。法国的汉学家因能运用比较语言学的工具，加上对于中亚、印度、波斯、阿拉伯以及中国的渊博的历史、地理知识，所以在汉学研究上能有光辉灿烂的成就。他们所用的比较研究的方法，以及对于一个问题的新的看法、新的解释，这都不是我们的乾嘉学者所能办得到的。③"从这个意义上说，冯承钧所译介的欧洲汉学家相关著作，"不仅为当时我国中西交通史等学科的发展研究引进了西方汉学研究的先进成果，而且提供了科学的治学方法，堪称中国学术史上光辉的一页"。④ 受法国汉学家的影响，冯承钧的著述多以考据为主，他"对中国学术界本身也产生了难以估量的影响"，⑤ 也为相关研究提供

　　① 郑鹤声：《冯承钧对中国海外交通史、中外关系史研究的贡献》，载中国海外交通史研究会、福建省泉州海外交通史博物馆《海上丝绸之路综论》，北京：中国海洋出版社，2017 年，第 212 页。
　　② 胡文辉. 现代学林点将录［M］. 广州：广东人民出版社，2010：499.
　　③ 向达：《悼冯承钧先生》，参阅李孝迁、任虎校《近代中国史家学记 上》，上海：上海古籍出版社，2018 年，第 140-141 页。
　　④ 修彩波. 近代学人与中西交通史研究［M］. 北京：光明日报出版社，2010：131.
　　⑤ 耿昇：《冯承钧与〈中国南洋交通史〉》，参阅冯承钧《中国南洋交通史》，北京：商务印书馆，2017 年，第 248 页。

了可资借鉴的方法论。

三、翻译思想及其影响评价

冯承钧对翻译价值的认识与文学翻译家或其他类型的翻译家不同。在他的翻译实践中,翻译始终需要服务于学术研究的目的。他清楚地认识到,中国在部分领域的研究之所以落后欧洲"乃环境使然,非研究者之有差等也。盖彼方有多数之德、法、俄、英、比、荷、意、匈等国学者研究之成绩,相互参考,又有波斯文、康居文、突厥文、梵文等语言专家,以相辅助,此皆我国所缺乏者也",① 因而翻译西方学者在这方面的研究成果供国内学者参考是短期内快速提高相关领域研究水平的重要途径。他的译作《中国之旅行家》就缘起于此。在论及该书翻译之缘起时,他提到"中有若干材料,为余穷年累月所难解决之问题,皆不难按图索骥",因此这部译作"不特为翻译之品,且兼有考据之功。中有数事,皆足以补我史籍之缺,乃重译之"②。正是出于对翻译对介绍所带来的文化价值和社会价值的肯定与认识,他提出"翻译名著,对于文化之贡献会不下于自己之创作",③ 并因此投入大量时间和精力进行翻译。

冯承钧的这种翻译目的也决定了他在翻译时更注重译文所传达的信息和知识是否符合史实,倘若有误则以译者之身份加以修订。他在翻译时,既不迷信西书,也不专信中文史料,而是将二者作对勘、严谨考证,仔细查询以考订史实。著名历史学和翻译史研究专家邹振环将冯承钧在翻译史上的贡献归纳为慎选版本、厘订名目、精加考证三个方面。冯承钧非常重视海外汉学著作的原本选择。《中国之旅行家》的翻译可

① 冯承钧. 摩尼教流行中国考·译序[M]. 上海:商务印书馆,1931.

② 冯承钧:《翻译之缘起及旨趣》,载[法]沙畹,冯承钧译《中国之旅行家:摩尼教流行中国考》,上海:上海古籍出版社,2014年,第4页。

③ 朱杰勤:《南洋史地的研究》,见《新南洋》第1卷第1期;又见《纪念冯承钧先生》,朱杰勤《中外关系史论文集》,郑州:河南人民出版社,1984年,第593页。

印证这一点，冯承钧之所以选择译述这本书，"是因为此书'不特为翻译之品，且兼有考据之功。中有数事，均足以补我史籍之缺'"①。关于专用名词的翻译，他也"特别注意厘订名目，指出中国古籍对外国的记载译名常常不统一，'其中人名地名错讹脱略者，开卷即是，而同名异译之事，不惟异传有之，即在同一传中亦复不免'，认为要想了解异族文化，首先必须解决这一名目翻译问题，否则误会丛生"②。冯承钧对所译的每一部汉学名著，都进行了细致审慎的考证。"每部书几乎都采用'钧案'的形式，检阅博览群书以订正原文及译文之误，注释中除包含有文字的校勘、词句的释文外，还有详细的史地考订，有许多注释的材料来自各种典籍的旁征博引，也有不少是直接得之于他自己多年的研究心得。除早期几部法国勒朋的政法译书外，后来所译的法国汉学名著几乎每本都撰有详细的译序。"③

由此可见，身为学者，冯氏将翻译与学术批评、翻译批评、学术研究与学术译介融为一体。基于自己深厚的学术积累和广泛的阅读与比较，他对前人译本之优劣多有评说，并将《译者序》作为学术批评之阵地。比如在《马可·波罗行纪》一书的译序中，他首先批评了前人译本，称"初译本是马儿斯登（Marsden）本，审其译文，可以说是一种翻译匠的事业，而不是一种考据家的成绩。后译本是玉耳、戈尔选（H. Yule, H. Cordier）本，译文虽然小有舛误，译人补注亦颇多附会牵合，然而比较旧译，可以说是后来居上。惟原书凡4卷，此本仅译第一卷之强半，迄今尚未续成全帙"④。从这段评析可以看出，冯承钧所称道的学术翻译兼具"翻译匠"与"考据家"的双重任务和角色。正因为如此，在

---

① 邹振环：《冯承钧及其在中国翻译史上的贡献》，载《学术月刊》，1996年第40卷第4期，第53页。

② 邹振环：《冯承钧及其在中国翻译史上的贡献》，载《学术月刊》，1996年第40卷第4期，第54页。

③ 邹振环：《冯承钧及其在中国翻译史上的贡献》，载《学术月刊》，1996年第40卷第4期，第54页。

④ ［意］马可·波罗（Marco Polo），［法］沙海昂（A. J. H. Charignon）注，冯承钧译：《马可·波罗行纪》，石家庄：河北人民出版社，1999年，第11页。

翻译该书之时，他并非单纯地根据原文逐句译出，而是以审慎和批判的眼光，边翻译边对原作进行修订。他在序言中写道：

> "此书既然有些缺点，所以我的译本取其所长，弃其所短。好的注释一概转录，牵合附会之文则不惜删削。删削的大致以第59章以后为多。我原来计算第一卷的译文有12万字，后经我删削者有六分之一，但仅限于不得不删的文字。此外只须其微有裨于考证，虽所引的是《辞源》之文，仍予采录。此外我仍用前译多桑书的译法，凡地名人名有旧译者，尽先采用，考订未审者则录其对音"。

在翻译原则方面，冯承钧强调历史之真实高于译文之忠实的原则。由于冯氏翻译的大部分学术著作都是西方学者有关中国的研究，当译成中文时就必然涉及"回译"和人名、地名等译名处理问题。因此，他提出译者在翻译时"必须备具几种条件：（1）要名从主人，（2）要了解西方北方几种语言，（3）要明白汉字的古读，尤要知道元人的读法"①。在翻译多桑的《蒙古史》时，他采用了一种独有的统一译名的方法："书中所用译名，多从《蒙古秘史》与《元史》。两书没有的，地名一项，优先采用唐宋名人的译名；人名一项，元代载籍中有同名的，虽非本人，亦用旧译，无可比附的，也务求合乎元人译法，不以今人读音拼写，而且译名初见时，均以西文译名附于其后以备查阅"②。凡涉及人名、地名他都以《元史》和《元秘史》为依据，对原著中误写之处、名称混乱之处、史料引用有误之处，均添加按语，一一修订。他不仅有意使译著在思想和内容方面忠实于原著，而且通过多种版本对勘的方式，确保译著内容忠实于真实的历史。或许正是由于他严谨细致的翻译工作使得他所翻译的《马可·波罗行记》被元史研究学者刘晓称赞"无论译文还是注释，都

---

① 郑鹤声：《冯承钧对中国海外交通史、中外关系史研究的贡献》，载中国海外交通史研究会、福建省泉州海外交通史博物馆《海上丝绸之路综论》，北京：中国海洋出版社，2017年，第212页。

② 刘晓. 元史研究[M]. 福州：福建人民出版社，2006：39.

是质量上乘之作"①，是目前最好的版本。

当然，追求史实之正确并非易事，毕竟历史之真相往往淹没在种种细节和浩如烟海的史料之中，经由作者和译者的双重阐释和考证，固然能消除一部分错误，但仍然存在种种偏误之处。冯氏非常清楚，他虽为学者，也兼有译者之责，对原文风格之忠实仍然是需要遵循的。他在《马可·波罗行纪》(第二卷)的译后语中写道：

> "译文于本卷之地名，经沙氏妄改者皆复其旧，大致不误者录其原名，稍涉疑义者写其对音，所以有该州、哈强府、阿木州、秃落蛮、哈寒府、强格路、强格里、中定府、新州马头、临州、西州、新州、塔皮州等无从比附之译名。此类译名之对音，未敢必其读法不误，缘此书涉及语言甚多，固有主张原本为法文本之说者，然其中有若干写法多从意大利文，故本卷译音大致从意大利语读法…此外译文，务求不失原文朴质风味，原文编次虽欠条理，且多复词叠句，然未敢稍加改窜，宁失之干燥，不愿钩章棘句而失其真。"②

在专业研究方面，冯承钧的成就自不待言，学界评论和赞誉的文献可谓数不胜数，他在翻译方面的成就也广受赞誉。著名历史学家顾颉刚在《当代中国史学》一书中将冯承钧誉为"近四十年最大的史地译家"。③邹振环称"在中国近现代翻译史上，冯承钧是完全可以同严复、林纾齐名的第一流翻译家。而且在翻译考订之精审方面，即使严、林也难与其比肩"。④朱杰勤评价冯承钧"是第一流翻译家，其所翻译，文质相兼，无违原本。间遇罕见之名词，又为之厘定汉名，斟酌至善。则翻译之

---

① 刘晓．元史研究[M]．福州：福建人民出版社，2006：41．

② 冯承钧：《译后语》，载[意]马可·波罗《马可·波罗行纪》，哈尔滨：哈尔滨出版社，2009 年，第 240 页．

③ 顾颉刚．当代中国史学[M]．上海：胜利出版公司，1947．

④ 邹振环：《冯承钧与商务印书馆》，载《1897—1992 商务印书馆九十五年：我和商务印书馆》，1992 年，第 628 页．

中，又须考证。其困难不下于创作"。① 朱认为"就翻译成绩成论，冯先生是近代第一位翻译家。清末翻译界中严复(几道)与林纾(琴南)并称，但因时代关系，他们的翻译技术尚未达到完满地步，持较冯先生，则他们好像椎轮，而冯先生好像大辂了"②。正如邹振环所言，"冯承钧没有留下什么动人的传记，但几十种'冯译法国汉学名著'却为自己建造了一座无人可以替代的学术丰碑"。③ 作为学者和翻译家的冯承钧没有屈服于疾病的侵袭，也没有向生活的困窘低头，亦未沉沦于丧子的悲痛，相反，他数十年如一日，心无旁骛，一生坚守，无意争春却绽放了生命，将毕生所研贡献给祖国，用无言文字守望沧桑历史。

第四节　诗人译诗：闻一多的翻译实践与思想

闻一多是我国近现代著名爱国主义诗人、民主战士，在诗歌翻译领域成就颇高。本节内容将简要介绍闻一多的生平经历，集中关注闻一多的翻译成就，并探析其关于诗歌翻译的洞见。

一、闻一多生平简介

闻一多(1899—1946)，本名闻家骅，字友三，湖北黄冈蕲水(今浠水县)人。闻一多出身于书香门第，自幼喜爱古典诗词和美术，五岁入私塾接受启蒙教育，1910 年至武汉高等小学学习，1912 年以复试鄂籍第一名的成绩考入北京清华学校④。在清华期间，他认真刻苦，成绩优

---

① 朱杰勤：《纪念冯承钧先生》，收录入冯承钧撰，邬国义校《冯承钧学术论文集(下)》，上海：上海古籍出版社，2015 年，第 695-696 页。

② 朱杰勤：《纪念冯承钧先生》，参阅冯承钧撰，邬国义校《冯承钧学术论文集(下)》，上海：上海古籍出版社，2015 年，第 695 页。

③ 邹振环：《冯承钧及其在中国翻译史上的贡献》，载《学术月刊》，1996 年第 40 卷第 4 期，第 89 页。

④ 北京清华学校为留美预备学校，创始于前清末季，民国肇兴，赓续办理，一切经费由外交部于美国退还赔款项下拨充。该校分设高等、中等两科，各四年毕业。而高等细分为文科和实科，以培养学生考入美国大学。参阅杨宏峰主编《新青年简体典藏全本 第 2 卷 第 1-6 号》，银川：宁夏人民出版社，2011 年，第 202 页。

异，还充分发展古诗词和美术方面的兴趣爱好，成立了"书社""文学社""辞社""美术社"等学术团体，担任了《清华周刊》编辑、《清华学报》总编辑、《清华年刊》美术编辑等职务。1922 年 7 月，他赴美国留学，专攻美术，同时研究文学和戏剧，先后就读于芝加哥美术学院、珂泉科罗拉多大学和纽约艺术学院。与此同时，闻一多坚持新诗创作。在美期间，他在国内出版了第一部诗集《红烛》(1923)，还撰写了著名的爱国思乡组诗作品《七子之歌》(1925)等诗作。由于阅读了大量西方资产阶级古典名著和 19 世纪浪漫主义诗人的作品，闻一多受到唯美主义的影响，当时创作的诗歌作品表现出脱离现实的唯美主义倾向。

1925 年 5 月，闻一多回国，任北京艺术专科学校任教务长，与徐志摩等文人创办《诗镌》。1927 年，闻一多至武汉于革命军总政治部任艺术股股长，同时被聘为南京第四中山大学外文系主任。1928 年，闻一多出版第二部诗集《死水》，相较于第一部诗集《红烛》，《死水》在思想情感和创作风格上有明显不同，具体表现为"革命的现实主义成分增多了，虚幻的浪漫主义色彩减少了，反帝反封建斗争的爱国主义思想加强了"①。同年，闻一多与徐志摩、陈梦家、朱湘等人编辑《新月》杂志和《诗刊》，加入"新月派"。之后，其先后任教于武汉大学、青岛大学和清华大学，主要从事中国古典文学的研究。1937 年，为躲避战火，延续中国的文化命脉，清华、北大、南开三所大学迁往湖南组成长沙临时大学，闻一多到临时大学任教，讲授诗经和楚辞，1938 年随学校西迁至云南昆明。沿途所见所闻及其亲身经历的艰苦生活让闻一多感受到书斋之外的严酷现实，他认识到抗日救亡、反独裁、争民主的重要意义。在阅读《共产党宣言》等马克思主义经典著作和延安整风文献后，闻一多更加清醒地认识到"革命"对救国图强的重大意义。1944 年 8 月，闻一多在一次座谈会上提道，"现在只有一条路——革命"。②

---

① 陈其光. 陶园心草 60 年文论自选[M]. 广州：中山大学出版社，2010：196.

② 陈其光. 陶园心草 60 年文论自选[M]. 广州：中山大学出版社，2010：197.

1944 年至 1946 年，闻一多积极投入民主革命斗争，通过文字和演说与国民党反动派作斗争。在此期间，闻一多写下了《关于儒·道·土匪》《愈战愈强》《可怕的冷静》《一个白日梦》等文，痛斥国民党反动派的罪恶行径。1945 年，闻一多参加了"一二·一"昆明学生惨案的万人游行队伍，毫不避讳地为死难学生书写挽词："民不畏死，奈何以死惧之"，并撰写《一二·一运动始末记》，揭露惨案真相。1946 年 7 月 11 日，民盟中央委员李公朴遭特务暗杀，闻一多为《学生报》的《李公朴先生死难专号》题词："反动派！你看见一个倒下去，可也看得见千百个继起来！"。不仅如此，他主持民盟工作，筹办葬礼，在公祭大会上义愤填膺地发表《最后一次的讲演》，控诉国民党反动派的残忍暴行。不幸的是，闻一多在返家途中遭到国民党特务杀害，时年不满 48 周岁。

二、闻一多的翻译成就

闻一多因其伟大的爱国主义精神及诗歌创作成就在中国文坛熠熠生辉，其在翻译理论与实践方面的成就亦不容忽视。新诗运动时期（即"五四"运动前后），中国诗人开始思索中国新诗的发展道路，模仿西方诗歌进行创作成为中国新诗发展路径之一，而要模仿西方诗歌，译介诗歌是必经之路，闻一多则是译介外国诗歌道路上的探索者之一。

据记载，除部分已失存的早期译作外，闻一多翻译的诗歌现存数量约 40 首①，多以西方著名诗人的诗作为主，其中包括：21 首英国诗人勃朗宁夫人（Elizabeth Barrett Browning）的《勃朗宁夫人的情诗》，5 首英国诗人阿尔夫雷德·爱德华·霍斯曼（Alfred Edward Housman）抒情诗，5 首刊登于其文章《莪默伽亚谟之绝句》中的短诗，2 首英国诗人马修·阿诺德（Matthew Arnold）的诗歌。此外，还有英国诗人托马斯·哈

---

① 关于闻一多翻译诗歌的数量学界说法不一。主要有三种说法：32 首（参阅闻一多《闻一多全集》第 1 卷，武汉：湖北人民出版社，1993 年。）、33 首（参阅王锦厚《闻一多与饶孟侃》，电子科技大学出版社，1999 年，第 225 页。）、40 首（参阅南治国《闻一多的译诗及译论》，载《中国翻译》，2002 年第 2 期。）结合查证，我们认同第三种说法：译诗约 40 首。

代（Thomas Hardy）的《幽说人立舍的麋鹿》、浪漫主义诗人乔治·戈登·拜伦（George Gordon Byron）的《希腊之群岛》、20世纪美国女诗人莎拉·蒂斯黛尔（Sara Teasdale）的《像拜风的麦浪》、艾德拉·文森特·莫雷（Ednast Vicent Millay）的《礼拜四》、劳伦斯·霍普（Lawrence Hope）的《沙漠里的星光》以及约翰·梅斯菲尔德（John Masefield）所著的《我要回海上去》。以上译作中最早面世的是闻一多用五言体古诗形式（文言文）翻译的阿诺德诗作《渡飞矶》（*Dover Beach*），① 最负盛名的当属闻一多用十四行体形式翻译的21首十四行诗《勃朗宁夫人的情诗》和5首霍斯曼的抒情律诗。② 闻一多对系列《勃朗宁夫人的情诗》的译介促进了十四行诗在中国新诗十四行诗的萌发，徐志摩曾高度赞誉闻一多翻译的《勃朗宁夫人的情诗》：

　　"一多这次试验也不是轻率的，他那耐心就不易、至少有好几首是朗然可诵的……为要一来宣传勃朗宁夫人的情诗，二来引起我们文学界对于新诗体的注意。"③

　　除译介西方诗歌外，闻一多还致力于英译中国诗词。在西南联大执教时，他与卞之琳协助英籍教授白英（Robert Payne），共同编译一本中国古诗集和一部《中国当代诗集》，两部诗集于1947年在伦敦出版。据闻一多在《仪老日记》④中记载，1919年3月14日，"译波兰《千年进化史》"，据学者考证，翻译《波兰千年进化纪略》是闻一多最早的翻译实践，但译稿已无从查询。此外，闻一多还翻译了艾克曼（Erckmann）的戏剧作品《铃声》及英国作家莫尔斯（Hosea B. Morse）的《台湾一月记》，

---

　　① 《渡飞矶》（Dover Beach）是目前保留的闻一多的最早诗歌译作，载于1919年5月《清华学报》第4卷第6期。参阅《闻一多全集 第2卷》，武汉：湖北人民出版社，1993年，第330页。

　　② 黄丽娜. 闻一多诗歌翻译研究[D]. 湖南师范大学硕士学位论文，2013.

　　③ 徐志摩：《勃朗宁夫人的情诗》，载《新诗》，1928年第1期。

　　④ 闻一多. 闻一多全集12：书信、日记、附录[M]. 武汉：湖北人民出版社，1993：426.

此类作品因保存不全，已无从查证。

三、闻一多翻译思想及其影响

闻一多关于诗歌翻译的论述主要集中于其文章《莪默伽亚谟之绝句》①和《英译李太白诗》②中。《莪默伽亚谟之绝句》为闻一多对郭沫若翻译《鲁拜集》③写下的评论，文章主要对郭译本的部分"疏误"加以讨论和订正，兼及对翻译程序和莪默作品鉴赏方法的讨论。在《莪默伽亚谟之绝句》中，闻一多率先提出其奉行的翻译选材原则，主张翻译经典名著。闻一多直言不讳地指出"取法乎中，仅得其下"是当时诗坛上瓦缶雷鸣的最大原因之一，正因为国内文学界缺乏对西洋第一流古今名著的翻译作品，国人对"西洋诗底真实面目"不曾认识，只认识"较为浅近较为时髦的玩艺儿"。④ 纵览闻一多所译诗歌，均是出自西方著名诗人之手，这与其翻译选材观点别无二致。

闻一多认为诗歌翻译存在两种难处：第一"难"在于领会原文费解之处，另一"难"则在于从转译文本中译出原作的"精神"。解决第一"难"要求译者通晓源语言及文化，而要解决第二"难"，译者需借助意译实现。闻一多认同郭沫若翻译莪默作品时采用的意译法，认为郭译本"大体上对原义表现的很正确"，⑤ 他甚至将郭沫若译本中与原文词句不符但意旨未失之处视为"意译"，不予订正。郭沫若翻译莪默作品第

---

① 《中国翻译》辑部．诗词翻译的艺术［M］．北京：中国对外翻译出版公司，1987：22-37.

② 《中国翻译》辑部．诗词翻译的艺术［M］．北京：中国对外翻译出版公司，1987：38-46.

③ 郭沫若翻译时对照的文本为 Fitzgerald 英译的波斯诗人莪默伽亚谟（Omar Khayyám）的作品 *Rubáiyát*。

④ 《中国翻译》辑部．诗词翻译的艺术［M］．北京：中国对外翻译出版公司，1987：22.

⑤ 《中国翻译》辑部．诗词翻译的艺术［M］．北京：中国对外翻译出版公司，1987：23.

十九首诗的末行与原文存在较大差异，但在闻一多看来，"此意译不但能保存原诗底要旨，而且词意更加醒豁，色彩更加浓丽，可说这一译把原诗译好了"。① 闻一多对意译所持的包容和接纳态度可见一斑。与此同时，闻一多摒弃过度"忠实"的直译，认为"忠实到一定地步便是笨拙"，闻一多引例郭沫若翻译的第 38、77 和 79 首诗"只有翻译而没有诗"。②

在评价郭沫若译本时，闻一多提出对"翻译程序"的见解，他将翻译视作是机械式工作与艺术式工作的结合，大体分为两步：第一步是了解原文意义，第二步则是将诗的意义通过诗的语言体现出来，体现出诗的艺术美，即以诗译诗。不难发现，闻一多对"翻译程序"的理解正是基于其对翻译"两难"的诠释，"翻译程序"的执行即是解决翻译"两难"。翻译程序第一步涉及译者对诗歌的鉴赏，闻一多认为译者译介诗歌时应关注诗的艺术价值而非哲学价值，"读诗底目的在求得审美的快感。读我默而专见其哲学，不是真能鉴赏文艺者，也可说是不配读我默者。因为鉴赏艺术非和现实界隔绝不可"③。而在两步骤中，第一步到第二步实现的是"从方言家变为诗人"。第一步是基础，第二步是关键，后者是估定译作价值的标准，也是鉴别译者翻译水平的试金石。闻一多称，"郭君赢得我的钦佩是由于他的第二步骤里的成功；郭君又令我大失所望也是由于他的第二步骤里的失败，然而好在失败终不能淹没成功"。④

闻一多诟病翻译是将文言文与白话文硬凑在一起的做法，他将文言文与白话文分别形象地比喻成水与油，"水是水，油是油，总混合

---

① 《中国翻译》辑部．诗词翻译的艺术［M］．北京：中国对外翻译出版公司，1987：23，30.

② 《中国翻译》辑部．诗词翻译的艺术［M］．北京：中国对外翻译出版公司，1987：23，33.

③ 《中国翻译》辑部．诗词翻译的艺术［M］．北京：中国对外翻译出版公司，1987：23，34.

④ 《中国翻译》辑部．诗词翻译的艺术［M］．北京：中国对外翻译出版公司，1987：23，31.

不拢",① 文言文与白话文在译文中同样难以兼容。根据现存的闻一多诗歌翻译目录，由闻一多翻译的诗歌大多以白话文的文体形式呈现，仅少数几首为文言文形式，由此可推断闻一多偏好采用白话文翻译诗歌。闻一多曾在采用文言文翻译的《点兵之歌》②译者前言中也直接表达他对文言文译诗的态度，"译事之难，尽人而知，而译韵文尤难。译以白话，或可得其仿佛，文言直不足以言译事矣。而今之译此，尤以文言者，将使读原诗者，持余作以证之，乃至文言译诗，果能存其仿佛几何，亦所以彰文言之罪也"。③ 此段文字表明闻一多用文言文翻译此诗的目的，他想以此译作为证"彰文言之罪"，即为意图采用文言译诗者提供"反面案例"，让读者意识到文言文译诗的弊端。

《英译李太白诗》为 1926 年闻一多在《晨报副刊·诗镌》上评论日本学者小畑薰良（Shigeyoshi Obata）翻译的《李太白诗集》（*The Works of Li Po, the Chinese Poet*）④时所作文章，是对小畑薰良的译诗选材标准、翻译方法及其译作风格作出的翻译批评。在选材标准方面，闻一多认为在译介文艺作品时应坚守去伪存真、去粗取精的原则，注重鉴别原作真伪，如难以鉴别真伪，至少应区分优劣、淘汰劣作。闻一多引证古代学者苏轼、黄庭坚、萧士赟、赵翼、龚自珍、李阳冰、刘全白、韩愈等人的言论，揭露了文学界内出现的李白诗集伪造现象，指出所谓的"李白的诗"中有不少"赝鼎"。⑤ 闻一多发现小畑薰良翻译的李白诗歌中掺入

---

① 《中国翻译》辑部. 诗词翻译的艺术[M]. 北京：中国对外翻译出版公司，1987：23，33.

② 英国诗人托马斯·坎贝尔所作。

③ 参阅闻一多《闻一多全集 第 1 卷》，武汉：湖北人民出版社，1993 年，第293 页。

④ 小畑薰良英译的《李太白诗集》（*The Works of Li Po, the Chinese Poet*）于1922 年在纽约杜登出版社（E. P. Dutton & Co.）出版，这是李白诗歌首次以英文专集出版。参阅石小梅《小畑薰良英译〈李白诗集〉的历史价值与当代意义》，载《西安外国语大学学报》，2016 年第 24 卷第 2 期，117 页。

⑤ 《中国翻译》辑部. 诗词翻译的艺术[M]. 北京：中国对外翻译出版公司，1987：38.

了伪造作品，例如《长干行》第二首，由此呼吁译者应具备鉴别真伪的意识。倘若难以鉴别真伪，译者须对作品优劣加以区分，淘汰"坏诗"，避免译出粗率的作品。

　　闻一多认为翻译方法的选择与翻译材料的特点有关，例如，李白擅长乐府歌行，长短句错落，形式自由变化，用自由体译最佳。又如，李白的诗歌妙在跌宕的气势，而非华丽的辞藻，气势体现在音节上，因此翻译时应关注音节而非雕琢字句。这一主张反映出闻一多对翻译"音乐美"的追求。再如，中国诗的文字紧凑，有些诗句缺乏动词、形容词和连词，靠句法体现"美"，可译性（translatability）低，闻一多认为翻译此类诗句的唯一方法是尽量不增减原诗的字数，不移动原诗字句，避免滥用翻译自由而损伤原诗的意味。① 尽管总体上闻一多称小畑薰良的译作是"精密的、有价值的"，闻一多仍披露了小畑薰良英译李白诗歌中存在漏译和误译的"破绽"。闻一多不否认译作与原作之间的"差距"，强调"翻译不是为原著的作者看的，也不是为懂原著的人看的，翻译毕竟是翻译，同原著当然是没有比较的"②。因此，一件译品要在懂原著的人面前讨好，既不可能，也无必要。作为诗人的闻一多对诗歌充满敬意，认为诗歌的可译性微乎其微。在《英译李太白诗》中，闻一多旗帜鲜明地指出：

　　　　"浑然天成的诗句的好处太玄妙了，太精微了，是禁不起翻译的。你定要翻译它，只有把它毁了完事！譬如一朵五色的灵芝，长在龙爪似的老松根上，你一眼瞥见了，很小心地把它采了下来，供在你的瓶子里，这一下可糟了：从前的瑞彩，从前的仙气，于今都变成了又干又瘪的黑菌。你搔着头，只着急你供养的方法不对。其实不然，压根儿你就不该采它下来，采它就是毁它，'美'是碰不得的，一粘手它就

① 《中国翻译》辑部. 诗词翻译的艺术［M］. 北京：中国对外翻译出版公司，1987：43.
② 《中国翻译》辑部. 诗词翻译的艺术［M］. 北京：中国对外翻译出版公司，1987：45.

毁了，太白的五律是这样的，太白的绝句也是这样的。"①

尽管诗歌的美难以通过翻译百分之百传达，译者仍要尽力保持原作的形式，追求体裁相近。同时"在求文字的达意之外，译者还有余力可以进一步去求音节的仿佛"。②所谓"音节的仿佛"正是闻一多翻译诗歌追求的"音乐美"。在《诗的格律》③中，闻一多强调诗的格律体现在视觉和听觉两方面。格律既体现于视觉上节的匀称与句的均齐，还体现于格式、音尺、平仄、韵脚等听觉层面，而相比之下，听觉效果是视觉效果的前提。闻一多还提到，诗的实力不仅仅包括音乐美（音节）、绘画的美（辞藻）还有建筑美（节的匀称和句的均齐），学界称之为"诗学三美"。闻一多的诗歌翻译观源于其对诗的理解，正如学者熊辉所言④，闻一多的诗歌翻译实践了其诗歌形式观念。闻一多对诗歌的思考除见诸《诗的格律》等文艺杂谈中，更体现在其经典文章《律诗底研究》中。在《律诗底研究》⑤中，闻一多对律诗的定义、溯源（律诗章机构、句结构、五律的平仄、律诗的组织（对仗、章的边帧、局势）、音节（平仄、逗、韵）、作用、辨质及排律等进行了系统研究，其中提到了律诗是中国诗歌"特有的体制"，在西方诗歌中无法找到同样的体裁，因而具有不可译性。律诗的意义虽可译出，但体现艺术性的格律音节却难以翻译。闻一多还提到了英文诗歌中的"商勒"（即"商籁"，十四行诗）与律体相近。此类观点无不与其翻译实践存在千丝万缕的联系。

---

① 《中国翻译》辑部.诗词翻译的艺术[M].北京：中国对外翻译出版公司，1987：41.

② 《中国翻译》辑部.诗词翻译的艺术[M].北京：中国对外翻译出版公司，1987：42.

③ 闻一多.七子之歌闻一多诗歌散文经典[M].长春：吉林出版集团股份有限公司，2018：269.

④ 熊辉：《闻一多的译诗文体观念》，载《2016年闻一多国际学术研讨会论文集》，2016年，第145页。

⑤ 季镇淮主.闻一多研究四十年[M].北京：清华大学出版社，1988.

第五节 作为经济学家的译者：王亚南的学术翻译实践

王亚南是我国著名的经济学家和教育家。或许正是因为这两个身份过于知名，反而在某种程度上遮蔽了他在翻译方面的贡献。而事实上，王亚南对经济学的钻研，甚至他一生的学术活动，都是从翻译开始，并借助于翻译而深入的。正如有人所说，他是搞翻译"起家的"。① 本节将围绕他的生平经历及《资本论》翻译实践展开讨论。

一、王亚南生平概述

王亚南(1901—1969)，湖北省黄冈县王家坊村人(今湖北省黄冈市团风县)。他出生于一个农民家庭，母亲早逝，父亲是落魄地主，后于王亚南十二岁时因病离世。父亲生前曾将他送去私塾读书。因家境崩落，父亲只是想让王亚南识几个字便可，但王亚南自幼勤奋，在私塾时便能熟读《论语》《离骚》《左传》等典籍。王亚南的大哥是一个进步青年，见年幼的王亚南爱读书，便将他送入黄州最好的小学念书。王亚南小学毕业后，在已出嫁的姐姐的资助下，以优异成绩考入武昌第一中学。中学毕业后，他又考入武昌中华大学教育系(华中师范大学前身)。王亚南大学主修教育专业，同时辅修中文和英文。繁重的课程业务和强烈的求知欲望驱使着他花费比别人更多的时间和精力投入学业，而贫寒的家境又使他不得不靠勤工俭学才能完成学业。从那时起，他养成了十分有规律的学习工作习惯，每天清晨四五点钟起床、读书、工作、锻炼，这个习惯伴随了他一生。他外语水平很高，精通英语、德语、日语。中华人民共和国成立后又学了法语和俄语。但当他读大学时候，家中兄长已无力承担高昂的学费，于是王亚南在近郊找到一份英语教师的

---

① 王增炳、余纲. 王亚南治学之路[M]. 福州：福建人民出版社，1984：234.

工作，每天往返十几公里，半工半读，起早贪黑，终于在 1927 年顺利毕业。

1927 年，王亚南在长沙参加了北伐军，任政治教员。大革命失败后，他离开长沙回到武昌，但却求职无门，后来遇到留法回国的夏康农，两人继而从武昌辗转上海找工作，也不如意。1928 年 1 月，因生活所迫，王亚南又不得不流寓杭州，因住不起旅馆，只得借宿在大佛寺内，打算依靠写小说维持生计。就是在这里，王亚南认识了一生的挚友——郭大力。23 岁的王亚南和 27 岁的郭大力一见如故，立志合作翻译《资本论》，两人还专门为此拟了一份计划。1928 年秋，王亚南得到友人资助，前往日本深造，潜心研究政治经济学，同时学习日文和德文。在日本学习的三年中，王亚南按照计划开始翻译李嘉图的《政治经济学及赋税原理》，与郭大力合译高岛素之的《地租思想史》、爱德华威斯马克的《人类婚姻史》等。① 1931 年，"九·一八事变"爆发，王亚南毅然决定回国，后受聘于上海国立暨南大学。在此期间王亚南参加了一系列进步文化运动，同时从事翻译工作和理论研究。

1935 年底，王亚南经日本回到上海，再次与郭大力"会师"，二人重新开始了翻译《资本论》的大业。1938 年，郭大力、王亚南合译的《资本论》三卷本出版。该译本的出版有力地促进了马克思主义在中国的传播，对新民主主义革命事业是一个重大贡献。从此，王亚南成为我国声望很高的进步经济学家。② 1939 年，武汉沦陷，王亚南又不得不辗转重庆。1940 年，王亚南前往广东，在抗战时期的国立中山大学任经济系教授兼系主任。这期间，通过讲授高等经济学、中国经济史、经济思想史等课程，进一步传播马克思《资本论》的思想。同年，他创办了《经济科学》杂志并担任杂志主编。1944 年，日本侵略军袭击粤北，中山大学紧急西迁。王亚南并未跟随学校撤离，而是去到赣南南康县郭大力的

---

① 甘民重、林其泉：《王亚南传略》，载《党史资料与研究》，1987 年第 4 期，第 22-31 页。

② 王增炳、余纲. 王亚南治学之路[M]. 福州：福建人民出版社，1984.

家乡。后又从江西到福建临时省会永安，担任福建研究院社会科学研究所所长，继而在福建长汀为国立厦门大学经济学系讲授经济学说史。1946 年，他履职厦门大学法学院院长，兼经济学系主任。① 1949 年初，王亚南从香港来到刚刚解放的北平，林伯渠代表中共中央去看望他。根据他的意愿，安排他暂时到清华大学任教。② 1950 年至 1969 年，他担任厦门大学校长。

王亚南于 1969 年病逝于上海，终年 68 岁。王亚南是我国重要的经济学家和翻译学家，《资本论》是其最为重要的成就和贡献。

二、王亚南与郭大力合译《资本论》

《资本论》在我国的译介经历了从内容提要，到节译，再到全译的过程。1919 年 5 月，李大钊发表了《马克思的经济学》一文，介绍了伟大著作《资本论》的主要内容。1919—1920 年，李汉俊翻译出版德国马尔西的著作《马克思资本论入门》，首次比较系统地介绍了《资本论》。此后，这部研究资本主义经济社会的巅峰之作引起了中国近代无数有识之士的瞩目，但其中包含的广博专业知识，使当时绝大多数译者望而生畏，只有小部分拥有经济政治学背景的学者敢于尝试一二，而能够成功出版的也只有寥寥几种。郭大力联合王亚南在 1928 年至 1938 年十年间，跨越时间地点合力翻译出的《资本论》是第一个中文全译本。

《资本论》的翻译是由郭大力发起的。与郭大力一样，王亚南翻译《资本论》也旨在宣扬马克思主义思想，明确中国革命方向，解救广大中国人民于水火之中。但是，《资本论》作为马克思主义的代表作，在当时被列为禁书，因此译作能否顺利出版又成了一大难题。

为了中译本《资本论》的出版，1936 年前后，郭大力边从事翻译工作，边主动与商务印书馆和中华书局接洽《资本论》全译本的出版意向，

---

① 周川主. 中国近现代高等教育人物辞典[Z]. 福州：福建教育出版社，2018.

② 辛安亭. 中国名现代人物选[M]. 兰州：甘肃人民出版社，1995：339.

但两家出版社考虑到其中的政治风险，均未应承下来。此时有一家出版社主动向他们伸出了橄榄枝，它就是由中国共产党直接领导、设在上海的读书生活出版社。这家出版社的三位负责人艾思奇、黄洛峰、郑易里均是中国共产党地下党员，他们是《资本论》第一个中文全译本出版的重要推动者和支持者。在得知郭大力和王亚南翻译《资本论》之前，读书生活出版社就有出版全译本的计划，但一直没有物色到合适的译者。在得知郭、王二人正着手翻译《资本论》后，身处国统区的读书生活出版社在处境并不理想的情况下，由艾思奇出面与郭大力洽谈签署了翻译出版合同，并每月预支稿费，全力支持二人翻译《资本论》。在与出版社商定两年译完《资本论》三卷本以后，郭大力和王亚南便全身心投入了翻译工作。

他们翻译依据的是苏联 1932 年至 1934 年马克思恩格斯列宁学院编辑出版的德文版《资本论》(第一卷的底本为《资本论》第一卷德文第四版)，同时参考了两种英文译本和两种日文译本，以及国内已经翻译出版的第一卷译本，以确保高质量译出全本。1937 年 8 月，淞沪会战爆发，此时二人仅译好《资本论》第一卷。在战火纷飞的上海显然已经无法安心进行翻译工作。郭大力在将译好的第一卷书稿交给出版社后，便带着妻小离开上海，辗转回到江西赣南老家，继续进行第二卷、第三卷的翻译工作。1938 年 4 月，出版社负责人之一的郑易里力邀郭大力到沪集中完成全书的翻译和校订工作。郭大力便立即启程，辗转到达上海，马上投入工作，与出版社的编辑人员经过四个多月不分昼夜的努力，终于推出第一个《资本论》中文全译本。第一卷于 1938 年 8 月 31 日初版，共 661 页；第二卷于 9 月 15 日初版，共 430 页；第三卷于 9 月 30 日初版，共 766 页。首印 3000 套，既有精装版，也有平装版，其中 2000 套由于日本侵华战祸在运输途中沉入海底。读书生活出版社马上又加印了 2000 套。因此，首版实际印刷了 5000 套。这些书经广州湾转运到大后方。又经过许多曲折和险阻，由桂林八路军办事处设法把一批书运往革命圣地延安。至此，马克思主义奠基之作《资本论》第一个中文全译本终于诞生并传播开来。

图 2-6 郭大力、王亚南译《资本论》1938 年 8 月初版本
（图片出自《王亚南文集》）

图 2-7 郭大力（左）与王亚南（右）

《资本论》三卷本的出版是两人为着崇高的理想合作的结果。《资本论》第三卷末有郭大力于 1938 年 8 月 13 日写的"译者跋"，对二人分工作了说明：

"就第一卷说，序跋以及由第一篇至第四篇是我译的；第五篇至第一卷终，是亚南译的。就第二卷说，序和第一篇，是亚南译的。第二篇第三篇是我译的。但到第三卷，因为亚南担任更重要工作的缘故，他只能译极小的部分了（第六篇第三十七章至四十章）。

其余的部分就都归到我肩上来了。我为使译名统一，笔调近于一致起见，曾对全稿负起责任。但这决不表示我应享有较优的权利，因为没有亚南的合作，这个书的完成，绝不能这样迅速，甚至在我们应再开始的时候，也许根本就不会再开始。一个人对于一件事的贡献，觉不能单纯由量来估计。"①

王亚南和郭大力合译的第一个全译本《资本论》是中国马克思主义传播史上一个巨大的突破，② 该译本在相当长一段时期也是唯一的全译本和最完备的版本，在当时乃至今天的中国产生了持续且广泛的影响。在当时的解放区，第一版《资本论》全译本成为众多中共高级领导人的案头书，当时担任中央宣传部部长、延安马列学院院长的张闻天还领导组织了《资本论》学习小组；在国统区，全译本的出版也引起了重视。但郭大力和王亚南都清楚，因为出版时间仓促，全民族抗战背景下相隔千里的二人难以有机会当面交流，加上出版社编校排版人员人手不足等原因，造成该书译文（尤其是第二、三卷）中存在不少错误甚至是误排，需要对全书重新进行校订。由于王亚南早已把工作重心转到了政治经济学研究领域，加上 1940 年他应中山大学校长许崇清邀请赴任经济系教

---

① 马克思著，郭大力、王亚南译 . 〈资本论〉（第 3 卷）·译者跋 [M]. 2011：683.

② 在郭大力和王亚南的全译本出版之前，已经有多个《资本论》的非全译本出版。1930 年 3 月，上海昆仑书店出版了马克思的主要经典作《资本论》的第 1 卷，第 1 分册（即第 1 卷的第 1 篇），由陈启修（陈豹隐）根据德文版参照日文版翻译。1932 年 8 月、1933 年 1 月，在北平东亚书店出版了《资本论》的第 2、3、4 分册，由潘冬舟翻译。1932 年 9 月，北平国际学社出版了《资本论》的上册，由王慎明（思华）、侯外庐译。1934 年 5 月，商务印书馆出版了《资本论》第 1 卷第 1 分册（即第 1 卷第 1、2 篇），吴半农译，千家驹校。1936 年 6 月，北平世界名译社出版了《资本论》第 1 卷中册（即第 3 篇第 8 章至第 4 篇第 13 章）。世界名译社出版《资本论》第 1 卷下册（即第 5 篇第 14 章至第 7 篇第 25 章），右铭、玉枢译。以上版本仅译出《资本论》的一部分，而非全译本。1938 年郭大力、王亚南翻译的《资本论》三卷本，读书生活出版社出版，为《资本论》第一个中文全译本 。具体参阅肖崇俊《浅议马克思〈资本论〉在中国的翻译与研究》，收录于《"决策论坛——企业党建与政工创新工作发展学术研讨会"论文集（下）》，2016 年，第 48-49 页。

授兼系主任，又创办了《经济科学》杂志，再无暇顾及《资本论》译本的修订工作。这项工作便完全落在了当时在赣县中学高中部任教的郭大力的肩上。1939年至1940年间，郭大力花了约一年的时间对第一版进行了全面校订。他将《资本论》校正文字按页、行顺序编制了一个长达33页、1700多处订正处的详细勘误表。1940年5月，他将勘误表寄给了读书出版社(1939年读书生活出版社改名为读书出版社)。当年，读书出版社将勘误表和彭迪先翻译的《资本论》第一卷补遗《资本生产物的商品》(即1863—1865年马克思手稿中的第六章"直接生产过程的结果"的第一部分"作为资本产物的商品")一文编排在一起，冠以《〈资本论〉补遗勘误》出版，并随郭大力、王亚南译《资本论》全译本发行。1947年，全译本由读书出版社第三次重印，印2000套。1948年，全译本首版十年之际，在东北解放区的哈尔滨得以再版，由读书出版社出版，光华书店发行。第一次根据勘误表对正文进行了修订，此版扉页前还附加了马克思的单人照。第一卷716页，第二卷440页，第三卷779页，每卷相较首版都有增加。这个版本一共印刷发行了3000套。中华人民共和国成立以后，译者再次校订，分别于1953年、1963年在三联书店出版。后来，马克思恩格斯列宁斯大林著作编译局根据恩格斯校订的德文版翻译，并参照了苏共马克思恩格斯列宁斯大林研究院校订的俄文译文，在翻译过程中参考了郭大力、王亚南的译本，后来收入1972年至1974年出版的《马克思恩格斯全集》第23至第25卷内。

在近40年的漫长岁月里，郭大力、王亚南的《资本论》全译本是中国唯一的权威译本，为马克思主义在中国的传播作出了杰出贡献，也让中国的马克思主义政治经济学研究走出了关键的一步。20世纪70年代，中央编译局组织人员翻译《资本论》第一卷时，逐句对照了郭大力、王亚南译本，《资本论》第二卷和第三卷则直接在郭大力、王亚南译本上进行了校订，中央编译局人员还数次拜访郭大力，请他为译文提意见。可以说，1974年和1975年的《资本论》官方权威译本也凝聚了郭大力和王亚南的智慧力量。

目前，《资本论》第一个中文全译本仍在发行传播。"时隔80余载，它仍能经受住读者挑剔的眼光，流传不息，释放经典的光芒，这与二位译者正义凛然的爱国情怀、骨气昂然的文化担当、孜孜不倦的学术追求密不可分。"①总的来说，王亚南将翻译视作研究的"敲门砖"，但王亚南在传播马克思主义方面所作的贡献，决不仅是翻译和出版了《资本论》。王亚南不遗余力地从事马克思主义政治经济学的教学和研究工作，利用大学讲坛和研究论坛不遗余力地传播马列主义，并积极支持进步的学生运动，对革命和教育事业作出了重要的贡献。

三、王亚南的经济学研究和译名翻译

有学者认为，王亚南在经济学上的贡献，主要是两个方面。一是与郭大力合作翻译马克思的辉煌巨著《资本论》，二是应用马克思主义的立场、观点、方法和经济学原理，研究了旧中国的经济形态。② 长期以来，在旧中国的经济学论坛上，欧美学派占据着统治地位，而马克思主义政治经济学则被庸俗学者公开指斥为异端邪说。王亚南在深入研究之后坚定地站在马克思主义政治经济学的立场上与庸俗学派公开对垒。

20 世纪 40 年代初，王亚南倡议建立"中国经济学"。他说："在理论上，经济学在各国尽管只有一个，而在应用上，经济学对于任何国家，却都不是一样"，因为"任何一个社会，它的自然条件，从而它的历史条件，不能与其他社会恰好一致"，因此，研究中国经济问题"不能按图索骥似地套用现成的公式"，或是"削足适履似地去应用"。他要求经济理论工作者重视中国国情的研究，把马克思主义原理同中国社会经济具体实践结合起来。③ 他一生经济学著述丰富，其中《中国经济原论》被誉为中国式《资本论》，后被译为日、俄等国文字。它是王亚南应

---

① 李月华：《郭大力、王亚南与〈资本论〉第一个中文全译本的诞生》，载《百年潮》，2021 年第 7 期，第 30-36 页。

② 周元良、胡培兆：《王亚南传略》，载《晋阳学刊》，1980 年第 3 期，第 81-85 页。

③ 中国大百科全书出版社辑部. 中国大百科全书·经济学(1-3)[M]. 北京：中国大百科全书出版社，1988：1015.

用《资本论》的观点、方法及其体系来研究中国经济问题，把马克思主义经济学说"中国化"所作的第一个成功的尝试。它不但在政治经济学研究的方法论上开辟了一个新的途径，而且首先阐明了中国封建生产方式的政治经济学的主要范畴和基本规律，并以这个理论为基础的关于中国半封建半殖民地的经济理论，揭露了帝国主义的经济侵略与封建土地关系的残酷剥削，以及官僚资本主义的掠夺兼并全面破坏了社会生产力所造成的严重的民族危机与经济危机。这是他对马克思主义经济学理论的重大贡献，因为在像中国这样幅员广大、历史悠久的封建社会以及半封建、半殖民地社会，他对许多经济上的特殊问题作了科学系统的说明，这大大有助于作为一门科学的广义政治经济学的建立。

王亚南作为蜚声国内外的著名经济学家，除了他在翻译、宣传研究《资本论》方面有杰出贡献之外，还在于他运用马克思主义的立场、观点和方法以及经济学原理研究中国经济形态方面取得的卓越成就。他一生勤勉耕耘、孜孜不倦、著述齐身。从 30 年代起，他一共翻译和著述了 41 部书，单篇发表了近 400 篇的论文、报告、发言。除翻译马克思《资本论》、亚当·斯密《国富论》、李嘉图《经济学及赋税之原理》、（以上均与郭大力合译）、高岛素之《地租思想史》和乃特《欧洲经济史》等名著外，主要著作还有《经济科学论丛》《中国经济论丛》（1944），《社会科学新论》（1945），《中国经济原论》（1945）（新中国成立后增订重版改名为《中国半封建半殖民地经济形态研究》），《中国官僚政治研究》《政治经济学史大纲》《中国社会经济改造问题研究》等。①

对于艰深学术著作的翻译，术语的处理，也即"译名问题"，往往是译者要解决的重难点问题。"译名问题"也是近代学人参与人数较多、讨论时间较长的重要学术议题。② 王、郭二人在《资本论》的翻译中也不得不思考和面对"译名"。郭大力在二人合译的《资本论》的"译者跋"

---

① 安树芬、彭诗琅主编. 中华教育通史（第 10 卷）[M]. 北京：京华出版社，2010.

② 方仪力：《近代"译名"问题：存疑、释疑与设疑》，载《四川大学学报（哲学社会科学版）》，2018 年第 6 期，第 107-115 页。

中曾提及他们在处理译名时的原则：

> "关于译名，有几点要声明。我们在译名上所采取的原则是：使其精确但使其有望文生义的效力。译音的方法，除了少数必要的场合，我们是摒弃的。而在我国经济通用语中，我们选择的标准是：如有适当的通用语，我们是尽量采取，所以在本书，我们可以见到'成本''贴现''折旧''汇票'这一类的商场用语。但一切欠缺科学严密性的通用名辞，我们是槟而不用的。"①

王亚南本人的精力主要用在讨论经济学自身的问题。虽然翻译和出版了相当多的经济学著作，但是却鲜少就翻译问题发表观点。《译者跋》究竟在多大程度上代表王亚南的观点很难确定。不过，从郭大力的表述中可以见出两人在处理译名时大体采用的"译义"而非"译音"；在涉及用中国既有术语翻译外来术语时，则以是否"科学严密"为选择标准，足见二人对译名"精确性"的重视。对于译名问题的重视，同样见于王亚南、郭大力合译的《国富论》。两人在该书"译者序"中提道：

> "这部书，决不是难读的。但在翻译的时候，译者却特别感到一种困难，那就是有些名词的意义颇为含混。例如，industry,trade, stock, employment 那一类的字，意义就往往这里和那里略为不同，所以，没有办法，只好按照意思，把它们译成各式各样的字。又如，价值一辞，在经济学上，早已成为特殊名词，但他却往往把这一个字，用在别样的意义上。劳动一辞，有时与工资的意义相混。manufacturer 一字，有时指制造家，但有时又泛指制造业工人。farmer 一字，有时指农业家，但有时又泛指一般在农业上做事的人。workmen 一字，有时指劳动者，但有时又兼指一般投资营业

---

① 马克思著，郭大力、王亚南译.《资本论》(第3卷)·译者跋[M]. 上海：上海三联书店，2011；683-684.

的人。还有些地方，作者喜欢加上 annual 一个形容词。于是，有 annual produce（年产物），annual revenue（年收入），annual labor（年劳动），还有许多其他地方，都附有这样的形式。这，显示了斯密氏曾如何受重农学派的影响。但我们译的时候，往往因顾念行文的便利，把它译成'常年的''年年的''每年的'那一类的字眼。"①

在这段引文中，我们能够读出作为译者的王亚南和郭大力在理解原文时遇到的困难以及在翻译重要名词时的审慎态度：一方面要考虑到行文流畅和便于读者理解，另一方面要准确地再现原文的意义，而英汉词汇之间的实际语意所指又存在差异。故而，译者扎实的专业知识背景，审慎且严谨的翻译态度也就成了翻译质量的重要保证。对此，二人合译的《国富论》的"译者序"中也有体现：

> "关于这个译本的译事，我们自问是颇为小心谨慎的。但因规模太大了，或尚不免有不少译得不很妥当的地方，那只有待再版时尽量改正了……这个译本，是我们第二次的合作（第一篇第五篇亚南译，第二篇第三篇第四篇大力译）。译的时候，我们随时互相商量；译成以后，又交换审查了一遍。我们自然高兴对于全书每一部分，负起连带的责任"。②

从这段译者序中我们可以读出两人合作翻译的具体方式。他们以"小心谨慎"的态度，加之"相互商量""交换审查"等具体做法，承担起译者的责任。这些著作及其译序充分体现了王亚南所提出的"以中国人的资格来研究政治经济学"的主张。王亚南一生的翻译和学术生涯所彰

---

① ［英］亚当·斯密著，郭大力、王亚南译. 国富论（上）［M］. 上海：上海三联书店，2009：3.

② ［英］亚当·斯密著，郭大力、王亚南译. 国富论（上）［M］. 上海：上海三联书店，2009：3.

显的作为学者型译者对社会的责任担当，实事求是的良好学风，审慎严谨的翻译态度都值得今日之译者仿效。

第六节　拼热血，净乾坤：革命文学翻译战士李伟森

"拼此热血，洗净乾坤！前进！冲锋陷阵！前进！冲锋陷阵！不胜，不停！死也甘心！胜利啊，终属于我们！"①这是名为《前进》歌曲中的几句歌词，由我国职业革命家、左翼作家、文学翻译家李伟森根据《马赛曲》填词。这首催人奋进的《前进》歌正是李伟森短暂而光辉的一生的写照。

一、李伟森革命的一生②

李伟森，乳名伟生，学名国纬，笔名求实、卓如、南平等，1903年出生于湖北武昌金口的一个没落世家，1911年入武昌高等小学，1917年小学毕业后考入武汉高等商业专科学校。为了接触新文化与新思想，李伟森利用闲暇时间在外语专科学校刻苦学习英文。1919年"五四运动"爆发后，李伟森积极参加恽代英领导的武汉学生运动，学校正准备开除他，他却早已给校长写了封信并退回讲义和课本。他在信中写道："幸好我未沾染到它一点气味。"他尖锐地指责了校长，并说："学校应迅速改变腐败透顶、贻误青年的教育。"③1920年3月，他加入了恽代英创办的进步团体——利群书社，以经销进步书刊为掩护从事革命宣传活动。

---

①　胡从经撰：《李伟森》，收录入上海社会科学院文学研究所《三十年代在上海的"左联"作家(上)》，上海：上海社会科学院出版社，1988年，第265页。
②　本部分生平时间线与事迹主要参阅中共江夏区委金口街道办事处工作委员会、政协江夏区文史学习委员会《金口史话》，武汉：武汉出版社，2009年，第174-180页。
③　陈农非：《忆念李求实同志》，参阅中国青年出版社辑《共青团，我的母亲》，北京：中国青年出版社，1958年，第276页。

1921 年 7 月 16 日至 21 日，李伟森和恽代英、萧楚女、林育南、林育英等 20 多位青年，在林育南创办的黄冈回龙山八斗湾浚新小学成立了"共存社"，李伟森当选为编印干事。同年，他加入中国社会主义青年团。1922 年春他回到武汉，改名李求实，加入中国共产党，在武昌高等师范学校(今武汉大学)读书，任武汉《日日新闻》总编辑，报道武汉地区工人状况和工人斗争。同年 10 月 10 日，湖北省工团联合会成立，他当选为教育副主任委员。

1923 年 1 月 30 日晚，他与著名劳工律师、共产党员施洋、无产阶级革命家陈潭秋等率省工团联合会代表团 130 多人北上郑州，参加京汉铁路总工会成立大会。2 月，任中共武汉区委汉口党小组负责人、中国劳动组合书记部武汉分部主任、中华全国总工会执行委员兼秘书长，参与"二七"大罢工的组织领导工作。"二七"惨案发生后，李伟森奔赴上海，以记者身份动员各界声援京汉铁路工人的斗争。2 月 15 日晨 6 时，施洋被反动派以"煽动工潮"的罪名秘密杀害于武昌。施洋被害的消息传到上海后，李伟森在《民国日报》上发表《施洋的死》一文，痛斥军阀肆意屠杀工人群众的累累罪行，号召同胞们联合起来打倒军阀。不久李伟森等人被悬赏通缉，他们转入法租界长清里 103 号办公，继续坚持斗争。为保存党的骨干，武汉党组织转入地下，李求实与陈潭秋、李之龙秘密转移到湖南，在以毛泽东为首的中共湘区委员会领导下，参加安源的工人运动，后来他任安源路矿工人俱乐部文书股长和安源团地委宣传委员。8 月，社会主义青年团第二次全国代表大会在南京召开，李伟森当选为团中央委员。

1924 年，李伟森当选上海团中央宣传部工作，编辑团中央机关刊物《中国青年》，并发表数十篇文章。同年夏，他被团中央派往苏联莫斯科东方共产主义劳动大学学习，任团中央驻莫斯科总代表。1925 年，"五卅"运动前夕奉命回国。1930 年 3 月，中国左翼作家联盟在上海成立，鲁迅、夏衍、冯乃超等七人被选举为常务委员，李伟森参与"左联"领导工作。1931 年 11 月 17 日，他去参加"左联"的会议，在上海东方饭店与柔石、胡也频、殷夫、冯铿等先后被捕。1932 年 2 月 7 日，国民党反动派在龙华警备司令部秘密枪杀李伟森、柔石、胡也频、殷夫、冯铿等五位左联作家。牺牲时，李伟森年仅 28 岁。

二、在革命与文学之间

为抗议国民党反动派屠杀五位英烈，1931 年 4 月，"左联"编辑出版了机关刊《前哨·文学导报》"纪念战死者专号"，刊载《中国左翼作家联盟为国民党屠杀大批革命作家宣言》《血的教训——悼二月七日我们的死者》《被难同志传略》《被难同志的遗著》等文，表达抗议与纪念。

《被难同志传略·李伟森》一文评价他"平日对于工作不避艰险，好读书，尤富文学天才，于工作繁忙中，也常于深夜握管写文，至晨不息，著译至丰"。① 1991 年，中共湖北省委党史资料征集编研委员会与湖北省中共党史人物研究会所编《李求实文集》由中国文史出版社出版，辑录了李伟森的政论、文艺创作和翻译作品。

李伟森长期从事党的宣传工作，先后主编过《日日新闻》《中国青年》《少年先锋》《列宁青年》《风砂》《红旗》《上海报》《实话报》《中国苏维埃周报》等报刊。除了宣传党的方针政策，他也很重视文艺工作，强调文艺为革命服务的观点。广州起义后，在与陈农非的交谈中，他提道："我们对文艺工作重视得太不够了。对于文艺这个武器，我们好像秀才用枪一样不灵。我们必须要学会既能用枪又能用笔，我们才配称为有共产主义思想的文武全才的革命家。不然革命的胜利无法取得，其他一切更说不上了。"虽然已写出许多文章，但李伟森表示"作作家不是我的愿望，最多只能算我们的副业吧！虽然这是很重要的不可少的一种副业"②。他认为红军也需要文化，武装斗争战线上的勇士，同时也应是革命文化战线上的尖兵。

李伟森不仅是文艺工作的倡导者，也是文艺工作的实践者，他的文

---

① 参阅《被难同志传略·李伟森》，载《前哨·文学导报》，1931 年第 1 卷第 1 期，第 6-7 页。

② 陈农非：《忆念李求实同志》，参阅中国青年出版社辑《共青团，我的母亲》，北京：中国青年出版社，1958 年，第 285 页。

学创作主要集中在 20 年代初期。1922 年回到武汉后，李伟森住在家中，被劫后家中一贫如洗，支离破碎。面对冷酷的现实，1923 年李伟森分别以"南平"和"卓如"为笔名，在《妇女杂志》发表小说《除夕》和《姊姊的屈服》。这两篇小说描写了中国妇女的不幸遭遇，表达了对广大妇女的同情和对妇女运动的关注，激励妇女团结起来，打破枷锁。彼时，李伟森主要从事工人运动与青年运动，他之所以关注妇女问题，是自身经历所致。这两篇小说均以李伟森亲人为原型，家中女性，尤其是二姐和二嫂的惨痛遭遇，让他思考妇女问题。"正是因为写的是自家亲人的残酷遭遇，所以这两篇小说在丰厚的生活感受中才营造得深刻警醒而又感人至深，其艺术探索和对妇女问题的思考都值得我们珍视。"①

李伟森广泛研究欧洲革命及苏俄形势，先后撰写《爱尔兰独立战史》《苏维埃俄罗斯财政现状》《俄国农民与革命》等著作。除此之外，李伟森编写的《革命歌集》于 1926 年由中国青年社出版，这部歌集共辑歌曲 15 首，李伟森亲自作序并在《少年先锋》《前进（马赛曲）》《"二七"纪念歌》三首前加上了热情昂扬的按语。这部歌集在大革命时期广泛传播，激励了大众的革命热情，传承了革命精神。1929 年，李伟森还编辑了《俄国革命画史》，分为上下两册，由亚洲文艺社出版。他用生动形象的资料展示了俄国 1905 年革命、1927 年二月革命、十月革命、第三国际成立、农业集体化等革命历程，起到了极大的宣传、鼓动、教育作用。

中国新文学研究者黄昌勇评价李伟森 20 年代中期及稍后的文学活动称"李伟森虽然没有探讨革命文学的专论，但在他的一些序、跋、编后等文字中也传达出对革命文学及其理论的思考"，② 肯定了李伟森在革命文学领域的工作与贡献。

---

① 黄昌勇：《李伟森与中国新文学——为〈李求实文集〉出版而作》，载《文艺理论与批评》，1993 年第 8 卷第 3 期，第 40 页。

② 黄昌勇：《李伟森与中国新文学——为〈李求实文集〉出版而作》，载《文艺理论与批评》，1993 年第 8 卷第 3 期，第 41 页。

三、李伟森的翻译实践与思想

作为党的高级干部，李伟森肩负重大使命，他不仅关心家庭，更关心党的事业。在繁重的工作之余，他抽出时间阅读马列主义著作，坚持学习外语，他常说："外国语是学习革命理论的不可少的工具。"①或许正是基于对文艺工作重要性的认识，李伟森非常注重外国文学的翻译。有时间便翻译外国进步作品，初入党时，他便向《正义报》投稿，翻译马克思的政治经济学，著文针砭时弊。1922 年，李伟森在《晨报副刊》《妇女杂志》上发表若干译作，包括英国作家吉伯特·坎纳的小说《生》、法国剧作家孟代的童话《爱字的失却》、俄国契诃夫短篇小说《范伽》（即《万卡》）、美国作家巴苏的小说《寂寞的地位》。

李伟森的翻译选材体现了他的文艺思想，在《寂寞的地位》"译者附识"中，他认为巴苏是"平民作家"，"他的想象的写实主义于极简单极无趣的生活中组成一种锋利的美，这实在是使美国得立于世界文学中的一种道路"②，他欣赏他们"直白地描写下级人民的生活"③。"这种现实主义美学思想也符合他的小说创作实践，同时，正是因为这种趋于'逼真'的现实主义和平凡中见锋利、冷峻中见热忱的美学理想，使他在 20 年代后期向国内读者译介俄国现实主义大师陀思妥耶夫斯基"④，侧重介绍俄国文学及有关苏俄社会、文化的各种文章书籍。

李伟森任团中央委员，团中央宣传部部长时。他常常彻夜不眠，研读英文版列宁著作，思考中国革命问题。他还坚持执笔从事文学翻译工作，在写给远在苏联的妻子陈道希的信中，他说自己要从翻译俄国文学

---

①　陈农非：《忆念李求实同志》，参阅中国青年出版社辑《共青团，我的母亲》，北京：中国青年出版社，1958 年，第 282 页。

②　Francts Buzzell 著，李伟森译：《寂寞的地位》译者附识，载《妇女杂志》，1922 年第 8 卷，第 102 页。

③　Gubert Canna 著，李伟森译：《生》译者附识，载《晨报副刊》，1922-8-31.

④　黄昌勇：《李伟森与中国新文学——为〈李求实文集〉出版而作》，载《文艺理论与批评》，1993 年第 8 卷第 3 期，第 40 页。

入手，介绍苏联情况，踏踏实实地做些工作，以推进中国普罗文学。①
1928 年，俄国科捷连斯基原辑英译、李伟森重译的《朵思退夫斯基夫人
之日记及回想录》由北新书局出版，书的扉页上写着"这本书给我的'小
小'——道希妹"。②"这本书包括陀氏大量生平传记资料及托尔斯泰等
对陀氏的评论，是中国文学界较早译介的一部有关陀氏研究资料的文
集。"③由于长期奔波，他积劳成疾，患上肺病，但他仍埋头写作，编译
了《朵思特夫斯基与屠格涅夫》《十年来之俄罗斯》等，其译作《不幸的预
言》《戈萨克之今昔：漫游高加索库班地方某部落之印象》分别于 1928
年、1930 年在《北新》上发表。1929 年，北新书局出版欣都士著、李伟
森译《动荡中的新俄农村》，此书系作者访问苏联后写的关于苏联农村
生活的报道。李伟森曾为此书自拟广告，其中可以窥见他的译述意图：

> "本书是一部惊人的新俄农村的写照。作者欣都士在引言里
> 说，他到苏俄，不是去谒见要人，不是去研究理论或问题，不是去
> 搜求凶残的事迹，不是去窥探第三国际的计谋与策略，那只是步他
> 人的后尘而已。他到新俄去的目的，是去听听民众的话——占着俄
> 国最大多数的农民的话。他们有着生动而有意义的故事，他们说出
> 全部历史中未曾说过的事，他们虽无组织，虽然愚蠢，但其权力竟
> 使政府承认私有财产的法律地位，撤消雇佣劳动的禁令，减低日用
> 必需品的价格，政府对他着着让步，这些事实不是很值得注意
> 的吗？"④

① 黄昌勇：《李伟森与中国新文学——为〈李求实文集〉出版而作》，载《文艺
理论与批评》，1993 年第 8 卷第 3 期，第 40 页。
② 朵思退夫斯基著，李伟森译. 朵思退夫斯基夫人之日记及回想录[M]. 上
海：上海书局，1928.
③ 黄昌勇：《李伟森与中国新文学——为〈李求实文集〉出版而作》，载《文艺
理论与批评》，1993 年第 8 卷第 3 期，第 41 页。
④ 胡从经：《为了大众的需要而努力——李伟森与文学"副业"》，参阅胡从
经《榛莽集——中国现代文学管窥录》，福州：海峡文艺出版社，1988 年，第 365-
366 页。

著名学者和作家胡从经评价说："实际上李伟森是将报告文学这一形式引进中国的最早一批绍介者之一，当时有关苏俄新生活的长篇报告尚不多见，他将其移植中土，将有裨于广大读者从中认识、了解苏俄革命给农村带来的巨大变革，客观上也有助于中国民众对于国内土地革命的理解与同情。"①

黄昌勇评价了李伟森译述内容的转变，他认为"从 20 年代初翻译反映下层人民生活的写实主义作品到 20 年代末翻译关于苏俄人民新生活的报告，反映了李伟森文学翻译的价值准则，前者代表了对"五四"时代现实主义进步文学潮流的追随，后者注意到新俄生活对中国革命的帮助"。② 1930 年，李伟森在《北新》发表《建立出版界的水平——为低能的穷苦读者请愿》一文，谈及翻译，他说：

"学者们为了大众的需要而努力于译作，这当然是值得我们崇敬与感激的，可是过于不量力的先生们，实在至少应受大众的劝告——这是因为金钱与时间对于大众都太宝贵啦。译作之最应受指摘的是：译者选材既不慎，而外国文与中文又两欠通顺，却贸然提笔直书，倚马而就；书店方面，只要书名新奇可喜或有熟人介绍，并内容亦不校阅，即行付印，像这样急色儿般的荒唐，如何不闹出满纸笑话，误尽天下苍生！而更不幸的是，直到今天，除了偶尔有对少数个人故意的非难(如骂'硬译'之类)以外，我们很少看见有精通中外的学者们出来做一些'书报批评'工作，使出版界有一个至低的水平线，如果能够这样，那么对于我们这些低能的穷读者便无异造上七级浮屠了。"③

---

① 胡从经：《为了大众的需要而努力——李伟森与文学"副业"》，参阅胡从经《榛莽集——中国现代文学管窥录》，福州：海峡文艺出版社，1988 年，第 366 页。

② 黄昌勇：《李伟森与中国新文学——为〈李求实文集〉出版而作》，载《文艺理论与批评》，1993 年第 8 卷第 3 期，第 41 页。

③ 李伟森：《建立出版界的水平——为低能的穷苦读者请愿》，载《北新》半月刊，1930 年第 4 卷第 12 期，第 107-108 页。

在此文中，李伟森试评了上海联合书店刊中甘大新译的《苏联革命与宗教》，认为"这本译作的选材很欠审慎"，认为著者有些的观念荒谬错误、毫无根据。其次，他指出了译者在文字上的欠缺。在他看来，"译者对于本书许多地方似乎并没有了解而只是照字面抄下去的，所以弄得许多地方意义不明；而全书多部分文字的生僻，文法的欠通，更令读者的眼光趑趄难前！像这样的文字程度而动手译书，像这样的译作而居然出版，我以为译者与书店都实在太儿戏介绍文化的责任了！"①接着，李伟森指出了甘译的 12 处明显语义错误。提出最低限度应做到以下几点：

　　"（1）高明的学者们公正地批评世上最流行的社会科学的译作；（2）译者从事译作，至少应求自己看得懂自己的译作；（3）书店里印行社会科学书籍，至少应将稿件先请一两位中外文精通的专门学者校阅一遍，再去付印。"②

由此可见李伟森在从事文学翻译工作时，将"为了大众的需要"作为信条，将慎选原著、译文的准确通顺作为准则。

诚如鲁迅在《为了忘却的记念》中所说："夜正长，路也正长，我不如忘却，不说的好罢。但我知道，即使不是我，将来总会有记起他们，再说他们的时候的。"③为了革命的需要，李伟森无法专职于文学事业，虽然文学创作和文学翻译作品为数不多，但他以赤子之心，看见过现实的阴影，仍向往未来的光明，坚持战斗、终身坚守、历经磨难、初心不

---

　　①　李伟森：《建立出版界的水平——为低能的穷苦读者请愿》，载《北新》半月刊，1930 年第 4 卷第 12 期，第 109 页。
　　②　李伟森：《建立出版界的水平——为低能的穷苦读者请愿》，载《北新》半月刊，1930 年第 4 卷第 12 期，第 113 页。
　　③　鲁迅：《为了忘却的纪念》，参阅李金水主编《时光新文库 很美很美的中国散文》，北京：台海出版社，2018 年，第 122 页。

改，将青春和热血奉献给革命事业，留下了最美的韶华与最宝贵的精神财富。

第七节　革命精神薪火相传：闻家驷 与法国文学译介

闻家驷先生是民主斗士闻一多的胞弟，是我国著名的法国文学翻译家。他在胞兄闻一多的影响下走向了革命和翻译的道路，为我国的法国文学翻译做出了杰出贡献。

一、闻家驷早年求学生涯

闻家驷，原名闻籍，湖北浠水人，1905 年 2 月 7 日出生于浠水县巴河镇一个书香世家的家庭。他的父亲闻邦本（1864—1945）虽为晚清秀才，但在子孙教育上并不因循守旧，不仅向后辈传授"子曰诗云"的传统文化，要求他们保持阅读四书五经的传统习惯，也有意识地向其灌输"经世致用""爱国为民"的理念。在这个诗书耕读的家庭里，传统与现代知识的交汇甚为自然。由于闻邦本的开明，闻家驷家里早在辛亥革命前就已经订阅有《东方杂志》《新民丛报》等宣传"新学"思想的书刊。闻家驷幼年入私塾即在父亲的监督和指导下习读经史，稍长又在胞兄闻一多的影响下开始阅读《新民丛报》等书刊，因而较早地接受了时代潮流和精神的洗礼与熏陶。

成年后的闻家驷，其读书、学习、工作和政治活动等方面都深受闻一多的影响，也得到了后者的亲切关怀和具体指点。1919 年，闻家驷赴武汉，先是进入了一所美国人创办的中学学习了两年英语，后来又在闻一多的建议下于 1921 年入汉口法文学校，改学法语，之后又在闻一多的影响下选择法国文学专业作为自己毕生的专业方向。1923 年，他考入了国内唯一一所用法语教学的高等学校——上海震旦大学预科学习三年。英、法两种外语的学习和修读法国文学专业为他后来的翻译工作奠定了基础。1925 年 5 月 30 日，上海发生"五卅惨案"，广大工人、学

生和部分工商业者纷纷举行游行示威和罢工、罢课、罢市，形成了全国
规模的反帝爱国运动高潮。运动爆发时，闻家驷正在震旦学大学预科念
书。深受进步思想影响的他参自然不可能置身其外，积极参加了罢课运
动。而当时的学校由于担心事态扩大，遂以考试为由，勒令所有参与罢
课的学生返校，否则开除学籍。爱国心切的闻家驷拒绝返校，虽然这一
决定遭到了家人反对，但却得到了胞兄闻一多的支持。其后，学校虽然
给了闻家驷补考机会，但因他抵制补考而被学校除名。

离开震旦大学后，闻家驷先后辗转北京、武汉、浠水等地，并坚持
自学。1928 年他在祖父和几位兄长的资助下自费赴法留学，进入巴黎
大学文科学习。但是好景不长，一年后他因家庭经济拮据，无力支付学
费而被迫回国。好在，回国后他又参加了湖北省欧洲官费留学考试，获
得湖北省官费留学生名额，遂于 1931 年第二次赴法。这次他得以进入
格林诺布尔大学文科学习法国文学。留法期间，闻家驷与闻一多书信往
来密切。彼时，闻一多已是清华大学国文系教授，时常接济闻家驷。
1934 年闻家驷回国，先后在北京大学、北平艺术专科学校任法语讲师
直到 1937 年。

二、闻家驷的革命活动

抗日战争爆发后，北京大学、清华大学、南开大学三校在长沙组成
国立长沙临时大学，后因长沙屡遭日机轰炸，遂于 1938 年 2 月西迁昆
明，组建后来蜚声海内外并至今为后人称誉的国立西南联合大学。时任
清华大学教授的闻一多随学校千里辗转，前往西南联大任教。几个月
后，闻家驷护送嫂子高孝贞和八个侄子女至昆明与闻一多团聚。1938
年 10 月，闻家驷受聘，担任了西南联大文学系副教授，教授法语及法
国浪漫派诗选，一年后升任教授。

在昆明任教期间，闻家驷在闻一多的推荐下第一次接触并阅读了
《西行漫记》这本介绍中国革命情况的书籍。除此之外，他还经由闻一
多阅读了《新华日报》《群众》等进步书刊。而闻一多那些充满战斗激情
的文章和演讲也使他颇受启发和教育，渐渐地他的政治思想发生了较大

转变。1944 年，他加入了中共南方局代表华岗等秘密组织的"西南文化研究会"。经由华岗介绍，他了解了延安情况、中国共产党的路线方针政策，以及军事上的战略战术等，而华岗也积极动员，鼓励他们摒弃歧见，求同存异，团结在抗日、民主、进步的旗帜下。① 在研究会中，闻家驷得以与昆明文化教育界进步人士在一起谈学术、议时局，并在进步人士的影响加入了民主同盟，并经常为民盟机关刊物《民主周刊》撰稿。后来，他又在闻一多的组织下，成为政论性刊物《时代评论》周刊的编委会成员②。得益于闻一多，闻家驷对文艺和政治的关系有了新的认识，并于 1945 年写下《死去再生——向罗曼·罗兰学习》。

　　1946 年夏天，西南联合大学由昆明复校，迁回平津，闻家驷在当年 5 月下旬随北大师生回到北平，任北京大学西方语言文学系教授。闻家驷离开昆明前的一个下午，闻一多至闻家驷家中看望，他告诉弟弟，自己在昆明还有些工作需要处理，不得不推迟行期。然而，世事难料。1946 年 7 月 15 日，闻一多在《民主周刊》社举行记者招待会后回家的路上，惨遭杀害，远在他乡的闻家驷惊闻噩耗，极为悲恸，国仇家恨叠加，更坚定了他推翻国民党反动统治的决心，从此也更加坚定地加入了中国共产党的阵营。1946 年 12 月，驻华美军在北平东单广场强奸北京大学女学生，引发了声势更大的学生示威运动，要求美军撤出中国、抗议美军暴行。闻家驷毫不犹豫地站了出来，坚决地支持学生反美军暴行运动，与北京大学 48 位教授一道集体签署了致美国驻华大使司徒雷登的抗议书，并发表讲话，支持学生的抗暴斗争，捍卫民族尊严。

　　1949 年以后，闻家驷历任北京大学西语系教授、系主任、校务委

---

①　参加者有楚图南、华岗、罗隆基、闻一多、吴晗、冯素陶、周新民、李文宜、费孝通、尚钺、辛志超、潘光旦、闻家驷、曾昭抡等。参阅要云《滇魂：抗日战争中的云南人》，昆明：云南科学技术出版社，2018 年，第 138 页。

②　闻一多曾受党组织的委托，与有关同志创办了《时代评论》周刊，这是一个专为高级知识分子参加民主运动提供论坛的政论性刊物，他邀请张奚若、楚图南、闻家驷、尚钺、费青、向达、吴富恒、吴晗、费孝通等知名学者组成委员会，请费孝通担任主编。参阅蒋成德《中国近现代作家的辑历程》，北京：中国书籍出版社，2019 年，第 243 页。

员会常务委员、校学术委员会委员等其他各项职务。1997 年 11 月 8
日，闻家驷病逝于北京，享年 93 岁。他将自己的毕生精力献给了中国
人民的革命和教育事业。

三、闻家驷的文学翻译生涯

闻家驷一生笔耕不辍，抗日战争和解放战争时期写过一些颇有影响
的杂文，例如《论救国》《最后的话》《当真是匪警吗》《一多兄死难二周
年祭》《我所知道的朱自清先生》等，他曾参加《欧洲文学史》《中国大百
科全书·外国文学卷》有关法国文学部分条目的编写工作。在西南联大
工作期间，闻家驷开始对 19 世纪法国诗歌和诗人，如帕尔纳斯派、象
征派和雨果、波蒂莱尔、戈吉野等进行深入研究，对浪漫主义作家雨果
尤为钟爱，也就最为重视，先后发表了《谈雨果的诗》《论巴拿斯派的诗
与象征派的诗》《读戈吉野的诗》等论文。在此期间，西南联大"五四"纪
念活动如火如荼，纪念内容和形式增多，爱国民主运动掀起新的热潮。
通过这些活动闻家驷和越来越多的学子认识到"五四运动"开创了中国
文学新时代，辛亥革命失败的根源在于国民脑中缺乏民主共和意识，必
须从文化思想上冲击封建思想和封建意识，进步知识分子提倡民主与科
学，从政治观点、学术思想、伦理道德、文学艺术等方面向封建复古势
力进行猛烈的冲击，"五四"新文化运动对旧中国的意识形态进行了一
次全面、深入的冲击与洗礼。"五四"以后，中国出现了大小 40 多个文
艺社团，如文学研究会和创造社，对中国文学发展影响深远。闻家驷积
极参与纪念"五四"座谈会、文艺晚会等活动，发表了《中国的新诗与法
国文学》等演讲，倡导诗歌在爱国运动中发挥积极的作用，他还和闻一
多发起组织了（1945 年 4 月 6 日）联大中文系与外语系合办的诗歌晚会，
这些活动对联大人品格的塑造和爱国精神的培养产生了深远的影响。

1943 年至 1946 年间，闻家驷在昆明的《时代评论》《自由论坛》《中
法文化》等报刊上发表了诸多译作，例如魏尔仑的《感伤的对话》《泪溅》
《一条漫长的……》和《错误的印象》，拉佛尔格的《一种无与伦比的严
厉》《秋歌》、阿波里奈尔的《狱中》、古尔蒙的《雪》、科来特夫人的《巴

黎的春天》、维斯奈夫人的《巴黎妇女的抵抗》、杜阿梅尔的《我的巴黎》和《夜深的思想》、柏耳拿罗史的《假傻子》等。1971 年译有《维尼言论选择》《左拉言论选择》，1981 年译有华勒莫夫人的《你怎样处理了他们》，阿波里奈尔的《多病的秋天》《密腊波桥》《练习》等。除此之外，还出版了译著，如纪德的《浪子回家》（1934 年《文学季刊》），《雨果诗选》（1954 年作家出版社），缪塞的《回忆》（《译文》1957 年 5 月号），《红与黑》（1988 年人民文学出版社）等。

1945 年，闻家驷在昆明文艺周刊上发表了一篇介绍法国唯美派诗人戈吉野的文章，在与闻一多就此文进行交谈时，他提到"艺术好比是座公园，城市里总该有这么一块清静的地方"，① 闻一多则称"在非常时期，公园里也要架大炮呢"。② 这更加使闻家驷认识到，在国土日蹙，民不聊生的局面下谈唯美派是不合时宜的，知识分子不能只关注研究而对现实充耳不闻，这一点在他 1949 年"五四"三十周年时发表的《"五四"感言》里得到了印证。他提到，人与人之间的关系是建立在为人民服务的新的基础上，只有在这个基础上，知识分子的工作才有意义，"个人的利益，只能在群众的总的利益中去实现，脱离群众，便没有个人"，③ 他认为时代对知识分子提出了新的要求，知识分子需要检讨自己过去的工作是否有利于大众，不可把学术当作城堡，孤军困守，他提出：

> "今天的问题不在于服务，而在于为谁服务，为什么社会服务？换句话说，我们服务是为了个人，还是为了人民大众？为了官僚地主阶级，还是为了农工兵？服务和服务的对象是不能分开的；二者必须连带在一起考虑，根据服务对象的本质来决定服务的价值以及服务的意义。"④

---

① 闻家驷：《忆一多兄》，载《读书》，1979 年第 1 卷第 4 期，第 111 页。

② 闻家驷：《忆一多兄》，载《读书》，1979 年第 1 卷第 4 期，第 111 页。

③ 参阅"五四"三十周年纪念专辑委会《"五四"三十周年纪念专辑》，上海：新华书店，1949 年，第 196 页。

④ 参阅"五四"三十周年纪念专辑委会《"五四"三十周年纪念专辑》，上海：新华书店，1949 年，第 197 页。

　　最后他用微生高的故事作为例子，提醒知识分子要考虑到工作与实际需要、与时代之间的联系。闻家驷对于知识分子服务价值与服务意识的认识与他对雨果作品的认识是一致的。1952 年，闻家驷在《光明日报》发表《维克多·雨果》一文，提到雨果反对古典主义文学创作的清规戒律，"要求艺术的完全解放，他是把他的艺术主张更加明确地提出来了"。① 他认为雨果浪漫主义文学艺术也是一种现实主义的文学艺术，因为"他要艺术反映时代精神和地方色彩，只有接近现实，在沙龙中窒息已久的艺术才能获得新生"。② 他评价雨果的作品是"整个 19 世纪法国政治社会的动态和变革的见证，同时也是整个 19 世纪法国政治社会由黑暗走向光明的一种动力"。③ 或许正是基于这种认识和所经历时代的相似性，闻家驷将翻译的工作转向雨果的诗歌。当时，与雨果的小说、戏剧译介相比，诗歌译介较少。中华人民共和国成立后至 1984 年的 35 年间，单行本只出版了一本闻家驷翻译的《雨果诗选》，④ 本书由作家出版社于 1954 年出版，收录译诗 22 首，来自《惩罚集》《静观集》《历代传说集》《凶年集》。闻家驷所用的法语原本主要来自法国名著丛书内保罗·柏雷和若瑟夫·卫亚勒编笺的《雨果诗集》，以及莫里斯·勒法扬编的《雨果诗文选》等，译本中所加的注释也来自上述书籍编笺人。在本书译者后记中，闻家驷指出这个选集是介绍雨果诗歌的一种尝试，雨果一共刊印了十四部诗集，"就雨果整个的诗歌数量来说，这个比重实在太小"⑤，闻家驷认为这是这个选集的一个缺点。他写道："这个选集，当然免不了还有其他方面的缺陷，但愿所有这些缺陷，今后能够在读者和朋友们的督促与帮助之下逐步得到改正"⑥。

---

① 闻家驷：《维克多·雨果》，载《光明日报》，1952 年 5 月 4 日。
② 闻家驷：《维克多·雨果》，载《光明日报》，1952 年 5 月 4 日。
③ 闻家驷：《维克多·雨果》，载《光明日报》，1952 年 5 月 4 日。
④ 李伯和、佘烨主编．译论译技与译评译介[M]．西安：陕西旅游出版社，2006：250.
⑤ 雨果著，闻家驷译．雨果诗选[M]．北京：作家出版社，1954：107.
⑥ 雨果著，闻家驷译．雨果诗选[M]．北京：作家出版社，1954：108.

1983 年，《国外文学》编辑部派人拜访闻家驷，请他为《国外文学》
1983 年第 2 期写寄语，谈谈自己的感受、写作创作计划或就刊物编辑
方面的问题提出建议。他在文中如此写道：

> "(闻家驷)听了沉吟了半晌，感到有些为难，我确实没有太多
> 的豪言壮语可讲。后来我告诉他我最近结合个人的具体情况写了一
> 则'座右铭'，其词曰：'加强锻炼，加强学习；零打碎敲，译而不
> 作。'我问他有什么意见，他笑了笑说：'这是你出自肺腑之言。'我
> 觉得他的话是实事求是的，感到很满意。既然如此，这就算我向他
> 交卷了。今后我定将在翻译方面为《国外文学》尽点微薄的
> 力量。"①

正如他务实的座右铭所说，虽然日益年老体弱，闻家驷仍坚持外国
文学翻译工作，1986 年闻家驷所译《雨果诗抄》出版，1993 年他选编的
《雨果诗歌精选》(北岳文艺出版社)中译本出版。其中的部分译诗先后
收录于沈宝基的《雨果诗选》(湖南人民出版社)、程曾厚的《雨果诗选》
(人民文学出版社)、张秋红的《雨果诗选》(上海译文出版社)以及他自
己的《雨果诗抄》(外国文学出版社)。后来，闻家驷所译《雨果诗抄》由
外国文学出版社出版，该书不仅收录了 1954 年出版的《雨果诗选》中的
22 首译诗，还收录了其他雨果作品译诗 47 首。在《雨果诗抄》中，闻家
驷并非完全照搬沿用 1954 年的译文，而是对《雨果诗选》中的译文进行
了修改，以《凶年集》中《在街垒上……》的部分译文为例：

1954 年《雨果诗选》译文②　　　　　　　1986《雨果诗抄》译文③

---

① 闻家驷：《在法国文学介绍方面尽点力量》，载《国外文学》，1983 年第 3
卷第 2 期，第 14 页。
② 雨果著，闻家驷译. 雨果诗选[M]. 北京：作家出版社，1954：93-95.
③ 雨果著，闻家驷译. 雨果诗抄[M]. 北京：外国文学出版社，1986：286-
288.

《在防堵物上……》

就轮到你。"孩子看见前面<u>闪出一道</u>
<u>火光</u>，
<u>而</u>他的伙伴们就在墙跟前倒了下来。

他向军官说："你可允许我把这只表
送回家去交给我的母亲？"

有点<u>吃不消了</u>！你<u>住在什么地方</u>？"
<u>"住在喷水池那边</u>。
我立刻<u>就</u>回来，队长先生。""滚你
的，坏东西！"
孩子一溜烟似的走了。"这也算是<u>骗</u>
<u>局</u>，滑稽！"
而这<u>笑声</u>和<u>那断气的声</u>息也分不清。

但笑声忽然<u>中断</u>，因为那个面色苍白
的孩子，
出其不意地又<u>在前面出现了</u>，他像维
亚拉一样的<u>慷慨</u>，
孩子<u>怀抱诚实</u>，成年人<u>怀抱疚心</u>

<u>而去就朋友们</u>在那儿就义的黑墙。

<u>锡来纪尔</u>定会这样对你说："咱们是
<u>难兄难弟</u>！"

《在街垒上……》

就轮到你。"孩子看见前面<u>火</u>
<u>光一闪</u>，
他的伙伴们就在墙跟前倒了
下来。

他向军官说："你可允许我把
这块表
送回家交给我的母亲？"

有点怕了！你住在哪儿？"<u>"就</u>
<u>在喷水池那边</u>。
我立刻回来，队长先生。""滚
你的，坏东西！"
孩子一溜烟似的走了。"这也
算骗局，滑稽！"
而这笑声<u>和那断气声混合</u>
<u>不分</u>。

但笑声忽然<u>中止</u>，因为那个面
色苍白的孩子，
出其不意地又<u>出现了</u>，他像维
亚拉一样<u>慷慨</u>，
孩子<u>胸怀坦白</u>，成年人<u>心有</u>
<u>内疚</u>，

<u>而坚定地走向朋友们</u>在那儿就
义的黑墙。

<u>西内吉尔</u>定会这样对你说：
"咱们是<u>难分高低</u>！"

| 在墨西拿与狄尔德共处，在底比斯与爱琪来同行。 | 在麦西尼亚与狄尔德共处，在忒拜赢得埃斯库罗斯的同情。 |

可以看出，与1954年的译文相比，1986年的译文在表达上略微作了调整，对逻辑连接词进行了增减，用词进行了优化，译文衔接更连贯通顺，行文更符合中文语用习惯，可读性更高。此外，他对诗歌题目的译文、地名、人名的译文也进行了修正，提高了译文的准确性。

1988年，闻家驷翻译了法国批判现实主义作家斯丹达尔（司汤达）的《红与黑》，译著由人民文学出版社出版，艾珉为译本作序。在闻家驷译本之前，《红与黑》在中国已有多个译本，如我国第一个完整译本赵瑞蕻译本（1947年作家书屋）、罗玉君译本（1949年正中书局，1953年上海译文出版社，1954年平明出版社）、郝运译本（1986年，上海译文出版社）。因为译本较多，加之翻译规范的变迁，围绕《红与黑》众多译本，评论界出现了不同的反应，最后演化为一场大规模的有关翻译标准和策略的论争。这些争论既有后来译者对前人译文的评说，也有读者的看法。作为译本之一，在闻家驷译本的出版说明中写有如下文字加以说明：

> "斯丹达尔的《红与黑》，在法国有好几种版本，在我国也有四五种译文。但根据皮埃尔·需尔达校正的手稿本翻译的，本书还是第一部。由于这个版本较其他版本更忠实于原稿（据统计，约有三百处与其他版本有所不同），从学术研究的角度考虑，这个新译本的出版还是很有必要的……本书的译名，除历史人物尽可能采用国内的通译外，凡虚构的人物均按新华社法语译名表译出。关于官衔、军职的译法，涉及王政复辟时期，一律采用波旁王朝体制，涉及共和国时期，则按共和体制。"①

---

① 斯丹达尔著，闻家驷译. 红与黑[M]. 北京：人民文学出版社，1988.

从这段说明可见出版者对闻家驷译本的评价是"忠实"，亦可见出作为法国文学研究学者的他不仅仅承担了译者的角色，而且也从方便读者的角度制定了详细的译名表。事实上，他除了对书中涉及的历史人物和政治事件作了详尽的注释外，还在文中附加有详细的题解，旨在帮助读者进一步理解本书的政治、历史内容。这更体现出译者兼学者身份的他将研究与文学翻译融为一体的苦心。在翻译理论方面闻家驷也有自己的看法。他在 1983 年发表的《直译还是意译》一文中谈过自己对翻译策略的选择：

> "我以前翻译过一些法国诗，最近也还在继续翻译雨果的诗，但我却从来没有想过我译诗是直译还是意译……
>
> 我觉得直译只要不是生搬硬套，逐字照译，而意译又不是任意增减，曲解原作，那么，直译和意译两种方法，是完全可以交替使用，互相补充的。在一首诗里，根据两种不同的语言的具体情况，有时可以直译，有时也可以意译；甚至在一行诗里，前半句是意译，而后半句又是直译，这种情况是屡见不鲜的。问题在于如何将这两种方法妥善地结合起来，掌握分寸，恰到好处。"①

关于原作的风格，闻家驷认为：

> "在保存原作的风格的问题上，我们也只能要求做到'近似'的程度，完整无缺地将原作的风格复制过来，那是不可能的。一个人翻译李白的诗，如果要求他把李白的艺术风格完整无缺地表达出来，那就意味着对李白的艺术风格本身存在的否定。因为历史上毕竟只有一个李白，还不曾有过第二个李白，即使是在将来，也是不

---

① 闻家驷：《直译还是意译》，收录入许钧、施雪莹主编《从〈茶花女〉到〈流浪的星星〉启蒙的光辉与人性的力量》，北京：西苑出版社，2016 年，第 19 页。

会有第二个李白的。"①

　　闻家驷的翻译生涯正体现了这种平实的翻译观。1994 年，闻家驷在《群言》上发表《心里话》一文，坦言："'我是中国人，我爱中国'，这就是我的心里话。其实这也是许许多多人的心里话。"②他借用闻一多一篇题为《祈祷》的诗表达自己的爱国之情。或许，正是这种朴素而真挚的爱国情感为他一生的教育、研究、社会与翻译事业注入了源源不断的热情，使他与他的奉献一齐永载史册。

第八节　译笔为器，精译求精：文学翻译家叶君健

　　叶君健是我国现代著名翻译家、作家及外国文学研究家，深谙多门外语，不仅在文学翻译实践及创作方面硕果累累，而且在翻译实践过程中形成了独到见解，并最终沉淀为独树一帜的翻译思想。然而，翻译界对其展开的系统研究相对不足，北京师范大学李保初教授称此现象为"叶君健现象"③。本节将首先追溯叶君健的生平事迹，而后聚焦于叶君健的翻译实践活动，并探析其翻译思想。

一、叶君健生平简介

　　叶君健 1914 年出生于湖北省黄安县（即中国红色革命的重要发源地红安县），其父为店铺学徒，因受晚清以来数十年西风东渐的影响，十分重视教育。叶君健 6 岁入读私塾，接受传统的读经颂典教育。启蒙之后，叶君健被父亲送至城里学习，先后辗转武汉和上海新式学校接受西

---

　　①　闻家驷：《直译还是意译》，收录入许钧、施雪莹主编《从〈茶花女〉到〈流浪的星星〉启蒙的光辉与人性的力量》，北京：西苑出版社，2016 年，第 19-20 页。
　　②　闻家驷：《心里话》，载《群言》，1994 年第 10 卷第 7 期，第 26 页。
　　③　李保初：《论"叶君健现象"——兼论文学史的任务》，载《西安文理学院学报（自然科学版）》，1999 年第 2 期，第 4-9 页。

式教育。① 大城市现代化的建筑、设施和生活方式与其故乡贫穷落后的面貌形成了强烈对比，叶君健心生波澜，认为"只有科学能够帮助国家摆脱贫困的面貌"。② "科学救国"的信念由此在中学时期(初中及高中前期)的叶君健心中慢慢萌芽，他决定日后做一名科学家或工程师。及至高中后期，叶君健开始接触"新文化运动"学人的作品，阅读《小说月报》《萌芽月刊》及一些传播马克思主义思想的读物。这些刊物不仅让叶君健得以初步认识新文化，逐步认识到文学的功用，而且在大量接触和阅读这些进步读物之后，他越来越关注社会变革，并开始重新思考自己的人生道路。他在《我的青少年时代》中写道："文学的功用是反映社会，解剖社会，找出社会的病源，从而推动它向前，向更合理的方向迈步。这是我开始认真地阅读文学作品所逐步形成的'主见'。这个'主见'以后就逐步影响了我求知的态度，以及后来我从事文学创作的态度。"③文学作品不只对叶君健的思想产生极大影响，而且促使他在高中阶段便开始学习并尝试撰写简短的文艺作品，其文章经常在校刊或小报上发表。

然而，1931年"九一八事变"的爆发及国民党当时奉行的消极政策激起了叶君健对国家、民族及个人命运的忧思，加之受到鲁迅弃医从文思想的影响，叶君健决心走文学道路，从事外文写作和翻译。1932年"一·二八事变"则彻底改变了叶君健"科学救国"的信念，推动叶君健走上"弃理从文"的道路。同年秋，叶君健考入武汉华中大学(今华中师范大学)并于翌年转入武汉大学外文系，师从陈西滢等人，由此得以认识孙罗荪、冯乃超、茅盾等左翼文化名人，进一步接受进步文学的熏陶。在校期间，他开始从事文学作品的翻译，译文常在报纸副刊上发

① 方梦之、庄智象. 中国翻译家研究(当代卷)[M]. 上海：上海外语教育出版社，2017：477.

② 上海鲁迅纪念馆. 上海鲁迅研究(2015年冬)[M]. 上海：上海社科院出版社，2015：90.

③ 叶君健：《我的青少年时代》，载《叶君健全集》(第十七卷)，清华大学出版社，2010年，第334页.

表。除乐于翻译外，叶君健对文学创作也颇富热情，他曾以"马耳"为笔名用世界语发表自己的处女作小说《岁暮》（1932 年）。1936 年，叶君健从武汉大学毕业，此后东渡日本，在东京讲授英文和世界语，其间参加了日本世界语协会和日本无产阶级世界语者联盟的活动。"七七事变"爆发后辗转回国。1938 年 2 月，叶君健在武汉国民政府军事委员政治部第三厅①从事国际宣传工作，工作期间为来华的进步国际友人如英国记者史沫特莱、电影家伊文思及世界学联、援助解放区的医生等担任翻译。

1938 年武汉沦陷后，叶君健赴香港任《世界知识》杂志编辑，继续从事抗战外宣工作。同年，叶君健还翻译了毛泽东的《论持久战》《新阶段》（《新民主主义论》前身）及《论联合政府》等论著。他英译的《论持久战》在菲律宾马尼拉出版，这是首部以译作形式在国外正式出版的毛泽东著作。不仅如此，叶君健与戴望舒、冯亦代等人共同创办了英文月刊《中国作家》（Chinese Writers），并担任该刊物主编。1939 年，叶君健将张天翼、刘白羽等左翼作家作品的译成英文后发表在欧美国家刊物上，这些译文后汇集成《中国战时小说集》。1940—1944 年，叶君健从香港返回重庆，在多所大学任教，教授英文、欧洲戏曲和英国散文等课程，除教学工作外，还翻译了一些欧美作家的反法西斯作品。1944 年，叶君健应邀赴英国任中国抗战情况宣讲员，在英国各地巡回演讲一年，演讲场所一般为兵营、学校、教堂和医院，每天进行两次，主要介绍中国人民抗日战争的业绩，配合英国战时宣传部动员英国群众的工作，间接鼓舞英国民众士气，争取早日开辟欧洲大陆第二战场。② 至抗战结束，叶君健累计在英国各地进行了 600 多次演讲。他白天演讲，晚间则从事翻译和写作，借助文字记录并进补充演讲的内容，以加深英国人民对中

---

① "第三厅"是抗日战争初期国民党和中国共产党第二次合作这一特殊历史条件下的产物，虽属国民党政府的一个军事部门，但由郭沫若担任厅长，受时任政治部副部长周恩来直接领导，主要负责宣传工作。

② 宋韵声. 跨文化的彩虹——叶君健传[M]. 沈阳：辽宁大学出版社，2014.

国抗日的理解。1945 年,叶君健获得英国"研究员基金",作为剑桥大学英王学院欧洲文学研究员,继续学习西方文学。在此期间,叶君健学习了数种欧洲语言,并开始用英文进行文学创作,在英期间共出版三部长篇小说及短篇小说集。1946 年,叶君健出版其第一部英文小说集 *The Ignorant and the Forgotten*,1947 年,出版长篇英文小说 *Mountain Villase*,次年,发表第二部长篇小说 *They Fly South*,英译茅盾作品《春蚕》《秋收》《残冬》,张天翼的《华威先生》和姚雪垠的《差半车麦秸》,合集以 *Three Seasons* 为名出版。

1949 年叶君健归国,任辅仁大学教授,之后担任文化部对外文化事务联络局编译处处长及英文刊物《中国文学》副主编(直至 1974 年)。《中国文学》是中华人民共和国成立后创立的第一本专注于翻译文学的杂志,其中发表了大量中国现代文学和革命文学作品的英文版和法文版翻译作品,向世界介绍中国新文学。1958 年,叶君健出版了第一部由丹麦语全文翻译而来的《安徒生童话全集》,为中国儿童提供了优质的精神食粮,也激发了新中国儿童文学作家的写作灵感。此外,叶君健还参与了《毛泽东诗词》(18 首)的翻译,翻译作品刊登于《中国文学》。1960 年,负责修订或重译全部毛泽东诗词的英译定稿小组成立,叶君健为小组成员,主要负责翻译和译文润色定稿工作。1974 年,任外文局《中国报道》(世界语版)杂志社顾问,直至 1993 年离休。1976 年《毛泽东诗词》(37 首)英译本正式面世,成为法、德、日、意、西和世界语译本的蓝本。

叶君健通晓英语、法语、丹麦语、瑞典语、世界语等多种语言,由此翻译了大量外国文学作品,其翻译的安徒生童话颇具盛名,其他主要译著包括:麦特林克《乔娜娜》(1942)、易卜生《总建筑师》(1942)、托尔斯泰《幸福的家庭》(1942)、爱斯古利斯《亚格曼农王》(1943)、梅里美《卡尔曼》(1955)及贝洛奈《南斯拉夫当代童话选》(1982)。1988 年,叶君健因译介安徒生童话被丹麦女王玛格丽特二世授予"丹麦国旗勋章"。1999 年,叶君健因罹患癌症辞世,享年 85 岁。

二、叶君健与《安徒生童话全集》的翻译

叶君健翻译的文学作品中最负盛名的是《安徒生童话全集》。自中华人民共和国成立以来，叶君健先后推出多个安徒生作品译本，包括选集和全集，分册和合集，从英文转译和从丹麦语直接翻译，插图精装本和注释评析本，累计印刷数达千万册。1953 年，叶君健翻译的安徒生作品在平明出版社结集出版，名为《没有画的画册》。1954 年，《安徒生童话选集(1954 版)》共收录 98 篇作品，分 9 辑出版，作品中配有丹麦语原版中的插画，翻译原文本有三种：牛津大学出版社出版的 *Hans Andersen's Fairy Tales*，安徒生故乡欧登塞市 Flested 出版社所出版的 *Hans Christian Andersen's Fairy Tales*（world edition）及哥本哈根市 Atheneum 出版社出版的 *H. C. Andersens Eventry*，1954 年版本是中华人民共和国成立后第一次大规模翻译安徒生的作品。此后，经修订和增减，陆续出版《安徒生童话故事全集》(1958 版)，此版本由上海新文艺出版社出版，全集共 16 册，收录了 163 篇安徒生作品，为第一部直接根据丹麦语翻译的安徒生作品全集，每一册的扉页部分简要介绍所选作品。1978 年，叶君健在 1958 年版基础上修订出版了《安徒生童话全集》，此版本被认为是翻译质量最高、收录作品最全的安徒生作品中译本。1992 年，叶君健出版《新注全本安徒生童话》，相较《全集》，此版本中新增《穷女人和她的小金丝鸟》和《乌兰纽斯》，篇目增至 166 篇。①新增的两篇为叶君健 80 年代访问哥本哈根皇家图书馆时从安徒生的手稿及信件中发现。1995 年，叶君健另译了 5 篇安徒生故事，并与他此前的翻译作品汇集成《安徒生童话全集》出版，全集包含 165 篇安徒生的作品。《安徒生童话全集》的出版既为中国幼龄读者提供了优质读物，打开了中国读者了解丹麦文化的窗口，也为新中国的儿童文学创作提供了灵感与启发。由于叶君健的译本直接由丹麦语翻译为中文，避免了转

---

① 陈炜：《叶君健对中国儿童文学事业的贡献》，载《新闻出版交流》，1999 年，第 4 期，第 37 页。

译过程中的"变形"，叶君健的译文相对其他由英文或法文转译而来的译本更加权威。叶君健的《安徒生童话》译本所获好评如潮。哥本哈根大学东方研究所所长、汉学家埃格洛（Soren Egerod）教授曾在北欧出版的《东方世界》（Le Monde Oriental）杂志上评论道，"叶君健先生对于安徒生所做的翻译工作是最严肃认真的。从文字学的角度讲，他的翻译在任何语言中也要算是最好的翻译"。① 丹麦媒体称誉此译本为"在近百种语言的译本中，水平最高"，因为"只有中国的译本把他（安徒生）当作一个伟大作家和诗人来介绍给读者，保持了作者的诗情、幽默感和生动活泼的形象化语言"。为此，丹麦女王隆重授予叶君健"丹麦国旗勋章"（安徒生因为童话创作成就也获得了"丹麦国旗勋章"），成为全世界唯一一位因为安徒生童话翻译而获此殊荣的翻译家。②

叶君健翻译《安徒生童话全集》的动机源于四个方面。首先，叶君健深沉的儿童情怀促使他对安徒生童话产生浓厚兴趣，希冀通过翻译《安徒生童话》把书中包含的诗情和内在美传递给中国儿童，让中国儿童了解世界儿童的生活情况。叶君健对儿童文学作品的关注最早始于鲁迅翻译的儿童读物——《桃色的云》和《埃罗先柯童话集》，这两本书"富有诗意和哲理"，对年少的叶君健起到了启蒙感化作用，叶君健曾直截了当地说明以上作品对其翻译及创作儿童文学作品产生的影响。③ 其二，叶君健内心对安徒生生活经历的充分理解以及其创作思想的高度认同。叶君健与友人李景端交流时曾提道，"与作者类似的身世使其在阅读作品时仿佛能较容易地体察作者观察社会与生活时的感受"。④ 出身于大别山区的叶君健能够理解安徒生困窘困难的经历，也知道立足现实为孩子"创造"出幸福童年的重要意义，这种跨越地域与时空的"感同身

① 陈洪、夏力主．儿童文学新思维[M]．北京：大众文艺出版社，2006：342.

② 燕治国．先生们[M]．太原：北岳文艺出版社，2018：160.

③ 上海鲁迅纪念馆．上海鲁迅研究2015年（冬）[M]．上海：上海社会科学院出版社，2016：90.

④ 李景端：《叶君健与〈安徒生童话〉中译本》，载《出版史料》，2003年第1期，第22-23页。

受"构成了叶君健投身于安徒生童话翻译的重要动因。其三,叶君健对安徒生童话负载思想艺术价值及社会作用的深刻理解和把握。除了叶君健主观上对安徒生的理解与共鸣外,促使叶君健着手翻译安徒生作品的内核在于安徒生童话的艺术感染力。在叶君健看来,安徒生童话是幻想童话、道德讽刺和诗歌语言三者的结合,既有美丽的幻想,又有深刻的内涵。① 安徒生童话故事中所表现的现实主义和民主主义精神,其现实主义和浪漫主义相结合的创作方法及生动活泼的文风和诗一般的语言,都令叶君健大为赞赏,② 正是这种艺术魅力促使其下定决心着手研究与翻译。

最后,叶君健严谨认真的态度促使其深入研究并翻译安徒生作品,力求传达原作的思想内涵和语言风格。叶君健最早接触安徒生童话是通过阅读世界语创始人波兰医生柴门霍夫翻译的《安徒生童话选》,1931年学习世界语后,叶君健读到世界语版本是《安徒生童话选》,精美的译文让叶君健对安徒生童话产生了浓厚兴趣。之后,叶君健又读到《安徒生童话》的英译本和法译本,③ 发现不同国家的译作在内容和风格上迥异。考虑到不同国家的译者会根据个人理解及本国人民的阅读习惯对原作"加工",④ 叶君健萌发出直接通过丹麦原文版本阅读安徒生童话的想法,以便充分理解安徒生当初的创作思想,更好把握安徒生创作时采取的表现手法和写作风格。1945年至1949年,叶君健在剑桥大学从事欧洲文学研究,其间他学习了丹麦文,了解丹麦文化,阅读原

---

① 李景端:《叶君健与〈安徒生童话〉中译本》,载《出版史料》,2003年第1期,第22-23页。

② 陈炜:《叶君健对中国儿童文学事业的贡献》,载《新闻出版交流》,1999年第4期,第37页。

③ 英译本和法译本不同的原因是英法译者为符合英法两国阅读品味和出版环境对译本进行了改写和删节。参阅陈炜:《叶君健对中国儿童文学事业的贡献》,载《新闻出版交流》,1999年第4期。

④ 陈炜:《叶君健对中国儿童文学事业的贡献》,载《新闻出版交流》,1999年第4期,第37页。

汁原味的《安徒生童话》，充分鉴赏安徒生童话体现的思想价值。读完原版《安徒生童话》后，叶君健发现已有译本与原文本之间存在出入，未能全面反映作品中的哲理、人道主义精神和爱。于是，叶君健决定直接获取安徒生童话的权威母本，着手将《安徒生童话》翻译为中文。叶君健在《安徒生童话全集》的译者前言中提到，他所依据的安徒生童话原著是参照丹麦安徒生博物馆馆长拉尔生编定的《安徒生童话故事全集》所提供的权威母本，而后再"把它们当作诗直接从丹麦文转化成为中文的"。① 由此可见，叶君健十分重视原文的权威性，其在阅读过程中萌生翻译安徒生童话全集的想法与其严谨的翻译态度存在某种联系。

三、叶君健与毛泽东诗词英译

除了将儿童文学经典作品译入中国，叶君健的翻译贡献还体现在英译毛泽东著作和诗词之中。叶君健是最早翻译毛泽东作品的翻译家。1938 年至 1940 年，叶君健在香港，出于宣传抗日战争的需要，他将毛泽东的《论持久战》《新阶段》(《新民主主义论》的最初蓝本) 和《论联合政府》等作品译为英文，将当时中国共产党的政治主张和抗日主张向英语世界传播，帮助国际友人了解中国的实情，为中国的反法西斯战争做出了卓越的贡献。此外，叶君健投身于毛泽东诗词的译介与研究，全程参与诗词初译、译文润色、修订、刊物登载及出单行本等环节。1958年，叶君健在其主编的外文刊物《中国文学》上发表毛泽东 18 首诗词的英译本，引起了当时文坛及各界人士的广泛关注。

1960 年，叶君健将毛泽东当时新作的两首七律诗和《蝶恋花答李淑一》词译成英文，发表在《中国文学》上。在翻译过程中，叶君健参考了诗人臧克家及文史学者周振甫对毛泽东诗词的讲解。毛泽东的诗词英译本一经发表便获得广泛关注，不少文坛学士围绕译作开展批评，袁水拍乃是评论作者之一。叶君健的毛泽东诗词译文刊登后，袁水拍在评论刊

---

① 陈洪、夏力. 儿童文学新思维[M]. 北京：大众文艺出版社，2006：342.

物《文艺报》上发表评论文章，① 讨论英译《浪淘沙·北戴河》的标点问题，并建议修订译文或重译。此文当时被置于该刊物的头条位置，引起英译参与者的注意。通过此事，叶君健更加深刻地认识到翻译毛泽东诗词的严肃性，在得知评论者为中央宣传部门负责人袁水拍后，叶君健随即邀请袁水拍主管毛泽东诗词的翻译定稿工作。随后，袁水拍成立了毛泽东诗词英译定稿小组，小组成员包括外交部乔冠华、英译毛泽东选集委员会委员钱锺书及身为《中国文学》负责人的叶君健，其中，叶君健负责翻译及译文润色工作。小组成立后不久，《人民文学》于 1962 年 5 月发表毛泽东诗词《清平乐·蒋桂战争》《采桑子·重阳》及《减字花木兰·广昌路上》等 6 首词。

1963 年 12 月，人民文学出版社和文物出版社推出了《毛泽东诗词》中文单行本，内含 37 首诗词，毛泽东诗词英译定稿小组随即开始新一轮翻译工作。与之前的翻译不同的是，此次翻译过程中，毛泽东本人口头回复了翻译者们在理解诗词中遇到的问题，② 且英译定稿小组增加了英文专家苏尔·艾德勒和诗人赵朴初两名成员。1965 年夏，新发表的诗词翻译工作初步完成。1966 年，英译定稿在《中国文学》5 月刊上发表。此后，由于定稿小组成员受到"文革"的影响，毛泽东诗词翻译工作按下了暂停键。1974 年，翻译活动重新启动，直至 1976 年"五一"节，《毛泽东诗词》英译本于北京外文出版社正式出版，此版后成为外文出版社出版的法、德、日、西和世界语等译本的蓝本。他与袁水拍、乔冠华、钱锺书、赵朴初、周珏良等人合作翻译的《毛泽东诗词》在世界范围内广泛传播，促进了世界人民对中国革命和中华传统文化的理解。一方面，国内学界皆以此译本为"定本"。另一方面，国外许多人士也十分重视此译本，将其视作"官方定本"。例如，美国总统尼克松初次访华时，在致酒词中引用了毛泽东词《满江红·和郭沫若同志》中

---

① 叶君健：《毛泽东诗词的翻译———一段回忆》，载《中国翻译》，1991 年第 4 期，第 7-9 页。

② 毛泽东. 毛泽东诗词选[M]. 北京：人民文学出版社，1986.

的"一万年太久，只争朝夕"，所采用的英文表达正是此版本的翻译。①

四、叶君健的其他译著成就

叶君健通晓世界语、英语、德语、西班牙语、法语、丹麦语、挪威语、瑞典语及意大利语等外国语，由此翻译过许多外国文学作品，同时亦将许多中国优秀文学作品对外译出。据统计，其用中文、世界语、英语发表过短中长小说、散文、译作、童话、儿童文学和文艺评论等，共约 1100 万字。② 叶君健除翻译《安徒生童话集》与毛泽东诗词著作外，还翻译了不同国家的文学作品。

自 1933 年至 1994 年，叶君健在翻译园地上辛勤耕耘了 60 余年，为后世留下了丰硕的翻译成果，其在翻译方面的产出受到海内外学者、文人及政要的认可和尊重，先后获得了"丹麦国旗勋章""儿童文学友谊奖"及"彩虹翻译奖"等荣誉。除承担笔译工作外，叶君健还承担了大量的口译工作及英语宣传工作。例如，叶君健在政治部第三厅任职时，把《新华日报》的重要新闻、社论译成英文，用英语进行宣传广播，还为史沫特莱、奥登、伊文思等国际友人作口译。

2015 年 7 月，英国剑桥大学在国王学院院长官邸举行"叶君健与第二次世界大战"专题展开幕式，通过逾百张图片及历史档案资料，介绍叶君健在"二战"前后为中英两国文化交流、世界反法西斯战争宣传所做出的历史贡献。可以说，叶君健在中国翻译史中留下了浓墨重彩的一笔，其翻译活动在中外文化交流过程中发挥着不可忽视的作用。

五、叶君健的翻译思想

作为翻译家，叶君健对我国文学翻译事业所做出的贡献不仅体现在其精研、精译与精编的千万字翻译作品中，更体现在其深刻鲜明的翻译

---

① 林文艺 . 1951—2001 年英文版〈中国文学〉研究[M]. 重庆：重庆大学出版社，2012.

② 叶念先：《叶君健年谱》，载《新文学史料》，2001 年第 4 期，第 186-195页。

思想上。叶君健的翻译思想根植于其丰富的翻译实践活动，相关论述散见于其译作的序跋、著作及论文等文字资料中，主要聚焦于"精品""再阐释"及"再创作"等概念。

（一）翻译"精品再创作"论

翻译"精品再创作"论是叶君健翻译实践过程中一以贯之的根本思想。叶君健认为翻译要出精品，所谓"精品"，即"一部作品被翻译成另一种文字后，能在该文字中成为文化财富，成为该文字所属国的文学的组成部分，丰富该国的文学宝藏"。① 换言之，翻译不是简单意义上的"移植"，而是"文学的再创造"，"再创造"的结果即为精品。需要注意的是，并非所有作品都可被创造为"精品"。在叶君健看来，"只有文学性强的作品才能成为一个国家的文化财富，具有永恒的价值，因为这类作品起作用于人的感情，人的心灵，掀动人的喜、怒、哀、乐，最终给人提供艺术的享受"。因而，翻译出"精品"的前提条件是原作应具有文学性和经典性，也正是因为安徒生作品具备以上特征，叶君健才不遗余力，花40余年时间笔耕于此。叶君健在《安徒生童话全集》的译者前言中写道："排除这一点（沉郁和消极的气氛），我们就可以从他的童话创作中吸取一定的营养。他的作品中所表现的现实主义和民主主义精神，他的现实主义和浪漫主义相结合的创作方法，以及他生动活泼的语言和文风，在今天对我们说来，仍能起到有益的借鉴作用。"②

选材之后，进入"再解释"阶段，这是"再创作"之前的必经阶段，即译者对原作的理解过程。译者对原文本的理解与其自身各方面的修养分不开，因而"再理解"的过程中译者主体意识发挥着重要作用，也即是王秉钦所言的"译者介入"，③ 译者对原文的理解程度由译者客观的介入行为决定。叶君健在文章《翻译也要出精品》中谈道：

---

① 叶君健：《翻译也要出"精品"》，载《中国翻译》，1997年第1期，第30-31页。

② 蒋风. 中国儿童文学大系理论（2）[M]. 太原：希望出版社，2009：6.

③ 王秉钦. 20世纪中国翻译思想史（第2版）[M]. 天津：南开大学出版社，2018.

"文学和艺术作品毕竟不是科学，而是触及'灵魂'的东西，这里面有'朦胧'和'似与不似之间'的成分，要用像数学那样精确的形式表达出来是不可能的。这里有一个'再解释'的过程。译者在'揣度'的过程中，就受到他本人的人生修养、文化和政治水平、艺术欣赏趣味以及他对作者及其时代背景的知识等因素的限制。"①

正因如此，叶君健极力提升个人语言能力、知识水平和文化素养。在翻译安徒生童话之前，他勤学丹麦文，利用假期时间到丹麦短住，熟悉丹麦风土人情，又慎选最权威的作品(汉斯·布里克斯和安克尔·燕生合编的《安徒生童话集》1919 年版)为母本，充分的译前准备为"精品"的塑造打下良好基础。叶君健始终以严谨认真的态度对待翻译，笔耕不辍，字斟句酌，精益求精，最后如愿地为我国儿童文学文库贡献了一份具有高度艺术和欣赏价值的"精品"。哥本哈根大学东方研究所所长、汉学家苏伦·埃格洛(Soren Egerod)教授在《东方刊物》上对叶氏译本评价道：

"译文是有权威性的和准确的，准确得有时近乎学究气。他按照原文的分段和缩格一字不漏地翻译。文体正如现代中文一样，词汇用得相当多，但是非常清晰流畅，特别适宜于朗读。他的处理很像珍·赫尔叔特女士所译的那个优美的美国版本。这个版本牺牲原作某些微小的地方而取得流畅易懂的效果。所以现在中国的版本，很像这个美国版本，创造出了一个新的安徒生版本；这个版本，对现代的儿童说来，要比原文本在今天的丹麦清楚易懂得多。"②

---

① 叶君健：《翻译也要出"精品"》，载《中国翻译》，1997 年第 1 期，第 30-31 页。

② 叶君健：《关于文学作品翻译的一点体会》，载《中国翻译》，1983 年第 2 期，第 8-16 页。

叶君健在充分理解安徒生的才情和哲思的基础上，创造出一个新的安徒生版本，成功实现了"精品再创造"。

(二) 文学翻译追求艺术性

叶君健十分认同严复提出的"信、达、雅"标准，认为该标准具有普遍意义，可适用于任何文字的翻译，亦可作为世界各国译者从事翻译的准绳。叶君健在文章《翻译也要出精品》中阐释了其对严氏"信、达、雅"的理解：

> "'信'和'达'属于技术范畴，但'雅'则牵涉到译者的个性、品格和修养了。没有'雅'，译文也就没有个性。一部文学作品是否在另一种文字中具有特色，要看它的译文是否具有个性。一部文学作品在被移植到另一种文字中时，最低的要求当然是'信'和'达'，但是能否把原作的精神表达出来则是另一个问题，而且是一个最重要的问题。"①

在这篇文章中，叶君健重点围绕严复所说的"雅"展开讨论。在他看来，"雅"就是译文的"个性"，而"个性"即为翻译艺术价值的体现，是译文的特色。文学翻译不应仅限于对文字的翻译，更应挖掘原作的文学价值，延续原作的艺术生命。叶君健在翻译安徒生童话时特别注重原作的"诗意"，注意从诗的角度出发来选择词汇，创造意境和气氛，希冀将原作的文学精髓"归化"到本国文学领域之中。叶君健认同严复"信达、雅"的标准，同时也延展了其对"雅"的理解，叶君健眼中翻译的"雅"与严复基于语言层面讨论的"典雅"不同，叶君健认为"雅"是译者个性的体现，是"涉及原作精神活动或者个人情感的细腻再现"。② 以

---

① 叶君健：《关于文学作品翻译的一点体会》，载《中国翻译》，1983 年第 2 期，第 8-16 页。

② 刘军平：《后严复话语时代：叶君健对严复翻译思想的拓新》，载《外语与外语教学》，2015 年第 6 期，第 69-74 页。

此角度来审视叶君健的译作，不难看出其翻译思想与翻译策略的联系。叶君健崇尚"创译"，其翻译作品从语言上看无明显异化或归化痕迹，而往往汇聚欧化语言与中国语言风格之精华。另一方面，叶君健在翻译时虽严守忠实原作的底线，但在语言风格上具有较大的自由度。在叶君健看来，"文学和艺术作品毕竟不是科学，而是触及'灵魂'的东西，这里面有'朦胧'和'似与不似之间'的成分，要用像数学那样精确的形式表达出来是不可能的"。①

(三) 重视翻译的社会效应

从小乡村到大城市，叶君健树立了"科学救国"的信念，从梦想成为科学家或工程师到弃理从文，成长为"以文字为武器"的翻译家，"报国"始终是驱使叶君健前进的强大动力，而社会效应是叶君健从事翻译事业时考虑的重要因素。叶君健对翻译社会功用的重视则体现于其翻译选材上。

正是源于对"文学的功用"的认知，他在《我的青少年时代》中写道，"文学的功用是反映社会、解剖社会、找出社会的病源，从而推动它向前，向更合理的方向迈步"。② 在叶君健看来，"翻译一部外国名著，也就意味着本国文字中原没有这样的佳作，把它译过来，意味着给本国文学增添了一份财富"。③ 叶君健翻译《安徒生童话》则印证了其对"文学功用性"及"增添财富"的推崇。20 世纪六七十年代的中国缺乏儿童文学，叶君健对安徒生童话的翻译极大地丰富了中国儿童文学的宝库，无疑为中国文学增添了财富。

此外，"翻译报国"是叶君健重视翻译社会效应的重要体现。纵观叶君健的翻译活动，不难发现，其翻译理念在于：翻译为革命服务，翻

---

① 叶君健：《关于文学作品翻译的一点体会》，载《中国翻译》，1983 年，第 2 页，第 8-16 页。
② 叶君健：《我的青少年时代》，收录入《叶君健全集》(第十七卷)，北京：清华大学出版社，2010 年，第 334 页。
③ 叶君健：《翻译也要出"精品"》，载《中国翻译》，1997 年第 1 期，第 30 页。

译能够发挥救亡启蒙作用。无论是翻译毛泽东著作、翻译出版系列反映抗战的文学作品，抑或为国际友人提供口译服务、创办《中国文学》英文刊物对外介绍中国当代文学、古典文学和新文化运动时期的文学，叶君健不吝于将自己的语言才能贡献于抗战事业，以翻译为武器，身体力行加入救国行列。不仅如此，叶君健所选的翻译作品大多具有教化和启蒙意义，其在翻译作品时也力求使译本在读者群体发挥的教化作用。叶君健在撰写的《童话作家安徒生》中反复提及安徒生的创作观点"当我写一个讲给孩子们听的故事的时候我永远记住他们的父亲和母亲也会在旁边听，因此我也得给他们写一点东西，让他们想想"。① 足可见叶君健十分认同安徒生童话的广泛教化作用，即：既可帮助儿童塑造人生观、价值观和世界观，又可达到"教育成年人"的目的。其子叶念先评价道，"儿童喜欢安徒生童话的故事，从中得到辨别是非的教益。成年人非常喜欢安徒生童话中的哲理、诗意和对人世丑态的善意讽刺"。足可见，叶君健的安徒生译本成功发挥了预期的社会效应。

第九节　自由与求真：夏道平的汉译经济学实践

夏道平被誉为"中华汉译经济学第一人"。他 1907 年出生于湖北大冶，1995 年卒于中国台湾台北市。他的一生几乎与 1900—2000 年重叠，而这一世纪的中国，从内忧外患到国富民强，前后变化翻天覆地。作为一名学者，夏道平治学之余，在翻译方面也贡献良多。

一、夏道平生平概述

夏道平（1907—1995），湖北大冶县人，著名思想家、经济学家、翻译家、教育家，因研究兴趣广泛，成就涉及多个学科而成为台湾地区享受盛誉的多栖名家。幼年时期的夏道平家境殷实，早年的私塾教育为

---

① 王娜：《叶君健与〈安徒生童话〉在中国的译介、传播和接受》，收录入《"湖北作家与外国文学"全国学术研讨会论文集》，2007 年，第 126-132 页。

他的传统古典文化根基打下坚实基础，后赴武昌投考新制学校读中学，1929 年考取武汉大学文预科班，两年后毕业直升武汉大学法学院经济学系本科，1935 年毕业于武汉大学经济学系。毕业后，在母校先后任助教、讲师，共计五年，[①] 其间得力于任凯南、杨端六两教授的继续教导，对于古典学派经济思想及当时新起的凯恩斯学说，作了进一步研究攻读。抗日战争爆发后，随校迁至四川，其间因一次空袭险些丧命。此后夏道平遂毅然弃笔从戎，投身抗战前线任职于军政机关。1949 年去台湾后在大专学校任教。1995 年 12 月 23 日傍晚，这位有胆识的知识分子，带着一份乡思，安详地离开了尘世，享年 88 岁。

二、译学生涯与翻译思想

夏道平不仅是著名思想家、经济学家、教育家，更是一位杰出的翻译家。早期他翻译了米塞斯《反资本主义心境》之后，夏道平又翻译了米塞斯的《经济学最后基础》和《人的行为》以及相同学派的海耶克、海布拉、罗勃克等人的名著数种。《人的行为》这本书有 80 多万字，是米塞斯理论体系的代表作。随着对奥派理论钻研兴趣的加深，夏道平又翻译了米塞斯的弟子哈耶克最精彩的论文集《个人主义与经济秩序》和洛卜克的《自由社会的经济学》。1991 年，台湾地区远流出版公司将夏道平翻译的五种经济学著作结集再版。2015 年 9 月，《人的行为》简体字译本由上海社会科学院出版社出版。[②] 在翻译的过程中，他对奥地利经济学派理论愈来愈欣赏，对经济自由的认识也愈来愈深刻，从而进一步理清了自己的思路。出于对米塞斯的敬仰，夏道平不只是简单地原文照译，而是将翻译与专业研究相结合，与学术传承相结合，在寂寞中享受智慧之乐，传播学术之光，为此长坐冷板凳也无怨无悔。[③]

---

① 大冶县政协文史资料委员会．大冶文史资料（第 7 辑）：名人与大冶1[M]．大冶县政协文史资料委员会，1994.

② 刘远芳：《三栖名家夏道平》，载《档案记忆》，2016 年第 8 期，第 35-37 页。

③ 刘远芳：《三栖名家夏道平》，载《档案记忆》，2016 年第 8 期，第 35-37 页。

作为一名学者型译者，夏道平往往会通过译者序等副文本形式反映他对原作者思想的理解，并借此向读者介绍原作者和原著。他几乎为自己的每一部译著都撰写了译者序。从 1944 年出版的译著《〈分配经济学〉译者序》到后来的《〈经济科学的最后基础〉译者序》《〈经济学的最后基础〉修订版译者序》《〈个人主义与经济秩序〉译者序》《〈个人主义与经济秩序〉修订版译者序》《〈人的行为〉译者序》《〈人的行为〉修订版译者序》《〈自由社会的经济学〉译者序》《〈自由社会的经济学〉校订版译者序》《〈消费支出税〉译者的话》《〈经济成长与安定〉译者序》和《〈自由经济的魅力——明日资本主义〉译者序》。在每篇译者序中，夏道平都会详细说明自己在翻译过程中的思考，并结合原作的内容和原作者的思想对一些重要名词的译法做出解释。这些解释和说明在阐释他的翻译思想的同时，实际上也构成了读者进入他的译作的门槛，亦为后人研究提供了翔实的文献资料。

从这些译者序中可以看出，夏道平的翻译态度极为严谨，尤其注重细节的推敲和重要译名的处理。他曾经在《经济学者应注意的一个小小"S"》一文中专门论及经济学家亚当·斯密的名著"*An Inquiry into the Nature and the Causes of the Wealth of Nations*"书名的译法。他表示自己更愿意按照严复最早的翻译方法译为《原富》，而非更为通行的译法《国富论》。在他看来，《国富论》译法的问题在于它凸显"国"字，因此很容易误导读者因为原作者的经济思想倾向于经济发展的国家主义，而原著作者亚当·斯密的伟大之处恰恰在于坚持理想的国际主义，排斥褊狭的国家主义，在原著中他在讨论具体案例和论证过程中也常用表示复数的"nations"（即多个国家，或者说"国际"）。《原富》虽然也没能体现复数的"s"（nations），但却因为从字面上同时省略了"国"字，因而也就避免对经济国家主义的误解。故而，夏道平写道，"从表面上看，这好像是很小很小的事情。但在观念上却会衍生对立的差异，以致在政策上可能带来严重的后果。问题就发生在原著的书中'Nations'这个字的尾巴's'是否受到应有的重视。这个小小的's'之有无，关系到这本书所讲的是什么经济学：国际主义的还是旧家主义的？这确实是个很严重的区分"。① 在翻译米塞斯的《反资本主义的心境人的行为》时，原作者米塞斯频繁使用"ideology"一词，他将其译为"意理"。他在初次翻译 *The Ultimate Foundation of Economic Science* 一书时，将书名译为《经济科学的最后基础》，也按照字面意思将"economic science"译为"自然科学"。但是当本书修订版出版时，他将其改译为"经济学的最后基础"，并在译者序中对此译名修改做出了如下解释：

> "'科学'（science）一词，在欧洲大陆的语言传统中是用来指称任何有组织的知识体系。但在英美的语言习惯中，一讲到'科学'就只是指自然科学。奥国学派经济学家的特征之一是一贯地反对采用或模仿自然科学方法来研究人的行为或社会现象的。所以米塞斯所使用的'科学'一词，当然是欧陆语言传统中的意义。而与自然科学绝不相干。我为避免那些惯于只读英美文献的人士或有的误想，所以对这个修订版的书名作这样的改译。这一改译，与著者的原意毫无差异。因为他在本书中交换使用的 economic science 与 economics 这两个名词，是完全同义的"。②

在夏道平自我批评和自我否定的背后体现的是他对翻译本质深刻的认识。他注意到原文本"economic science"在原文化语境和原文本中内在的意思，更意识到按照字面翻译可能导致的对原文作者思想和原著精神的误读，因而宁愿偏离字面忠实，也要力求"与原著者的原意毫无差异"。从这个意义上说，夏道平对细节和关键性译名翻译的处理一方面表明他在翻译过程中是将"忠实"作为最高标准，极为尊重原作者，坚持忠实于原著，而且这种忠实并非"字面"的意思，而是对原著内在精

---

①　夏道平：《经济学者应注意的一个小小"S"》，载何卓恩、夏明《夏道平文集》，长春：长春出版社，2013年，第150-151页。

②　夏道平：《经济科学的最后基础》修订版译者序，载何卓恩、夏明《夏道平文集》，长春：长春出版社，2013年，第177页。

123

神和原作者思想的再现。

在翻译操作层面，他通过增加译者注、细心查证、附加原文等方式确保能够向读者准确的传达原著的意思。在《经济科学的最后基础》一书译者序中，他曾经如此描述自己在翻译过程中的具体做法：

> "本书的原文里面，有些冗长的句子和不习见的名词。关于前者，译者尽能力之所及译成可读的中文，而对于原意力求不增不减。关于后者，也尽可能从作者的其他著作或别人的著作中查出，分别加以'译者注'。在 12 条'译者注'中，除掉名词的注释以外，有几条是补充原文的意义或弥缝原文的漏洞。人名的译名，除掉通行者外，有的是查自《英汉综合大辞典》的附录人名音译（商务），有的是查自《标准汉译人名地名表》（商务），也有少数无从查考的则由译者试译。人名的原字，附于第一次出现的译名之后。"①

林语堂曾经指出译者的责任有三层，对于原作者的责任、对于读者的责任和对于译者自己的责任。② 如果说忠实于原著精神是对作者负责，那么重视译者批评和监督则反映了对读者负责的态度。夏道平认为"要树立翻译界谨慎负责的风气，固然要靠译者本身的自律，同时更有赖于众多的读者之严格督责"，而且热情地欢迎读者批评，称"读者如有肯耐心对照原著阅读而发现译文的错误不管是严重的或不太关紧的，译者都竭诚欢迎批评指教"③。当《经济科学的最后基础》修订版出版的时候，他又进一步细心修改译文，不仅修改了前一版对原文意思误译之处，而且修饰和更正了标点符号，借助译者序向读者说明部分译名

---

① 夏道平：《经济科学的最后基础》译者序，载何卓恩、夏明《夏道平文集》，长春：长春出版社，2013 年，第 175 页。

② 林语堂：《论翻译》，载朱志瑜，张旭，黄立波《中国传统译论文献汇 4：1930-1934》，北京：商务印书馆，2021 年。

③ 夏道平：《经济科学的最后基础》译者序，载何卓恩、夏明《夏道平文集》，长春：长春出版社，2013 年，第 175 页。

的具体译法及其原因。他解释道"在初版里面，'行为学''行为通论''行为科学''行为主义'这几个译名，都是在断断续续的翻译过程中按照原文随手直译而未精心推敲，以致混淆不清，兹将原文的 science of human action，统统简译为'行为学'或'人的行为学'。如果原文的 science 字尾加了's'而成为复数，我就译作'行为学科'"。① 而对于"human"究竟译为"人"还是"人类"，他同样做出了细致的考证，认为作为集体名词和复数所指的"人类"很容易引起误解，导致对作为单数的"人"的忽视，而原作者和原著所处的思想体系更强调个体化，因而应该译为"人"。对《个人主义与经济秩序》一书的译文，他同样一方面严厉地自我批评说"拙，是指有些句子译得太长，没有摆脱原文句法的拘束，让读者费劲劣，是指有些地方，竟把原意弄错了，这是译者该打自己手掌的"，另一方面又"逐字逐句读它，遇到稍有疑惑，即查对全文，因而改正不少"，② 并且补充缺译。这些看似译者应该做的，但却也反映了夏道平作为译者诚实的品格和对读者负责的态度。

当然对读者负责，勇于接受读者批评并非意味着译者要消弭自我，盲目按照读者的批评修改译文，而是要敢于坚持，甚至挑战固有的认识。校订人吴惠林先生批评并质疑夏道平将"category"译作"元范"而非汉语中通行的"范畴"这种做法是否恰当，夏道平意识到原文作者使用"category"更多是指"先验经验"而汉语中"范畴"一词则往往蕴含着经验的成分，所以他虽然在修订版中尝试将译文口语化但也坚持了自己原来的译法。类似的情况同样反映在他对哈耶克名著 *Individualism and Economic Order* 书名的翻译，为避免"individualism"译成"个人主义"进而引起读者的反感，他曾经将其译为"个体主义"，但后来又重新译回"个人主义"。为此，他同样在译者序中作了细致的解释：

---

① 夏道平：《经济科学的最后基础》修订版译者序，载何卓恩、夏明《夏道平文集》，长春：长春出版社，2013 年，第 177 页。

② 夏道平：《个人主义与经济秩序》修订版译者序，载何卓恩、夏明《夏道平文集》，长春：长春出版社，2013 年，第 183 页。

"英文 individualism 这字在中国向来是译作'个人主义'。这个名词，由于反对者的故意歪述，也由于赞成者的肤浅传播，更由于不经心者的误解，以致被滥用得不成样子。所以有些有心人为避免这些混淆的困扰，特意把原译的'个人主义'改为'个体主义'。有个时期，我也同意这一改译而且使用它。近年来我又觉得我们不应当放弃那个原译名，因为原译名当中被改掉的那个'人'字太重要，太重要。"①

或许这种译者的风骨和对真理的坚持构成了夏道平对翻译标准最好的诠释：翻译的最高标准就是求真。

---

① 夏道平：《经济科学的最后基础》修订版译者序，载何卓恩、夏明《夏道平文集》，长春：长春出版社，2013 年，第 180 页。

"盖报纸者，人类思想交通之媒介也。夫社会为有机体之组织，报纸之于社会，犹人类维持生命之血，血行停滞，则立陷于死状，思想不交通，则公共意识无由见，而社会不能存在。有报纸，则各个分子之意见与消息，可以互换而融化，而后能公同动作，如身之使臂，臂之使指然。报纸与人生，其关系之密切如此。故报纸之知识，乃国民所应具。"①

---

　　①　戈公振.中国报学史·自序[M].北京：中国新闻出版社，1985：1.

第三章　近代湖北译报译刊专题研究

新闻报刊是近代中国开启民智、传播新知的重要工具，也是各类翻译文本得以刊载和流布的重要渠道。本章以近代湖北创办的各类报纸杂志的发展及其翻译实践活动为中心展开讨论。

第一节　近代湖北译报译刊概说

据戈公振《中国报学史》考证称，中国之有报纸始于汉唐以迄满清之际的"邸报""塘报""京报"，① 足见报纸在中国发展之早。来华传教士李提摩太亦称西方所出报纸虽多但"尚未及中国京报之早"。② 近代以来，新闻报纸在中国取得了长足发展，产生了重大的社会影响，而翻译文本则是近代报纸常见的信息来源。早在 1843 年林则徐奉旨到广州禁烟之时，就曾经创办《澳门新闻纸》，以翻译西方报纸新闻探查"夷情"供官方参考。另一方面，部分传教士为传教目的也曾在中国创办报纸。

鸦片战争之际，为应对危机，清政府开始推行洋务运动，以郑观应、薛福成、冯桂芬、李鸿章、张之洞等为代表的士绅阶层开始逐渐意识到报纸所具有的"达上下，通内外"③之社会功能，而王韬更是开创了报刊政论文体，以求通过报纸开启官识民智。甲午战争之后，民族危

---

① 戈公振.中国报学史[M].北京：中国新闻出版社，1985：20-30.

② [英]李提摩太：《中国各报馆始末》，载杨光辉等《中国近代报刊发展概况》，北京：新华出版社，1986 年。

③ 阳金洲.中外新闻传播史（第 3 版）[M].北京：中国传媒大学出版社，2017：199.

机进一步加重，康有为、梁启超等为代表的传统知识分子大声疾呼，再次倡导变法、救亡图存，报纸再度成为宣传革新思想的工具与载体。康有为疾呼"设报达聪"，直陈"宜令直省要郡各开报馆，州县乡镇亦令续开，日月进呈，并备数十副本发各衙门公览"，认为办报是解中国之弊的良方，倡导"令总署派人每日译其（指西方各国——引者注）政艺，以备乙览，并多印副本，随邸报同发，俾百僚咸通悉敌情，皇上可周知四海"。① 康有为本人先后创办《万国公报》《强学报》等报纸，宣传维新变法思想，其弟子梁启超也与黄遵宪、汪康年等创办了《时务报》，并亲自担任主笔。该报很快风靡全国，政论为之一新，影响遍及各个阶层，报纸的社会影响力之大得到了更为直观的展现，一时之间，倡言办报者数不胜数。仅"1896—1898 年的两年时间里，由资产阶级改良派直接或间接创办的报刊达 70 多家"。② 民办报纸随之兴起，上海、北京、天津、广州、汉口、武昌等地，各类民报遍地开花。迫于内外压力，清廷亦组织创办了《官书局报》与《官书局汇报》，刊登谕折和各类译文。庚子之后，官报进入全盛时期，从京师到地方，各种官报层出不穷。加上早已广泛存在的外籍人士创办的外报和私人创办的民报，形成了官报、民报、外报并存的繁荣景象，而湖北 1911 年之前已有各类报纸杂志有40 余种。③

　　湖北译报译刊正是在此历史背景下产生并发展，张之洞本人的认识和在湖北推行的一系列改革也对湖北新闻报纸的发展起到了重要推动作用。他在《劝学篇·阅报》中直陈报纸可以"宣国是""达民情"，又称当时国内创办的各种报纸"虽论说纯驳不一，要可以扩见闻，长志气，涤怀安之酖毒，破扪钥之瞽论"，并直言"报之益于人国者，博闻，次也；

---

　　① 康有为：《上清帝第四书》，载朱移山《中国新闻传播史文选》，合肥：合肥工业大学出版社，2016 年，第 41 页。

　　② 阳金洲.中外新闻传播史（第 3 版）[M].北京：中国传媒大学出版社，2017：202.

　　③ 湖北省地方志纂委员会纂.湖北志·新闻出版（下）[M].武汉：湖北人民出版社，1993：209-210.

知病，上也"。① 基于这样的认识，他不仅大力支持《时务报》的创办，还主动利用自己的影响力向各级官员、衙门派发该报，以扩大其影响，同时还亲自创办了近十余种报纸杂志，其数量之多、影响之大"在清末所有的督抚要员之中，实属罕见，无可企及"。② 当然，张之洞创办官报有其自己的目的。作为清廷依靠的地方大员，张之洞并不希望报纸的发展危及清廷的专制统治，而是希望借助官报与外报和民报相抗衡，进而遏制革命思潮的传播，把持政、学、农、商等领域的舆论阵地。他认为"官报之与民报不同，务须宗旨纯正，体裁谨严，凡所录必禅实用，凡有记载，力戒虚妄，庶足以正人心，体裁谨智，息邪波而助政教"。③ 虽然如此，张之洞也有其进步的一面。他积极鼓励培育人才，启发民智，认为"智以救亡，学以益智，士以导农工商兵。士不智，农工商兵不得而智也"④，提倡士人出国游学，"出洋一年，胜于读西书五年""入外国学堂一年，胜于中国学堂三年"。⑤ 在他的鼓励和倡导下，清末湖北留日学生多达五千人，⑥ 人数居全国各省之首。他在《劝学篇》中提出设学堂、改学制、广译书等主张。他虽为"清流派"却并非只知"清议"不知实务的空谈之徒。相反，张之洞在督鄂期间以湖北为"试验田"推行了一系列改革，通过制办实业、训练新军、兴办文教、裁撤冗员、革新机构等，很快使得"湖北成了全国的洋务中心，各省争相效仿"。⑦

与张之洞改革措施相伴而行的是《译书汇编》《教育新报》《湖北农会报》《湖北地方自治研究会杂志》《湖北警务杂志》《湖北官报》《湖北学

① 张之洞、李忠兴评注．劝学篇[M]．郑州：中州古籍出版社，1998：131-132.

② 刘望龄：《张之洞与湖北报刊》，载《近代史研究》，1996年第2期，第44-65页。

③ 张之洞．张文襄公全集[M]．北京：中国书店，1990：827.

④ 张之洞，李忠兴评注．劝学篇[M]．郑州：中州古籍出版社，1998：112.

⑤ 张之洞，李忠兴评注．劝学篇[M]．郑州：中州古籍出版社，1998：117.

⑥ 刘晨晖．震荡晚清六名臣[M]．北京：团结出版社，2017：287.

⑦ 张之洞．劝学篇[M]．郑州：中州古籍出版社，1998：131-132.

报》《湖北教育学报》《湖北商务报》《湖北警务报》《扬子江小说报》《湖北学生界·汉声》等的创办。这些译报译刊或以单篇文章方式译介国内外政治、商务、教育、军事、文化新闻，或以连载的方式翻译日本与西方著作，它们在传播新学、开启民智、打破传统思想禁锢等方面起着极为重要的作用。比如《湖北商务报》宣传商务，大量译介各国商情、商务、商律，《湖北学报》大量译介国外教育学、历史学、地理学和外交学理论与实践，介绍国际局势等，均起到了启蒙和教育的功能。"可以说，中国社会是在受由西方引入的新学影响之下逐渐走上近现代化变革历程的，而其间新闻传播媒介的作用不仅体现在文化的浸润、濡染方面，同时也由于其自身的影响而显示出新闻媒介对现代社会形成的重要意义。"①正是由于近代湖北译报译刊在近代湖北乃至近代中国知识建构和社会转型等方面起着极为重要的影响，所以需要以之为对象和史料，探究其作为媒介所发生的古与今、中与西、新与旧的思想碰撞、互动与激荡，以及在此过程中所发生的知识迁移与知识生产。

　　本章所说的译报译刊是指近代湖北刊登各种新闻类译文的报纸杂志。此处所探讨的湖北译报译刊并非戈氏所说的"译报"，而是以官报、民报或专业报纸杂志中兼顾刊发译文的报纸期刊为关注对象，不过，近代湖北译报译刊之创办与办报策略与"译报"有着较多相似之处，了解清季"译报"之发展对认识湖北译报译刊亦有助益。关于译报之发展，戈公振在《中国报学史》一书中曾专门论及②，此处不赘。需要说明的是，将报纸和期刊置于同一章节之下首先是因为清末民初之际，报纸和期刊之间的分野相对较为模糊，名为"某报"实则为期刊的刊物比比皆是，从名称上进行区分，相对比较困难。其次，在当时两者实际的社会功能较为相似，"报纸与杂志，普通包括于定期刊行物名义之下，正以

---

　　①　李敬一. 中国传播史论[M]. 武汉：武汉大学出版社，2003：278.

　　②　戈公振在《中国报学史》中对"译报"的缘起与流变及其办报策略有着较为简要的概括，了解清季译报之发展对认识湖北译报译刊亦有助益。转录自戈公振《中国报学史》，北京：中国新闻出版社，1985年，第81-83页。

其形式内容及对于社会之作用，有许多相似之点也"。① 再次，本研究的重点在刊物所载译文而不在刊物本身，故本章对报纸和期刊不作区分。

第二节　湖北留日学生创办的译报译刊

甲午战败，众多有识之士纷纷主张向日本学习，开始从日本转译西书，并派遣留日学生。于是在 20 世纪初的十年中出现了"世界史上最大规模的学生出洋运动"。② 其中，湖北派遣的留日学生无论是数量还是其对近代中国历史之影响都举足轻重。这些留日学生在经受日本和西方思想洗涤的同时，不忘救国。他们先后创办了《译书汇编》《国民报》《湖北学生界·汉声》《教育新报》等，积极译介海外新闻和西方知识，宣传革命和救国思想，影响遍及海内外。

一、《译书汇编》

《译书汇编》是清末留日学生创办得最早的法政类期刊，以翻译介绍东西各国有关政治、法律、兵农、工商等方面的著述为主，也刊登各国理财、历史、哲学等方面的译述。辛亥革命元老冯自由赞誉该杂志"译笔流丽典雅，风行一时。时人咸推为留学界杂志之元祖。自后各省学生次第倡办月刊，吾国青年思想之进步，收效至巨，不得不谓《译书汇编》实为之倡也"。③ 由此可见，《译书汇编》的影响不仅在于其对西方法政思想的译介，更在于其作为留学生创始刊物的开创之功。

(一)《译书汇编》简介

《译书汇编》创刊于1900 年(光绪二十六年)12 月 6 日。该杂志英文名为"*The Yi Shu Hui Pien：A Monthly Magazine of Translated Political*

---

① 戈公振. 中国报学史[M]. 北京：中国新闻出版社，1985：5.

② [美]费正清著，中国社科院历史研究所译. 剑桥中国晚清史(下)[M]. 北京：中国社会科学出版社，1985：393.

③ 冯自由. 革命逸史[M]. 北京：新星出版社，2009：81.

Works"，由名称可知该杂志以刊载政治著作译文为主，其目的是"采择东西各国政法之书，分期译载，务播文明思想于国民"。① 该杂志在日本东京出版，为便于在国内发行遂于上海设有发行站，月刊，每月15日出刊。《译书汇编》的创办和编辑事宜具体由译书汇编社负责，其编辑有坂崎斌、胡英敏等。根据《译书汇编》第二年第一期上所列名单，译书汇编社成员有14位。社长为戢翼翚，社员大多是励志会会员②。从颁布的五条会规看，该会以"联络感情，策励志节"为宗旨，其纲领是："研究实学，以为立宪之预备；养成公德，以为国民之表率；重视责任，以为辨办之基础。"③这种"研究实学""重视责任"的精神始终贯穿于《译书汇编》编辑过程之中。

图 3-1　《译书汇编》第一期封面

① 佚名：《绍介新著：译书汇编：社员辑译，东京译书汇编社印行》，载《新民丛报》，1902年第6期，第115-116页。
② 励志会为庚子年间（1900年）东京留学生界所组织，开留学界创设团体之先河。
③ 沈渭滨．孙中山与辛亥革命[M]．上海：上海人民出版社，2016：152.

据《译书汇编》创刊号"简要章程"所载办刊宗旨称："是编所刊以政治一门为主，如政治、行政、法律、经济、政史、政理各门，每期所出，或四类或五类，间附杂录。政治诸书乃东西各邦强国之本原，故本编先刊行此类，兵农工商之书，亦有译出者，以后当陆续择要刊行。"在实际办刊过程中，该杂志的侧重点又往往因时事和政治需要几经变化。1900 年到 1901 年间是刊物发展的初期。初期以编译 18、19 世纪欧、美、日本等国资产阶级政治、法律方面的著述为主。自 1902 年开始刊物定位有所调整。刊物编辑部在 1902 年第二卷第一期刊发《译书汇编发行之趣意》《本编改良规则》《本编改良告白》和《本编之特色》四篇文章，声明刊物宗旨是探求"学理"，特别指出中国维新事业落后于日本的一大原因就是不解"学理"。《趣意》首先把立国的三要素"土地、人们、生产"和造筑"木石、场所、匠人"进行比较，得出经营之法及秩然有序的重要性，继而指出治理天下需要建立完善的行政制度，需改革行政。若国家进行改革，则需学习他国的制度，然国内此类书籍比较少，再者学习不能止于皮毛，要"学理"，要知其所以然，故而在外求学的留学生就担起向国内输入文化的重任，把国外关于"学理"的最新出版物和关于行政理财的书，汇辑成编。① 基于这个目的，《译书汇编》热衷于介绍宪政理论，认为中国要学习法国、欧洲、美国和日本的制度，并探究原因，专门登载西方和日本法政名著译文节选。此前译书多重科技、工艺等，而该刊侧重译介政法、制度方面的知识，从这个意义上说，《译书汇编》重"学理"、求"真谛"之卓识，在当时实属难能可贵。

1902 年 12 月之后，体例又为之一变。从早期不分栏，调整为分栏刊文，开设政法片片录、警察学、时事漫谈、警醒录、政治、法律、经济、历史等栏目，译论并举，分析时政，抨击列强侵略及清朝政府的媚外政策，鼓吹革新变政。办报宗旨也调整为："取他人之思想，而以我之思想融会贯通之……以同仁数年之研究心得，借以本编发表之。"② 在

---

① 译书汇辑部：《译书汇之发行意趣》，载《译书汇编》，1902 年第 2 卷第 1 期。
② 佚名：《改正体例告白》，载《译书汇编》，1902 年，第 2 卷第 9 期。

内容方面则转为以著述为主，编译为辅。1903 年刊物改名《政法学报》。据当年该报刊发于《新民丛报》的广告称"《译书汇编》久为学界所推赏，然类近丛书，颇非报体。去年第九期而后体例大加改良，今乃更易为是名"①可知，更换名称是考虑到杂志体例从译著连载的"丛书"体例向真正的报纸转变的实际需要。

（二）《译书汇编》译介实践与影响

《译书汇编》起初以译介欧美及日本的政治学说为主，亦涉及法律、经济、外交、历史、哲学诸领域。在"求理"宗旨的指导下，《译书汇编》社员大量翻译日本明治时期的各类法政著作。据统计，《译书汇编》第一年发行了 9 期，刊文共 47 篇，将连载的篇目合并之后，有译作 15 种（见表 3-1），第二年发行了 12 期，刊文 51 篇，但由于第二年第 9 期起转为著述体例，第二年只有译作 10 种（见表 3-1）。总计，自 1900 年创刊至 1902 年（第二年第 9 期），共刊载翻译书籍约 20 余种（见表3-1），此后较少刊载翻译著作。

表 3-1　译书汇编社翻译政治经济类著作及文章

书/篇名	作者	译者	出版期刊
政治学	[美]伯盖司	不详	1902 年第 1，2，6，8 期
国法泛论	[德]伯伦知理	不详	1902 年第 1，2，3 期
政治学提纲	[日]乌谷部铣太郎	不详	1902 年第 1，2，7，9 期
社会行政法论	[德]海留司烈	不详	1902 年第 1 期
万法精理	[法]孟德斯鸠	不详	1902 年第 1，2，3 期
近世政治史	[日]有贺长雄	不详	1902 年第 1，2，3，6，8 期
近时外交史	[日]有贺长雄	不详	1902 年第 1，3，5，6，9 期
十九世纪欧洲政治史论	[日]酒井雄三郎	不详	1902 年第 1，2 期

① 佚名：《绍介新书：政法学报（原名译书汇编）：东京译书汇编社刊》，载《新民丛报》，1903 年第 30 期，第 102 页。

续表

书/篇名	作者	译者	出版期刊
民约论	[法]卢骚	不详	1902 年第 1，2，4，9 期
权力竞争论	[德]伊耶陵	不详	1902 年第 1，4 期
政治哲学	[英]斯宾塞尔	不详	1902 年第 2，3 期
理财学	[德]李士德	不详	1902 年第 2，3，4，8 期
物竞论	[日]加藤弘之	不详	1902 年第 4，5，8 期
现行法制大意	[日]樋山广业	不详	1902 年第 5，6，7，9 期
各国国民公私权考	[日]井上毅	不详	1902 年第 8 期
外交通义	不详	不详	1902 年第 1，2，3，4 期
欧洲财政史	不详	不详	1902 年第 1，2，3 期
警察学	[日]宫国忠吉	不详	1902 年第 1，3 期
法律学纲领	[日]东京法科大学教授法学博士户水宽人	不详	1902 年第 1 期
欧美各国比较财政及组织	[德]海开路	不详	1902 年第 2 期
支那化成论	[英]胡奋	立法学士解说	1902 年第 5，6，7 期
欧美日本政体通览	不详	赤门外史编辑	1902 年第 5，6，8 期
最近俄罗斯政治史	不详	不详	1902 年第 5，6 期
伦理学	[日]高山林次郎	元和汪荣宝	1902 年第 7 期
日本财政之过去及现在	[日]法学士小林丑三郎	上海王宰善	1902 年第 8 期

续表

书/篇名	作者	译者	出版期刊
俄罗斯之国会	[日]法学博士户水宽人	不详	1902 年第 12 期
孟子之政治主义	[日]中季子	不详	1903 年第 1 期
机外剑客杂著六种	[日]渡边国武	耐轩	1903 年第 1，2 期
日本矿律（明治二十三年颁布）	不详	唐宝锷	1903 年第 2 期
改造支那论	[日]高田早苗	不详	1903 年第 3 期
日本砂矿采取法（明治三十六年颁布）	不详	唐宝锷	1903 年第 4 期
摘译日本九州煤矿志	不详	唐宝锷	1903 年第 4 期
日本关税法	不详	唐宝锷译解	1903 年第 6，7，8 期
国际例案	不详	遵义黎渊译述	1903 年第 7，8 期合本
日俄战时国际法之评论	不详	耐轩译撰	1903 年第 7，8 期合本

在《译书汇编》上发表的译作中，虽然有众多欧美学者的作品，但据学者研究发现这些连载译文的底本大多是当时的日文本，而非欧美原本。1903 年的 8 期刊文中，刊有译作 9 种，大多数未注明原著者，而只标明了译者，且多为译述、译解和译撰等。这种情况的出现与译者自身的语言能力限于日语有关，也是晚清"译述"为主翻译风尚的体现。而对于《译书汇编》的读者而言，原作如何，译者是谁或许并不重要，

重要的是如何将新思想传播给民众，进而推动社会变革。

据国内学者庄驰原研究发现，《译书汇编》连载的译著大致包括明治初期启蒙思想家日译的西方论著和日本学界著名学者著作。出自加藤弘之（1836—1916 年）、何礼之（1840—1923 年）、井上毅（1843—1895 年）等人，他们由西文直接翻译的《国法泛论》《万法精理》《各国国民公私权考》等既构成明治维新时期的重要理论资源也为当时的留日学生提供了转译西学的底本。后一类著作的作者大多在当时的日本学界声誉甚隆。比如《法律学纲领》的作者户水宽人是明治 30 年代的日本言论领袖，而《论理学》作者高山林次郎则担任过著名的《太阳》杂志主编。其他则以东京帝国大学和东京专门学校的学者居多，之所以选择他们的著作或许与《译书汇编》成员大多在这两所学校学习法政专业有关。①

尤其值得一提的是，坂崎斌翻译的日本著名法学家有贺长雄（1860—1921）的《近世政治史》分别连载在《译书汇编》的第一、二、三、六、八期上。该书以欧洲 19 世纪政治斗争史为主要内容，其第三章第一节以《万国工人总会及德意志支部》为题介绍了马克思流亡伦敦，并召集各国工人之首领，创立万国工人总会（即第一国际）的情况及其宗旨、规约、组织机构和斗争纲领。② 这是中文报刊中最早出现的有关社会主义运动和马克思主义思想的介绍性内容。

《译书汇编》社原计划将所译各种书籍在《译书汇编》上分期连载完毕之后出版单行本，但这一愿望并没有完全实现。杂志中连载的译文大多只标书名和原著者，而未注明译者，只有少数后来印成单行本的标出了译者，如《民约论》译者杨廷栋、《物竞论》译者杨荫杭等。对于《译书汇编》的译者群体，我国学者庄驰原在《近代中国最早的法政翻译期刊〈译书汇编〉探微》一文中有过较为细致、深入的探讨，此处不赘，仅

① 庄驰原：《近代中国最早的法政翻译期刊〈译书汇〉探微》，载《翻译论坛》，2018 年第 3 期。

② 冯志杰．中国近代翻译史·晚清卷［M］．北京：九州出版社，2011：120-121.

参照该文将译者基本信息罗列如下：

表 3-2　译书汇编社译者信息表（按抵日时间先后排名）①

姓名	籍贯	抵日时间	费别	就读学校	赴日前就读学校
戢翼翬	湖北房县	1896	使馆官费	东京专门学校	自强学堂
钱承志	浙江仁和	1898	浙江官费	东京帝国大学法科	求是书院
陆世芬	浙江仁和	1898	浙江官费	东京高等商业学校	求是书院
吴振麟	浙江嘉兴	1898	自费	东京帝国大学法科	不详
章宗祥	浙江乌程	1899	南洋官费	东京帝国大学法科	南洋公学
富士英	浙江海盐	1899	南洋官费	东京专门学校	南洋公学
雷奋	江苏华亭	1899	南洋官费	东京专门学校	南洋公学
杨荫杭	江苏无锡	1899	南洋官费	东京专门学校	南洋公学
杨廷栋	江苏吴县	1899	南洋官费	东京专门学校	南洋公学
周祖培	江苏吴县	1899	不详	东京专门学校	不详
金邦平	安徽黟县	1899	北洋官费	东京专门学校	北洋大学
汪荣宝	江苏元和	1901	南洋官费	庆应义塾	南洋公学
曹汝霖	江苏松江	1901	自费	明治法政学院	汉阳铁路学堂

从表 3-2 可以看到，这 13 人中有 7 人毕业或就读于当时的东京专门学校（1902 年 9 月后改名为"早稻田大学"），3 人就读于帝国法科大学校，另有 3 人就读于东京高等商业学校、庆应义塾和明治法学院。

《译书汇编》杂志虽然是留日学生在日本创办的杂志，但是其读者群体却以晚清国内智识阶层为主。一方面，刊物所载译文随着杂志的销售而为晚清士人阅读。如孙宝瑄（1874—1924）在日记中十余处提及自

① 本表引自庄驰原《近代中国最早的法政翻译期刊〈译书汇编〉探微》，载《翻译论坛》，2018 年第 3 期，第 7 页。

己阅读《译书汇编》，鲁迅亦称自己常读《译书汇编》，并将其与《天演论》《时务报》并称，辛亥革命元老冯自由对《译书汇编》的赞誉更是广为人知。另一方面，《译书汇编》刊载的译文或在同时期其他报纸，如《新民丛报》《选报》上转载，或以单行本发行，对西方政法知识在晚清中国的传播有着极大的作用。

二、《国民报》

《国民报》(*The Chinese National*)系留学界最早提倡人权、倡言反清革命的报刊。刊物主要创始人之一湖北留日学生戢翼翚(湖北房县人)"为留日学生最初第一人，发刊革命杂志最初第一人，亦为中山先生密派入长江运动革命之第一人"。① 该报不仅首开晚清革命新闻宣传之先河，其译介亦侧重于英国、法国、美国、意大利、日本等国自强致富的历史文献，而且特别重视美、意、希等国家的独立史和法国革命史的翻译。

(一)《国民报》的创办与发展

1901 年(光绪二十七年)5 月 10 日，秦力山、沈翔云、戢冀翚等留日学生在日本东京创刊《国民报》。由于该刊"大倡革命仇满学说，措辞激昂"②，刊物创办者担心清驻日公使馆横加干涉，遂商请冯自由的父亲冯镜如(生长于香港)，以英国人京塞尔(Kingsell)(冯自由父亲的英文名)之名发行出版。③ 刊物出版后，报社同人又利用上海租界的特殊环境，将报纸运往上海，然后陆续向内地散发。

该刊的实际编撰者构成较为复杂：一部分是早期留日学生中的激进分子，如戢冀翚、沈祥云等，一部分是原来主编《译书汇编》的杨廷栋、杨荫杭、雷奋等人，还有一部分是参加自立军失败后宣布同保皇派绝交的秦力山等人。《国民报》以中文为主，间或刊载西文论说，主要设有

---

① 刘成禺. 世载堂杂忆[M]. 沈阳：辽宁教育出版社，1997：130-134.
② 冯自由. 革命逸史(上)[M]. 北京：新星出版社，2016：79.
③ 叶再生. 中国近代现代出版通史(第一卷)[M]. 北京：华文出版社，2002：763-766.

社说、时论、丛谈、纪事、来文、外论、译编、答问等八个专栏。作者一般不署名，多由秦力山、杨廷栋、杨荫杭、雷奋等执笔，有时会在篇末附以英文论说，由王宠惠执笔。①

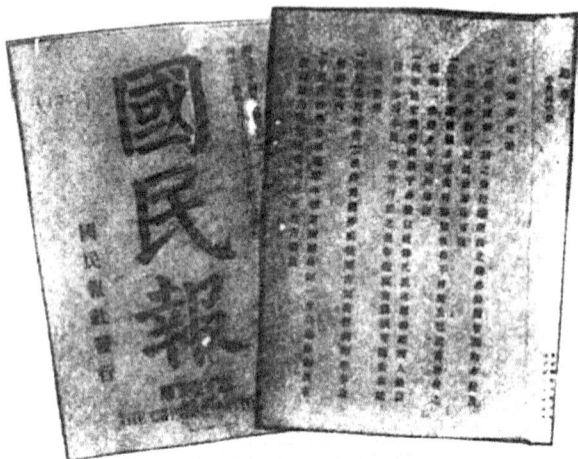

图 3-2　《国民报》创刊号

《国民报》第一期所载《倡办国民报简明章程》中开宗明义，称"就国民应有之责任以阐明公理名曰《国民报》"，其宗旨是"破中国之积弊，振国民之精神，撰述选译，必须有关中国大局之急务，毋取空谈，毋蹈偏私"。② 从中可知，刊物所载文章兼顾"撰述"和"选译"。章程对何为"国民"、何为"国民之责任"，亦有清晰解说。

《国民报》强调国与民密不可分的关系，国民对于国家政治文化发展不可推卸的责任，以及国家自强和民权保障之间的关系，从中亦可见

---

① 据载，王宠惠受邀参与创办《国民报》时年方 21 岁，其"在东京常以英文为《国民报》撰述时论，宣传资产阶级民主革命、民族共和等理论，与梁启超保皇党在日本所办报刊主张的君主立宪针锋相对，遂名噪一时"。参阅张寿祺《记王宠惠先生》，广州：广东人民出版社，2017 年，第 486 页。

② 佚名：《倡办国民报简明章程》，载《国民报》，1901 年第 1 卷第 1 期，第 2 页。

出西方思想之影响。创刊者在该报第一卷第一期《叙例》中更是猛烈抨击清廷专制统治，指出民权缺失的弊端在于导致"自忘其国土，终乃地割国危，而其民几至无所附属"，① 并强调办报的益处和宗旨在于：

> "……冀明我国民当任之责，振我同胞爱国之心。伊尹曰：使先知觉后知，使先觉觉后觉。拿破仑曰：报章者，国民之教师。先觉教师，则吾岂敢，若以唤起国民之精神，讲求国民之义务，自附于播种培根之末，或亦自尽国民之责欤！大雅君子，倘亦有乐。于是欤！民智渐开，民气渐奋，安见今日服从专制之人，不足抗衡于欧美，而享西国国民所享之人权也……"②

《叙例》言辞激烈，呼吁民众内争民权，外争独立，负国民之义务，求国家之振兴。对民权、革命、自由和独立的向往在发刊词中表达得更为直接：

> "倡独立之玄素，播革命之种子，光焰万丈，开作璀璨自由之花，出现于冤海波涛，如青凤之回翔，如祥云之布，我同胞之精神赖以昭苏，我同胞之灵魂为之震荡，我同胞其能乘潮急进，光复我祖国。从此人持一粒火，不化异族全为灰烬而不至乎！"

从上述论说可见西方自由和平等学说对《国民报》的深刻影响。《国民报》所刊登的文章痛击时弊，言论激进、革命，排斥保皇学说，宣传革命思想。其中，《说汉种》《中国灭亡论》《二十一世纪之中国》等文章，大声疾呼指出当前民族命运的危急，猛烈抨击了清廷及其封建专制制度，提出了暴力推翻清政府的主张。《国民报》还以较多篇幅，从各方面阐述国民的权利，要求提高国民的自觉和责任感，明确提出一国之

---

① 佚名：《叙例》，载《国民报》，1901 年第 1 期，第 1-2 页。
② 佚名：《叙例》，载《国民报》，1901 年第 1 期，第 1-2 页。

兴亡，责任在于国民。值得注意的是，该刊表露出强烈的批判精神和对
西方式民主实际效用及其适用性的质疑。不仅如此，《国民报》还通过
译介西方各国革命历史著作，向读者宣扬革命观念。

与当时许多自发创办的刊物类似，《国民报》也深受经费不足的困
扰。刊物运行经费"须由同志之人捐资"，而且直言"经费无多，支持
不易，尚祈各地志士慨与资助，庶可久持"。① 为便于操作，刊物编
辑部特地制订了捐款章程，附于文末。由于经费不足，报社创办初期
并未自置印刷机器，而是委托"日本印刷局代印"②，且只能决定先以
月刊形式发行，等到资金充裕的时候再视情况改为半月刊、旬刊或日
刊。在刊物发展早期曾受孙中山千元资助，但经费问题始终未能得到
妥善解决，最后因为资金短缺在出版四期之后于 1901 年 8 月 10 日
停刊。

《国民报》停刊后，部分成员转战上海创设《大陆》月刊，言论稍显
温和，但是保留了《国民报》倡导改革、排斥保皇的精神。从这个意义
上说，《大陆报》实为《国民报》之变相。

(二)《国民报》的译介实践与影响

《国民报》非常重视宣传英、法、美、意、日等国自强致富历史，
特别注重介绍这些国家的独立史、革命史以及哲学史。除了广泛译介世
界各国外交相关新闻外，还刊载了大量政治学著作，其中较具代表性的
有《美国独立檄文》《欧洲近代哲学》《革命新论》《孟德斯鸠学说》《亚力
斯度多政论》等。在报上刊载时，均不署撰译人姓名，仅部分标明了原
作者。这些译编篇目均呈现出明确的政治意图，体现了《国民报》对西
方民主、革命思想的译介，以及翻译救国的政治诉求。具体译编篇目
如下：

---

① 佚名：《倡办国民报简明章程》，载《国民报》，1901 年第 1 卷第 1 期，第
1 页。

② 佚名：《倡办国民报简明章程》，载《国民报》，1901 年第 1 卷第 1 期，第
1 页。

表 3-3　《国民报》上刊载的译编文章

栏目	篇　名	作者	译者	出版期刊
译编	美国独立檄文	不详	不详	第 1 卷第 1 期
	欧洲近代哲学卷之一(未完)	[法]阿勿雷脱	不详	第 1 卷第 1 期
	欧洲近代哲学：孟德斯鸠学说(续)	不详	不详	第 1 卷第 2 期
	革命新论前编(未完)	[美]威曼	不详	第 1 卷第 3 期
	亚力斯度多政论	不详	不详	第 1 卷第 4 期
	最近之支那(未完)	[英]可芬	[日]立作太郎	第 1 卷第 4 期

下面以《国民报》载《美国独立檄文》(今译《独立宣言》)为例作简要分析。《国民报》所载译文是《独立宣言》最早的中文全译本。译文标题并没有采用后来常用的"宣言"，而是使用了"檄文"即中国"古代统治者或战争中某一方战前用来征召、晓谕或声讨的文书"，① 其中隐含的革命意识和政治立场不言而喻。译文开头部分内容如下：

【原文】When in the Course of human events, it becomes necessary for one people to dissolve the political bonds which have connected them with another, and to assume among the Powers of the earth, the separate and equal station to which the Laws of Nature and of Nature's God entitle them, a decent respect to the opinions of mankind requires that they should declare the causes which impel them to the separation.

We hold these Truths to be self—evident, that all Men are created

---

① 刘峨：《论檄文的文体特点》，载《淮北师范大学学报(哲学社会科学版)》，2012 年第 2 期，第 74 页。

equal, that they are endowed by their Creator with certain unalienable Rights, that among these are Life, Liberty, and the Pursuit of Happiness—That to secure these Rights, Governments are instituted among Men, deriving their just Powers from the Consent of the Governed, that whenever any Form of Government becomes destructive of these Ends, it is the Right of the People to alter or to abolish it, and to institute new Government, laying its Foundation on such Principles, and organizing its Powers in such Form, as to them shall seem most likely to effect their Safety and Happiness…

【译文】世运日开，文明日进，自今而后，我国人民永脱他国政治之羁绊，而介于宇内强国之间，盖欲全我天然及上帝所赋不羁平等之位置，不得不与彼等（指英国下仿之）相分离而保我独立之权，谨以当日原因，播告遐迩，亦我辈不敢轻蔑世界舆论之至意也。

以下各条之真理，皆明若观火，允宜遵守，万世勿替。

一、凡为国人，一律平等，无贵贱上下之分。

二、各人不可夺之权利皆由天授。

三、生命自由及一切利益之事皆属天赋之权利。

四、个人权利必须保护，须经人民公许建设政府，而各假以权，专掌保护人民权利之事。

五、无论何时，政府所为有与以上诸条不合者，人民即可革命倾覆旧日之府而求遂其安全康乐之心，迨其得安全康乐之后，经众公议整顿权利更立新政府，亦为人民应有之权利。

仔细对比原文和译文可见出译者的"操纵"。一方面，译文将原文第一段中的第三人称更换第一人称，且将其表述为"我国人民永脱他国政治之羁绊，而介于宇内强国之间"，读起来与其说是对原文意思的再现还不如说是译者借原文之口表达了对当时之中国独立、自强的期许。

146

另一方面，把"all Men are created equal"中的"全人类"之意更换为"凡为国人，一律平等，无贵贱上下之分"，变为强调一国之内人人平等之意。同时又将"pursuit of happiness"译为"一切利益之事"。在整体内容上则着力宣扬"天赋人权""人人平等"之精神，以及资产阶级革命的进步性和正义性。

另外，该刊还特别关注国际局势，特别开辟出"纪事"栏目刊登不同国家之间交往互动相关的新闻，这些文章都译自《外交时报》①（详细篇目参见表3-4）：

表 3-4　《国民报》所译外交相关新闻

栏目	篇　名		出版期刊
纪事	半月外交史（1901年1月上半同下半）	合众国：合众国与胡内奇伊拉之倾轧	第1卷，第1期
		英吉利：女皇崩新王即位	
		俄国：皇族及大臣升迁	
		法国：法比和好	
		法国：改正教会财产课税之法及结社之法、一月十五日．开议结社法改正之案	
		英吉利：新立澳洲联合政府	
		法国：开议院	
		德意志：普鲁士议会及帝国议会	
		俄国：俄皇归京	

①　《外交时报》(1898—1998年)，日本外交杂志，外交时报社出版（月刊），杂志里的文章是时事评论、国际关系理论等的评述。

续表

栏目		篇　名	出版期刊
纪事	半月外交史	英吉利：国王赴德	第1卷，第2期
		英吉利：维多利亚女皇葬仪	
		和兰：女王结婚	
		德意志：运河法案	
		和兰：海音利喜公之尊称及职位	
		俄国：波斯湾诸港航路之开始	
		英吉利：德皇归国	
		俄国：对德国之关税争论	
		伊大利：查纳德利之新内阁	
		德意志：威尔特将军赴俄	
		法国：宗教结社法案	
		俄国：对合众国之关税战争	
		奥国：帝国议会之改选及宪法之危机	
		英吉利：国王亲临议院举行开院式	
纪事	半月外交史	伊大利：三国同盟	第1卷，第3期
		合众国：尼加剌牙运河条约	
		德意志：宰相演说	
		俄罗斯：学生暴动	
		法兰西：总督谈论殖民地	
		墺大利：两党相争	
		英吉利：上议院讨论陆军制度	
		伊大利：增加军费	
		德意志：皇帝负伤	
		合众国：大统领行就职式	
		英吉利：远征亚比西尼	

通过译介日本本土报刊所载各国外交和时事新闻增进了国人对世界局势的了解。同时，为了对外宣传和扩大该刊的国际影响，《国民报》设"西文论说"专栏，向西方译介当时之中国。这些英文文章对于西方的英语读者了解中国革命思想及当时中国之状况有一定作用。比如第 1 卷第 1 期所载"*What we aim at*"指出该报主要是探讨中国相关之政治、经济和科学问题，目的在于唤醒国民的精神，使得国人意识到国家面临的危机，进而革命图强，① 自称办报者是不同于"义和团"的"革命者"（reformers），并声明报载英文论说文章的目的在于向西方读者展示中国革命者的主张，呼吁东方和西方相互交往，相互理解。② "*Criticism on the Chinese Criminal Law*"一文对比西方和中国古代法律制度之差异，批评当时通行的《大清律例》存在的五大缺点。

《国民报》的创刊者从一开始，就以法国孟德斯鸠、卢梭自许，以"唤起国民之精神"为己任，鼓舞人们抛弃"奴隶"思想，起来反抗"二千年专制政体"，争取国民天赋权利，表现了强烈的战斗性。③ 孙中山先生在《建国方略》中评价道："戢元丞、沈虬斋等发起《国民报》，以鼓吹革命。留东学生提倡于先，内地学生附和于后，各省风潮从此渐作。"刘成禺赞《国民报》"是为第一次堂堂正正革命之文字"。④ 邹容在《革命

---

① 原文为：to wake the national spirit of the people of China... in short, it is the instrumentality with which we are to wake the millions of our ignorant conservative fellow-countrymen from their slumber of centuries and to make them see the critical condition of their country so that they may, and we hope they will, in the near future, rise up and advocate the necessary reforms.

② 原文为：... it is therefore of paramount importance that there should be no misunderstanding between them and the foreigners. To attain this object in view, we have proposed to supplement at the back of each number of this magazine one or two essays in English, showing the public opinion of some of the Chinese reformers. By so doing, we hope that the Orientals and Occidentals may be brought into closer contact with each other and may come know more of each other than ever.

③ 金冲及、胡绳武. 辛亥革命史稿(第 1 册)[M]. 上海：上海辞书出版社，2011：137.

④ 戢焕奇、高怀勇、刘锋. 别求新声于异邦——留日先驱戢冀翚事略[J]. 重庆交通大学学报(社科版)，2011(5).

军》中称"吾幸夫吾同胞之得卢梭《民约论》、孟德斯鸠《万法精理》、弥勒约翰《自由之理》《法国革命史》、美国《独立檄文》等书译而读之也"，①足见该报在当时之影响及其所代表之时代精神。总而言之，该报通过译介，宣传了西方资产阶级自由、平等和"天赋人权"等学说，为中国资产阶级的民主革命作了舆论上的准备，并为资产阶级革命派提供了反封建的理论武器，促进了民主革命在中国的开展。

三、《湖北学生界·汉声》

《湖北学生界》(自第六期起更名《汉声》)于 1903 年 1 月 29 日(光绪二十八年底)在日本东京创刊。它是最早由留日学生同乡会创办的进步刊物，也是清末时期"第一个以省区命名的留日学生刊物"。②《湖北学生界》以"湖北人谋湖北"③的情怀，倡导"输入东西之学说，唤起国民之精神"④的宗旨，改名《汉声》后，又提出"扬民族之风潮，兆汉祀于既绝"。它不仅引发了留日学生的办刊热潮，而且为其后出现的《浙江潮》《云南》《豫报》《河南》等类似刊物提供了可资借鉴的范本。

(一)《湖北学生界·汉声》创刊与发展

19 世纪末，许多知识分子抱着探求救国道路的目的，纷纷出洋留学。在时任湖北总督张之洞的影响和支持下，湖北官派和自费留日学生数量相当多。但是，甲午战争之后，日本国内的狭隘民族主义思想很快转变成一种极端种族霸权，部分日本人开始"藐视中国人，骂中国人软弱无能，还痛恨中国人，而且这些不只是用言辞来表达，从白发老人直

---

①　董雁南．陈天华、邹容、方志敏爱国文选[M]．北京：时代华文书局，2016：75.

②　黄国华：《清末第一个以省区命名的留日学生刊物——〈湖北学生界〉》，载《历史教学》，1980 年第 4 期，第 33 页。

③　宋徽：《晚清留日学生刊〈湖北学生界〉的出版发行》，载《出版发行研究》，2012 年第 6 期，第 78 页。

④　佚名：《湖北学生界开办章程》，载《湖北学生界》，1903 年第 1 期，第 3 页。

到幼童都对四亿人满怀着血腥的敌意"。① 在这样的大环境下，留日学生的处境也发生了变化。一方面，中国留日学生中的爱国青年，耳闻目睹西方和日本的富强，面对积弱愚昧的祖国，精神深受震动，感到自己肩负着"唤起国民"觉醒的责任。另一方面这些留日学生深刻体会到日本国内的极端民族主义带来的敌意，深受嘲弄和蔑视的处境强化了他们的同乡意识，也激发了日益强烈的民族和家国意识。于是，各省留日学生纷纷按省份成立同乡会。

1902 年初，"清国留学生会馆"建成，馆址设在东京神田区骏河台铃木町十八番地。"这里是留学生的世界，仿佛是中国在日本的缩影。它是策划留学生全体活动的机关，有会议场、演说场、日语教室和俱乐部等，更是留学生书刊的翻译和出版的总部。"②受此影响，来自湖北的留日学生同乡会里激进的各大专学校和陆军学堂学生创办了本刊物，因是"湖北留学日本同仁创办故名曰《湖北学生界》"，③ 作为他们宣传革命的阵地。社址设在日本东京神田区骏河台铃木町十八番地清国留学生会馆内，以武汉横街头中东书社为发行所（后增设上海国民丛书社为发行处），并在全国 8 个省份设置了 15 个代派处。

该刊的主要编撰者大多是当时留学或曾经留学日本的湖北学生。据史料载，创刊号内容丰富，刊有《叙论》《湖北学生界开办章程》《湖北同乡会缘起》《湖北同乡会章程》《湖北调查部纪事叙例》等篇，呈现出强烈的省界意识。

与多数刊物类似，《湖北学生界》也需要解决经费问题。从章程来看，该刊一方面向湖北留日同人募集办报资金，另一方面又号召内地官绅捐助款项，并承诺凡捐款的官员则给予名誉成员身份且赠送刊物和刊

① ［美］费正清. 剑桥中国晚清史（下卷）［M］. 北京：中国社会科学出版社，1993：411.

② 任达：《新政革命与日本——中国，1898—1892》，南京：江苏人民出版社，1998：168.

③ 佚名：《湖北学生界开办章程》，载《湖北学生界》，1903 年第 1 期，第 3页。

物附刊。由于参与创办的留日学生人数众多，且各有所专，故而在刊物供稿方面由留日学生"择门分任"，在稿件形式方面则"撰译兼行"。在人事组织方面，设有撰译、庶务等，且均有社员义务承担。① 为标立新意，刊物还专门在第 2 期刊登了《湖北学生界简章》，力陈"特色"五条，以标明自家立场，转录如下：

　　"本报为吾国一大杂志，搜罗宏富，各种齐备，或考诸泰西哲人著述，或本于日本名家讲授，精义明言，弥漫磅礴，渊雅壮快，宏阔万里，读者虽未游学海外，恍如遍履东西，亲获讲学之妙，非若专事直译，损人脑筋可比。

　　本报为吾国国民说法，一篇一章，一行一句，无不补国人公德之缺点，启世界民族之思想，科学益其智识，理论辟其精神，事实助其感情，文词增其美德，实足养成中国将来之国民。

　　吾国向来各杂志，非偏于理论即偏于科学，本报物质文明与精神文明两两输入，实有丛报兼学报之资格。

　　湖北调查部一门，与吾国全局关系甚重，注意支那中心点者，不劳亲身考察利弊沿革，一目了然。

　　留学记录一门，博采各省留学诸君，言论所及，均属直接要闻，凡中国各报所不能采访者，一一贡诸国人左右，愿为吾民族上作一运送家"②。

　　据此可知，《湖北学生界》自称"运送家"，其所运送之物则是以翻译的方式向国民输入西方和日本的知识，其译介之目的在于开启民智，培育民德，养成"中国将来之国民"。在译介方法上则贬斥"直译损人脑筋"，在译介内容上则注重物质文明和精神文明的双重输入。

_____

　　①　佚名：《湖北学生界开办章程》，载《湖北学生界》，1903 年第 1 期，第 3 页。

　　②　《湖北学生界简章》，《湖北学生界》第 2 期，1903 年 2 月 27 日。

从第六期起，刊物改名《汉声》，第七期和第八期为合刊，原定阴历每月初一日发行，但有时并未按期出版。由于经济拮据等原因，1903年9月21日停刊，前后共计出刊八期。

图 3-3　《湖北学生界》第四期封面及《汉声》封面

(二)《湖北学生界》的译介实践及影响

《湖北学生界》译介的文章涉及领域较广，既有教育、经济等人文社会科学，也有农学、医学、植物学、电学等自然科学。刊物内容之丰富，从第一期目录即可见出端倪：

表 3-5　《湖北学生界》第一期目录

栏目	篇　　目	作者
论说	叙论	张继煦
学说	黄梨洲	但焘
教育	教育关系国家之成立	张继煦
经济	普通经济学叙论	王璟芳
农学	世界农业一班	屈德泽
工学	应用工学叙电气	范鸿泰
商学	世界平和的战争(发端)	权量
军事	军解	蓝天蔚
理科	植物学	屈德泽

153

续表

栏目	篇 目	作者
历史	历史广义	刘成禺
地理	中国地理与世界之关系	李步青
小说	日中露(译稿)	栖溟，啸园译
时评	世界政策	陈文哲译
词	楚风集	不详
杂俎	谈奇亡国之言	不详
外事	不详	张孝移
国闻	不详	金华祝
留学记录	湖北同乡会缘起附章程	不详
余录	壬寅史	不详
附录	叙例	程明超

以上栏目中的"小说"《日中露》在目录中明确标明了是译稿，且是连载小说，刊登在第1、2、4期上，该小说大量披露沙俄的侵华行径。尤其需要注意的是"时评"栏目，该栏目中刊登的文章全部是以日语文本为原文的译文。从文献来看，《湖北学生界》中共有5篇时评，详情见下表。

表3-6 《湖北学生界》"时评"栏目刊载的译文

期号	篇 目	原文出处	译者
第1期	世界政策	太阳	陈文哲
第2期	最近之板垣伯	太阳	周维桢
第3期	俄人之于西藏(译时事论评) 死支那与活支那(译愤慨概录)	时事论评	不详
第4期	痛黑暗世界	支那论丛	不详
第6期	内政外交二大争斗时代	太阳	不详

《世界政策》为日本人渡边国武在《太阳报》上发表的一篇长文。文中引用了奥匈帝国外交大臣哥教司克的话："16、17世纪为宗教争乱之时代，18世纪为自由主义胜利之时代，19世纪为民族主义之时代，20世纪则为商工业界生存竞争之时代。"①渡边认为"若欲立于20世纪竞争激烈之舞台，其国力发展之主力，则有三焉：日商工、日海运业、曰殖民业。以外交政略伸张之，疏通之，以海陆军备发展之，保护之，本末轻重不误其权衡，是为实行世界政策唯一无二之关键秘诀也"②。渡边此文在中国留学生中具有较大影响。除此之外，在其他栏目中也刊登有译文（参见表3-7），从中亦可见出《湖北学生界》所涉领域之多样。

表3-7　《湖北学生界》其他栏目中的部分译文

期号	栏目	篇　目
第1期	余录	清国壬寅史（译国民新闻）
第3期	留学纪录	译阳二月十月日本新闻
	附录	附湖北调查部记事：大冶县镏山
	余录	清国壬寅史（译国民新闻）

据统计，仅仅1903一年左右的时间内，《湖北学生界》就先后发表了23篇有关沙俄侵华活动和国内外拒俄运动的文章，其中有一部分是译自英日报纸的外论。《湖北学生界》"国内近事"栏，近一半的篇幅是有关拒俄运动的报道。"国闻"栏所刊载的《俄人交际之诡计》，"奴痛"栏所刊载的《俄罗斯之伪文》，都是在当时较有影响的评论文章。它们根据从日本书刊上得到的大量材料，分析了沙俄国内的动荡情况，控诉了沙俄近几十年来的侵华罪行，揭露了沙俄政府在中俄关于交还东北的

① 徐万民. 孙中山与辛亥革命[M]. 北京：北京图书馆出版社，2002：137.
② 徐万民. 孙中山与辛亥革命[M]. 北京：北京图书馆出版社，2002：137-138.

谈判中翻云覆雨诡谲作伪的丑恶嘴脸，为当时的拒俄运动提供了有力的论据，并给运动的参加者以很大的鼓舞和支持。这些栏目内容虽然并未直接标明是翻译，但就其内容来源而言，实际上仍然是撰述者在阅读和吸收新知识之后用母语表达的结果。从较为宽泛的意义上来说，仍然可以视为特殊形式的翻译。

　　当然，留日学生介绍的新概念、新术语大多是借自日语，如在第 2 期《植物学》的标题后有这样一个标注："篇中名词中国书中多未经见以其理自西人发明，更之恐失原意姑就日人所译者仍用之阅者惊焉"，明确指出文章借用了日语译的英语术语①。由于该刊语言浅白，内容丰富，从创刊起就深受群众欢迎，销路甚广，刊物的发行面亦甚广。有人记下了当时《湖北学生界》在湖北传播的盛况，"吾鄂各学堂……人人手秘一册，递相传播，皆欲奋起为天完徐帝，大汉陈皇，而为汉族争自由，复国权矣"。② 除在日本、湖北发行外，还在上海、北京、天津、南京、无锡、江西、广东、四川、山西、湖南、杭州等二十余处设立发行所。为了扩大影响，他们又向全国各省图书馆、报馆、武汉学界、军界寄送。

　　与《浙江潮》《江苏》《革命军》等书刊一样，《湖北学生界》在当时对于革命舆论的宣传及推动革命运动的发展，发挥了较大的作用，尤其对湖北地区军界、学界的影响更是深远。一些革命回忆录反复提到"辛亥革命在武昌首先爆发，与湖北军界学界受《湖北学生界》等革命书刊的宣传鼓动分不开"。③ 通过译介新知，《湖北学生界》大力鼓吹资产阶级的民主政治以及宣传资产阶级的自由、平等和天赋人权，倡导发展生产力以振兴国力，甚至还撰文探讨妇女解放问题、西方的科学和教育问题等。

---

　　① 张莉：《〈湖北学生界〉与日语借词的引进》，载《黄冈师范学院学报》，2018 年第 2 期。

　　② 宋徽：《〈湖北学生界〉：晚清湖北之平地惊雷》，载《咸宁学院学报》，2010 年第 7 期。

　　③ 黄国华：《清末第一个以省区命名的留日学生刊物——〈湖北学生界〉》，载《历史教学》，1984 年第 4 期。

四、《教育新报》

《教育新报》是湖北留日学生组建的"湖北教育会"在日本东京创办的另一刊物。该刊创办于1908年5月30日（光绪三十四年五月初一），该刊原地址设在东京神田区三河町一丁目十四番地，从第二期起迁至东京丰多摩郡淀桥町柏木三百七十番地，到第三期则再次迁址到东京神田北甲贺町十番地。

刊物宗旨为"输入关于教育之新知识，谋内地教育之完全发达"，①以实现教育国民为目的。刊物内容包括：（1）汇集各教育家学说；（2）考察教育行政制度；（3）研究教授管理方法；（4）调查各国学校之学科程度及其改良；（5）关于教育之各科学术；（6）湖北学界之调查及内外学界纪实；（7）教育会之报告等。办报经费由湖北教育会会员捐资，会外捐资人列入名誉会员名录，并在报上登明捐资人姓名和款额。② 刊物设有论说、演说、报告、附录等栏目，刊有《教育进化论》《论立宪国民之教育》等有关西方教育思想的文章，鼓吹"以教育为立宪之预备"，提倡爱国、合群、尚武、守法、务本。

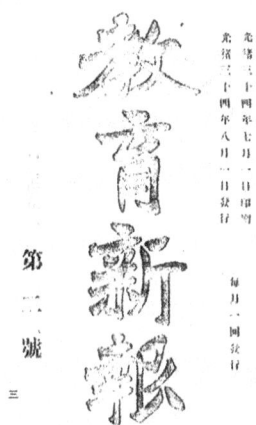

图3-5　《教育新报》封面

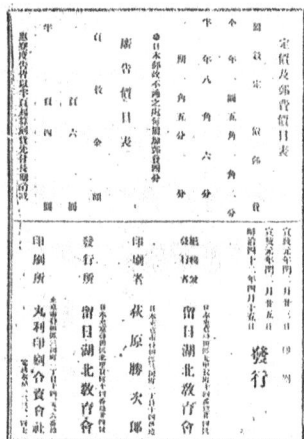

图3-6　《教育新报》内封

---

① 佚名：《教育新报简章》，1908年第2期，第27页。
② 佚名：《教育新报简章》，1908年第2期，第27页。

　　该刊所登载的译文较少，因史料缺乏，目前所见仅有第 2 期、第 3 期和第 4 期连载王黻炜译的《实业教育论》，以及第 2 期载王运孚译的《乡土科教授法》。《实业教育论》注明由德国罗之霞博士著，正文前有译者所加"悬谈"一段，略谓：

　　"罗氏曰：余司职德意志联邦撒逊王内务部，对于实业教育，负督责之义务，用着是论，为参考研究之资料，范围广，种类多。凡关于实业之全体，无不举之，以献于二十世纪新世界。

　　德意志各联邦，澳大利各省，及瑞士联邦之工务、农务局，所惠与之重要文件。各国著名实业学校长，所寄赠之详备报告，及教授规则，龙骊珠玉，斑驳陆离，俾余着以完全，俾世界得一模范，幸甚。

　　王黻炜曰：同赋此圆颅方趾，冒眉广目之形，同处此物竞天择、优胜劣败之世界，而强者雄飞弱者雌服，飞者骄嘶，伏者瘝疤。成败得失之相反，距非教育敷施之不同。中国自道咸以来，锁港开放，工商战剧。虽无甲午庚子之硕变，而列国所持经济主义，即可亡中国而有余。统计与各国通商，其输入输出之不相抵，每岁至一亿，馀物博固已其如癋败何？昔者孔子论治，足食先于足兵；虞舜宰邦，五伦次于五谷。矧以疮痍，阽危之。中国处今日耽耽逐逐，四面楚歌之中，苟非奋起直追，振兴实业教育，则不足以直接救中国之贫，而间接以救中国之弱也。嗟夫，吊三韩之风雨，奴隶谁怜，望金字之塔颖(炯)，文明安在？往者已矣，来犹可追，睹睹西顾，我是用忧，因取实业最发达之德意志之极新著述，介绍于吾国为研究实业教育者之一助。庶非荧魂旷枯，糟莩旷沉，摘埴索涂，冥行而已也。

　　吾师林纾氏曰：老友严几道自谓从事西文，于中学有进益，余甚愿子益肆力于西学也。回首前言，五有年岁，英德文字，心得既寡，而日生活于蟹行曲字中，汉字几未相识。今兹译述，自视不能卒读，似林氏、严氏之文章豪富，译着满天下，只厚颜耳。然传播文明，弗责词藻，用不自揣，力任其难，幸阅者不以辞害意。"①

王氏此文名为"悬谈"实则为译者序，既说明了译者翻译之缘由是
有感于当时中国之积贫积弱，亟待向西方学习，激发民智民力，以求
"奋起直追，振兴实业教育""救中国之贫，而间接以救中国之弱"，也
引其师林纾之言表达自我谦逊之词。就译文内容而言，译者不仅译出了
正文，而且把原文中所有的注释也按照原样译出。

除此之外，《教育新报》还刊登了王运孚翻译的日本学者万福直清
的著作《乡土科教授法》。译文对乡土科的目的、意义和范围，以及地
理、历史和理科乡土教材的取材进行了概要性的分析说明。② 整体而
言，译文以四六骈体形式写就，流畅易读，对普及乡土教材知识起到了
积极作用。

另需注意的是，《教育新报》作为湖北留日学生在日本所创办的专
业性报刊，虽然所刊载的译文不多，甚至没有专门的翻译相关栏目。但
刊物所载的许多文章实际上也是熟知外语（尤其是日语的）作者基于对
日本和西方教育（包括教育系统、教学方法、教材编纂、教育法规）知
识的阅读，而后加以创作而成。比如李宗藩在《欧美小学教员》一文中
对德、法、英、美等国家小学教师构成的介绍，③ 王佑在《小学校教授
法》中对面向小学生的微观教学方法的介绍，④ 以及《州县兴学提纲叙
目》对中国本土教育体系的宏观设计。从某种意义上说，这种翻译方式
虽是隐形，但同样具有知识生产的意义，对推动近代中国社会管理制
度、学术体系的转型和学科体系的建构也具有较大的意义，其社会价值
和文化价值同样不容小觑。

---

① 王黻炜译：《实业教育论》，载《教育新报》，1908 年第 2 期。
② 王运孚译：《乡土科教授法》，载《教育新报》，1908 年第 2 期。
③ 李宗藩：《欧美小学教员（未完）》，载《教育新报》，1909 年第 3 期。
④ 王佑：《小学小学校教授法总论（未完）》，载《教育新报》，1909 年第 3
期。

第三节 近代湖北官方创办的译报译刊

官报创办对近代湖北的转型有着极其重要的意义，而这些官报的创办大多与张之洞有着直接或间接关系。在他看来，"报刊之设，仿自泰西，采撷新闻，发滤清议，所以宣达下情，启迪民智，开内地之风气，传外国之情形。关系视听，极为重要"。本节将围绕《湖北学报》《湖北教育官报》《湖北商务报》《湖北官报》四种与翻译有密切关系的报刊展开论述。

一、《湖北学报》

《湖北学报》创刊于 1903 年 2 月 12 日（光绪二十九年正月十五日），由湖北学报馆主编，湖北学务处主办。该报的创办与张之洞在湖北推行的教育改革有关。甲午战争之后，国人被迫承认西方教育制度之先进，并起而仿效，及至戊戌之后，张之洞的政治地位进一步提高，遂得以主导全国性的教育改革。督鄂期间，他更是积极推动"新政"，推动留学日本、倡议废除科举、奏定学堂章程等一系列措施促进了近代湖北乃至全国教育的发展。1899 年（清光绪二十五年）张之洞在湖北洋务局内设

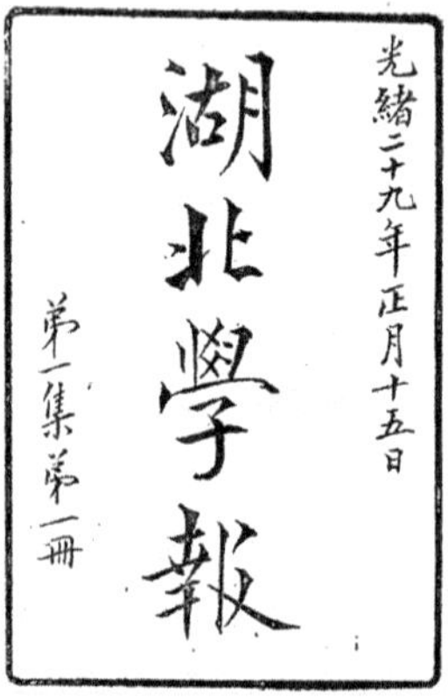

图 3-7 《湖北学报》内封

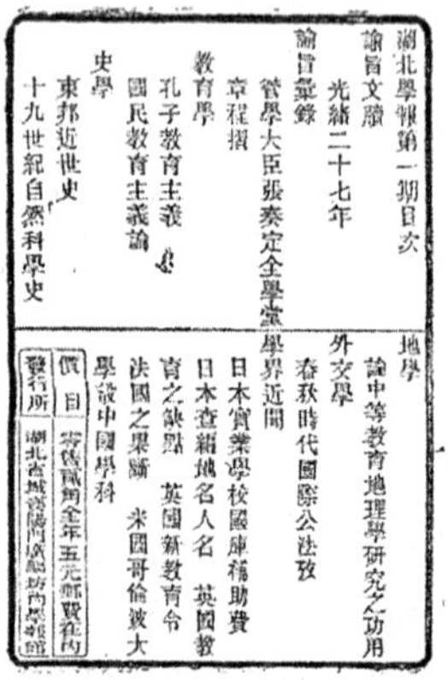

图 3-8 《湖北学报》第一期目录

置了管理全省各类新式学堂及留学事宜的学堂所，后来学堂所改名湖北学务处，作为晚清湖北的教育管理行政机构。正是在湖广总督张之洞、湖北巡抚端方推行新政期间，《湖北学报》得以创办。

《湖北学报》馆设于武昌汉阳门内广福坊，致力于传播国内外教育动态、各学科知识和教育思想。从 1903 年起，年出 33 本合为一集。目前可见者有 1903 年刊发的第一集 33 期，1904 年刊发的第二集 32 期，以及 1905 年刊发的 1 期。从第一期目录可见该刊所载栏目有谕旨文牍、谕旨汇录、章程折、教育学、史学、地学、外交学、学界近闻等，其他各期大略如此。刊物的主要体例和内容大体可见于《湖北学报例言》，略谓：

"1. 本报以激发忠爱，开通智慧，振兴实学为宗旨。

2. 本报重选译中外名家论著，以资考究，或本馆间有撰述，亦酌按门类编载，凡一切偏虚固谬之文，屏不阑入。

3. 卷首恭录关涉学务之谕旨，并酌载奏定各学堂章程、学堂经费册报及学堂一切庶务文牍。

4. 中外学科门类繁多，兹暂择其最足扩张识力，培固国基者四门，编录成册，余俟续增，其各门旨趣如左：

（甲）教育学。译载阐明教育学理及论究管理、教授、训练方法之文，并网罗东西各国教育行政及普通专门实业学校制度，以备研攻教育、办理学务者之参考。

（乙）史学。录中外历史及各种科学史并各国伟人学者传记，务令知世界古今局势之变迁，政教之沿革及各科学发明进化之故。

（丙）地学。编译环球各国地志，举凡研究政治地理、实业地理［谓农工商实业地理］及地文等学之作，靡不搜载。要在比较各国国力、民风、地势、气候、物产、交通［谓航路，铁道，邮电等类］之优劣盈绌，以图进步。

（丁）外交学。译录国际法［国际公法、国际私法］及交涉专案，并各国彼此竞争纵横离合情事，务养成对外安内之眼光腕力。

1. 卷末附录东西各国学界近闻,以资博识[有则载,无则缺]。

2. 各门译述文篇,每年终汇刻总目,订为一集。其中所译专书,译成则另为编册。

3. 本报月出三册,每十日为一期,每逢五日出版。惟自每年十二月十五日、二十五日至第二年正月五日之三期停不出报,以便清厘庶务。计每年共出 33 册,每册以 50 页为度,容俟陆续扩增。

4. 本报系暂行试办,一切尚须随时改正,进求善美,并望海内宏达,匡其不逮。"

《例言》不仅明确说明了刊物的宗旨是"激发忠爱,开通智慧,振兴实学",而且说明刊物的重视"选译中外名家论著",还分门别类规定了翻译的对象和内容,甚至要求最后要将所译篇目编汇成册,专著成书。在具体形式上则有"译载""编译""译述""译录"等。《例言》共计八条规定,至少四条与翻译直接相关,可见其对翻译之重视。

从该刊内容来看(参见表 3-8),译文主要刊载于教育学、史学、地学、外交学等栏目。译文所依据的原文绝大多数由日本人撰著,也有少量译文是从日文转译的英语文本。译文内容涉及日本、欧美等国的教育制度、教育历史与现状、教育方法与立法、自然科学史、产业史、宗教史、地理学知识和各国交往时事等方面的内容。译者大多署名为"湖北学报馆"。

表3-8　《湖北学报》译文篇目一览表①

序号	译文/著	作/译者	源文来源
1	孔子之教育主义	日本高等师范学校教授谷本富撰;	源自所著教育学及教授法中采译

① 本表参考《近代期刊篇目汇录》、全国报刊索引数据库以及读秀学术搜索收录的《湖北学报》电子资料整理,由于部分期刊并不完整,故本表仅收录部分篇目。

续表

序号	译文/著	作/译者	源文来源
2	国民教育主义论	日本法学士矢板宽撰	译《教育界》
3	教育制度论	日本长谷川乙彦撰	译《教育时论》
4	德国实业教育一斑	日本文部省参事官法学士福原镣二郎著	不详
5	日本师范学校之过去、现在、将来	日本藤井长藏撰	译《教育时论》
6	日本维新后实业教育概况	日本文学士白石正邦撰/湖北学报馆译	不详
7	现今欧美教育家百杰传	日本池田菊左卫门著/湖北学报馆译	不详
8	大学职分论	日本文学士野田义夫撰	译《教育学术界》
9	消费之国民	日本前文部大臣尾崎行雄撰	不详
10	教育与殖民	日本法学博士添田寿一撰	不详
11	教育私见	日本男爵士曾补荒助撰/湖北学报馆译	不详
12	小学教授法改良法案	日本井河荣四郎译《教育界》	不详
13	教育者修养人格论	日本高等师范学校教谕乙本岩造选/湖北译学馆译	不详
14	论今日宜普及新智识	日本文学士中岛力造著于明治三十二年	不详
15	初等教育者宜以何者为先论	不详	译《教育界》
16	伦理学研究之准备	湖北译学馆	译《教育界》
17	国家教育论	丰田茂夫撰	不详
18	比公躬践录	日本法学博士有贺长雄撰/湖北学报馆译	不详

续表

序号	译文/著	作/译者	源文来源
19	教育者与时论	不详	译《教育实论》
20	小学校儿童训练之理论及方法	不详	译日本《教育学术界》
21	欧美诸国学事略况	日本伊藤镖三郎著	译《教育时论》
22	简便国民教育法	日本寺田勇吉著/湖北学报馆译	
23	学校园记	美国克罗斯巴着/日本杂贺渔郎译	据《教育界》重译
24	教育之个人方面与社会方面	日本文学士太濑甚太郎著	不详
25	论普通教育制度急宜改正	日本寺田勇吉著	不详
26	论教育史之研究	日本文学士大濑甚太郎著	不详
27	论实业教育之方针	日本迁新次撰	不详
28	论军事思想之养成	日本山阳学人著/湖北学报馆译	不详
29	论外交日急宜速兴女子教育	日本山形县女子师范学校长津田元德著/湖北学报馆译	不详
30	东邦近世史	日本田中萃一郎著/湖北学报馆译	不详
31	十九世纪自然科学史	日本理学士佐藤傅藏撰/湖北学报馆译	不详
32	就地质史考人类之地位	不详	译日本《教育时论》原为高良生译自《西报》
33	中国之太古与汉族文化之最大原因	日本文学士久保天随著	不详

序号	译文/著	作/译者	源文来源
34	十九世纪产业史	日本法学士河津暹著/湖北学报馆译	不详
35	十九世纪宗教史	日本真冈湛海撰/湖北译学馆译	不详
36	中国上代之思想	日本文学士远藤隆吉著	不详
37	中等教育地理学研究之功用	日本女子高等师范学校教授野口保兴撰	译《国民教育》
38	亚细亚地理研究之方针	据日本农学士志贺重昂著地理学编述	不详
39	研究政治地理之方面	日本高等师范学校教授矢津昌永撰	译《历史地理杂志》
40	西伯利铁道志	日本工学博士田边朔郎撰	不详
41	博士师文海庭氏探视西藏记	原系成田安辉译自《西报》	译三月《东邦协会会报》
42	筑武市与齐齐哈尔市间新铁道议	原为欧俄通信员撰	据《日本东邦协会会报》重译
43	内蒙古东部地质并地势一斑	日本理学士小川琢治撰	不详
44	俄罗斯国地志	俄国勒伯齐岳福著/湖北译学馆译	不详
45	最新地理教授法	日本斋藤鹿三郎	不详
46	黑龙江畔之将来	日本宫本平九郎撰	不详
47	普通教育历史科	日本立柄教俊著	译《教育学术界》
48	春秋时代国际公法考	日本文学士新见吉治著/湖北学报馆译	不详
49	英国玛里逊博士视察东三省情形记	不详	译十二月《外交时报》
50	外交史及其研究法	日本法学博士有贺长雄撰	译《外交时报》

续表

序号	译文/著	作/译者	源文来源
51	明治三十一年外交官及领事官试验纪事：附录日本明治三十四年外交官领事官试验问题	日本埴原正直撰	不详
52	外交论	此篇系日本早稻田大学英邦第三年联合校友会尾崎行雄氏之演说，同会员畑田保次氏所笔记	据东六月早稻田学报译出
53	俄罗斯之帝国政策	湖北译学馆译	译《东邦协会会报》
54	国际法之渊源	日本福岗秀猪撰	不详
55	日英同盟论	原为英文	据日本《东邦协会会报》重译
56	居留外国人权利义务论	日本小岛源三郎原译	不详
57	美国海军扩张与蒙罗主义	日本法学士原田丰次郎撰	译《外交时报》第六十四号
58	俄国极东总督之任命	日本学习院学士松本春一郎著	译《外交时报》
59	论国际私法当研究	日本法学博士山田三良著	不详
60	论日本现在之地位与境遇	日本文学士井上哲次郎著	不详
61	论俄国之黑海舰队	日本松波仁一郎著	译《国家法杂志》
62	甲午以后列国在中国经营年表	译日本《国际法杂志》	不详
63	万国国际法学会会议概要	湖北学报馆译	不详

由于缺乏史料很难确知该刊译者的翻译方法和译文翻译质量究竟如何。但是同时代学者的论述仍然为我们了解这段历史提供了参考。比如，梁启超阅读了湖北学报馆翻译的《东邦近世史》后，对其评价很高，称赞其"能搜罗事实而能连贯之，发明东西民族权力消长之趋势，盖东洋史中最佳本"①。

《湖北学报》是晚清"武汉地区最早的官报"，② 从立场上来看有其保守的一面，因为它着力宣扬"忠君思想"，极力贯彻和宣传张之洞等"辛丑新政"大员的教育思想，起着把控言论的作用。但是《湖北学报》也有其积极的方面。作为一份官办报纸，它发行面极广，在官员之中广为传阅，是"当时有较大影响力的出版物"。③ 它着力宣传近代新式教育制度和教育思想，鼓吹兴学堂，废科举，因而更有可能通过翻译使得更多官员了解西方的教育制度、史地知识和各国交往时事，进而起到开启官智的功用。刊物中大量有关外国教育理论、教育制度和教育史论著的译介为近代湖北兴办教育提供了可资借鉴的理论和实践资源，对于指导和推动中国近代的教育改革起到了重要的作用。《湖北学报》曾刊载《研究社会主义之必要》之类的文章，介绍西方的社会主义流派和西方思潮，也在一定程度上为后来的革命运动奠定了思想基础。

二、《湖北教育官报》

《湖北教育官报》创办于 1905 年(光绪三十一年)，其前身是《湖北学报》。在更名并重新创刊之后，《湖北教育官报》不仅在定位上更突出"官报"立场，而且在实际栏目设置上也更侧重于刊发教育谕令、文牍、章奏等代表官方声音的文章以及湖北提学使司对湖北各县的文化教育方面的文件及相关统计、报告等。该刊一直运作到辛亥革命后由湖北军政

---

① 梁启超. 东籍月旦[M]. 北京：中华书局，1989.

② 李权时，皮明庥. 武汉通览[M]. 武汉：武汉出版社，1988：1134.

③ 湖北省地方志纂委员会. 湖北省志·新闻出版(下)[M]. 武汉：湖北人民出版社，1995：23.

府教育司收管，1912 年 8 月更名为《湖北教育杂志》，刊行至 1913 年 12 月为止。

在具体栏目上，设有谕旨、章奏、文牍、报告、统计、译述、纪事、别录等。其中，"译述"部分与翻译相关，但是本部分内容所占篇幅极少，尚不足"全刊之十分之一"，在刊物发展后期甚至被完全删除。① 由于缺乏一手史料，无法确定"译述"部分的具体篇目。就我们所见史料，《湖北教育官报》中与翻译可能相关者有张继煦②所撰《最近各国学制》（附图）和《最近各国学制》（续前）两篇，③ 它以连载的形式对西方各国之学制体系（包括教育行政机关的运行机制、教育教学管理方式、学制年限与整体设计等）进行了具体的介绍。第一篇附有《绪论》，略谓：

> "泰西在十九世纪以前，经各教育家之讨论，教育既成一种专门之学，义务教育之论亦为人人所共认。然因学制之未确定故，普及之效未克大著。至十九世纪，各国皆以划一学制，为统一教育之基础，而又时时修改，不主故常。甲国新颁之制，乙国取而变通之，以成乙国之学制。惟其互相师法也，故不啻合数十国，以考订学制，而教育之进步弥速。惟其善于变通也，故按诸本国之风俗人情而无所于忤。今胪陈各国现行教育制度，以备吾国教

---

① 郭娅、汪婉：《晚清〈湖北教育官报〉的创办及其史料价值》，载《课程教育研究》，2015 年第 24 期，第 270 页。

② 张继煦（1876—1956），湖北枝江人，字春遇。光绪年间举人，初入武昌两湖书院。1902 年入日本东京弘文书院师范科，后加入同盟会。1906 年回国。后以候补知府赴奉天。1912 年，任湖北省立第一师范学校校长、教育部普通教育司司长、代理教育部部长、武昌师范大学校长、国立湖北师范学院教务长等。中华人民共和国成立后任武汉市参事室参事，著有《张文襄公治鄂记》《异字考》等。

③ 从内容看，本系列文章连载至少应该在三篇以上，但我们所能查到者仅两篇。具体内容参阅张继煦《最近各国学制》（附图），载《湖北教育官报》，1910 年第 1 期，第 107-117 页；张继煦《最近各国学制》（续前），载《湖北教育官报》，1910 年第 8 期，第 169-176 页。

育家之参考焉。"①

由此可知，张继煦撰译本文之目的是为了供国内教育参考。两文并未标注为翻译，内容包括德国学制（含行政机关、学制系统及年限、幼稚教育等）、法国学制（含小学教育、实业教育、师范学堂等）。

其他与翻译相关者集中于"纪事"栏目。本栏目分本省、外省和海外三类。其中，"海外"部分多记载海外教育新闻和消息。如 1910 年第 1 期和第 8 期刊载有《美国开设博物馆》《日本女学界对清之一件》《美国教育》《万国教育会预备开幕》《世界最高学术研究所》《南美最古之大学》《瑞典教育特色》《韩国教育现况》《英国体育》《德国留学界》《小学图书馆办法》《世界语之发达》等。这些篇目大多寥寥数语，篇幅较短。如《小学图书馆办法》内容如下："美国尼伯拉斯加邦近定新例，令各小学校每年为各小学生纳银 1 角，以为组织小学之图书馆之用云。"②

《湖北教育官报》是"具有明显地域特色，刊载教育相关谕令、章奏、文牍、别录及调查报告等内容的政府机关报"。③ 虽然《湖北教育官报》直接与翻译相关的篇目较少，但是它仍然通过译著、译述、海外纪事等栏目向读者传播了近代西方和日本的教育思想，开阔了晚清热心教育人士的视野，也为湖北教育的现代化转型提供了借鉴。

三、《湖北商务报》

(一)《湖北商务报》的创刊背景

《湖北商务报》是在张之洞主持下由汉口商务局于 1899 年 4 月创刊的。该刊物创办与晚清政府对商业的重视有关。鸦片战争以后，西方列

---

① 张继煦：《最近各国学制》（附图），载《湖北教育官报》，1910 年第 1 期，第 107 页。
② 佚名：《海外之部：小学图书馆办法》，载《湖北教育官报》，1910 年第 8 期，第 193 页。
③ 郭娅、汪婉：《晚清〈湖北教育官报〉的创办及其史料价值》，载《课程教育研究》2015 年第 24 期，第 270 页。

强不仅以坚船利炮轰开了中国的大门，而且借助西方资本大肆掠夺清末中国本土经济。面对列强瓜分中国的危机和巨额赔款造成的国贫民困，清廷朝野上下逐渐改变了对"末商"的看法，痛感"振兴商务，为目前切要之图"。在此背景下，晚清的开明知识分子一反传统，兴起了一股振兴实业、重视商业，以发展民族经济、实现抵御外侮、富国强兵的目的。甲午之后，民族危机的进一步加剧更进一步推动了清廷对发展商业的重视。

张之洞身为晚清重臣，同时又重视洋务，素以"商务乃今日要政"为由，倡导"商战"。他一方面创办商务学堂，发展商科教育，另一方面奏请试办商务局。1898 年(光绪二十四年六月)，张之洞上书奏请在汉口试办商务局。他在奏折里写到"商务不兴，民贫财匮，请立商政以开利源，而杜漏卮折"，并强调设立商务机构的重要性。① 他在奏折中还指出"振兴商务为目前切要之图，叠经谕令各省认真整顿，而办理尚无头绪。泰西各国首重商学，是以商务勃兴，称雄海外，中国地大物博，百货浩穰，果能就地取材，讲求制造，自可以暗塞漏卮，不致利归外溢"。② 他借助西方商业发展与国立强大之间的关系论证发展商务的重要性，提出试办商务局，设立商学、商报、商会等。③ 光绪皇帝为之所动，遂准奏，而后，张之洞遵旨筹办汉口商务局。

与此同时，清廷推行报禁，原本蓬勃发展的报界陷入沉寂。考虑到现实需要，1898 年 9 月 23 日，张之洞再上《汉口试办商务局酌拟办法折》，拟定开办章程，奏请在商务局之下附设商报，细述创设商务局需要做到的八个方面，包括启发、倡导、合力、塞漏、祛习、保护、体恤、奖励等。其中，"启发"一条专论"商报"之功用，称"商报、商会、商学，皆系启发之事，商报系采访沿江沿海各口岸暨邻省本省土地所产，及人工所造各货，市价销路，并译各洋报所载商务，兼译西书之有

---

① 茅海建：《戊戌时期康有为与光绪帝》，载《近代史研究》，2021 年第 4 期。
② 茅海建：《戊戌时期康有为与光绪帝》，载《近代史研究》，2021 年第 4 期。
③ 张之洞：《湖北商务报缘起：湖广总督部堂张奏设汉口商务局酌拟开办章程折》，载《湖北商务报》，1899 年第 1 期。

关商务者，分期出报"。① 清廷特颁谕令允许创设商报："前禁报馆会名，原以处士横议，其风断不可开，至于农商人等，联络群情，考求物产，本系在所不禁，着即由该督出示晓谕，俾众咸知，仍不准其妄议时政，以杜流弊"。② 由此，《湖北商务报》在武昌创刊。

(二)《湖北商务报》的发展与内容

1898 年，清廷谕令，设上海、汉口商务局。同年，张之洞奏准率先创办《湖北商务报》，将商报、商学和商会作为"启发"之事的首务。《湖北商务报》馆设武昌文昌门外纺纱局内，原为旬刊，月出三册，"十日一册，木刊白纸印，约三十页，逢出报，岁首岁尾停报三期。全年共三十三期，定价四元，半年十六册，二元，一季八册，一元一角，一月三册，四角五分，每册一角六分"。报社先后聘请原《萃报》主笔朱态柔、陈衍等任主笔，另聘日本高等商业专科学校毕业生河濑仪太郎任翻译。

虽然因经费拮据，人员极少，张之洞却极为重视该报。一方面他手订章程十五条，略谓：

　　　　"恭录谕旨第一　报首恭录有关商务谕旨，无则谨阙。

　　　　择录奏疏第二　近年有关商务奏疏，酌择载入，无则阙。

　　　　局收文牍第三　凡公私文函，上札下禀，以及移文照会之类，本局商董各地商家以及中外通人，所有信函条议之类，经商务局接到者，择其切要，专录一门，名曰局收文牍(将来分局告白、商会来函均入此门)。

　　　　局发文牍第四　凡详移批答，所有公私文函，自本局出者，亦专立一门，名曰局发文牍，意在共见共闻，俾知本局办事情形，其细碎者不录。

---

① 张之洞：《湖北商务报缘起：湖广总督部堂张奏设汉口商务局酌拟开办章程折》，载《湖北商务报》，1899 年第 1 期。

② 张之洞：《湖北商务报缘起：湖广总督部堂张奏设汉口商务局酌拟开办章程折》，载《湖北商务报》，1899 年第 1 期。

商局讲论第五　本局每日接见商董人等，凡所论列之辞，随时记簿送馆，择其切要者登报，本局答辞之切要者，亦载入此门，名曰商局讲论。

局外文牍第六　凡本省外省各处商务文牍，不与本局相涉者，别为一门。

中外商情第七　先武汉，继本省，继各省，继各国，除商务局采访外，并选录华文各报，真确有关系者仍载原报名目。

东西译报第八　先东报，继西报。

商务通议第九　各报通论商务，有警切可采者，别编通议一门，仍载原报名目。

商务专案第十　中外商务交涉之案，或各省商务繁重之件，随时随事，当汇具起讫，详述得失，别编商务专案一门。

商务月表第十一　货价高下，行情涨落，每月附登各地比较表一通，参观合验，以究其兴衰虚实之由，余不琐琐载录。

商学商律第十二　东西商学书甚夥，馆中须译其尤切要者，附报刊行，一译东西学堂读本，由初级以至高级，循其课程译之，以备异日商务学堂之用，一译东西各国商律，以备异日定中国商律之用。

案语发明第十三　报中所载，有必须讨论者，则随条附加案语，无则从阙，无取泛滥。至论说之或有或无，或长或短，均所不拘，以实事求是为主。

伪误更正第十四　本报以明中外之事、通官商之情为主，所载必力求矜慎，万一有传伪失允之处，中外商家尽可随时函告更订，以表大公，以期至当。

禁议时政第十五　本报遵旨，断不收录妄议时政之作。借端诬陷人者，亦不录。"①

另一方面，张之洞也非常重视该报的传播与影响。作为一家资格较

① 佚名：《湖北商务报略例》，载《湖北商务报》，1899 年第 1 期，第 16-18 页。

老的官办商报,《湖北商务报》的发行全部由官方直接派阅。张之洞曾为此致函江苏巡抚鲁传霖,推荐《湖北商务报》,请其代为派购,函称:"祈查核量行,一律派购,以后续出之报,亦望如数订购。"①从发行范围上讲,《湖北商务报》不仅送达国内十九省区,而且是我国最早向国外发行的官办商务报,遍及日本、南洋诸岛、欧美各州各处。该报于1901年12月18日,即光绪二十七年十一月九日起,兼办《湖北官报》。

(三)《湖北商务报》的译介实践及影响

张之洞定凡例十五条,要求《湖北商务报》除刊登文牍、中外商业动态之外,还翻译刊登东西方经济学名著、商律。《湖北商务报》内容以中外商务新闻、政令和商业知识为主,包括商务文牍,汉口贸易情形,农商部视察中国北方要谈,国外购入中国茶叶、丝绸和其他产品的概况。设置的栏目主要有"馆中采访""商局采访""各国商情""各省商情""本省商情""译东报""译西报"和"商务表"等,主要介绍中外商情、进出口业务和商业情况。与翻译相关者主要收录于"东西译报"和"商学商律"两个栏目,而后者主要是以专著和教科书为主,以供国内商务学堂之用和未来中国制定商业律令之用。同时,虽然《湖北商务报》严守不议时政的原则,但却设有"商务通议"栏目。其中,1899年第3期刊有《中外日报论译商业书要例》一文,从理论层面探讨商务类书籍应该选择哪些翻译,内容如下:

"我中国以二十余行省之大,五百兆人之众,何商务之不振若中外日报论译是耶?盖机工之未兴与工学之不精,实则商学之不明也。欲明商学,先立商报,藉开风气而挽利权。先将译商书之要目,发为凡例,以告天下。

一曰商业史:中国史志,体取赅洽,故一史之中,包含诸部分,而晰之专科具焉。商工有史,体仿货殖之传,食货之志,当译

---

① 周光明、邹文平:《论张之洞与近代报刊》,载《武汉大学学报(人文科学版)》,2007年第5期,第716-721页。

东西商业史记为第一，所以明沿革而知取法。

一曰商业地理：上古之世，山未通，水未桴，人迹所至，方隅而已。老子曰，鸡犬相闻，老死不相往来。洪荒之世，固其所也。自桔槔拔而陆运起，刳木利而水运通，交易之道，遂日以繁，夹板之兴也。荷兰、西班牙东渐之局创矣，汽船之盛也。西方各国鳞萃而杂沓矣，地域日阔，而贸易日甚，五洲遂成一商战之世界。故次译东西商工之地理，所以使人知材产运致之利，而谋收回利权之枢也。

一曰商业书：人之所以合世界者，群也；所以能群者，财也。人之体用，止分二界。外界者，达物利以制用，内界者，明心理以遂生。商业者，实业学中之一科，而以心理运物利者也。故次译东西商业书，所以使人谋利用之方，而不至有游惰之习也。

一曰银行书：世人通病，莫患于分利多，而生利少，尤莫患于仅知以本营利，而不知以利营利，斯中国商业之拙，利源之竭也。银行者，借人已得之余利，更设法以赢利，行用所出，乃为余利之利，故国有银行、商市可以保成本之险，而世上溶利之法，亦能日出而无穷。次译东西各国银行书，所以使人知保本生利之方也。

一曰商业贸易书：经商之道，以有易无，四字尽之矣。故观于内货输出，与外货输入，岁额之多寡，即可知其立国之强弱，商业之盛衰矣。夫商易之要，不患外人，不患外货，所患者，我国之货材与商工之业力，不足相抵，则人盈我绌，而国遂贫弱。故次译东西各国商业贸易书，所以达彼我之情，而知筹抵之方也。

一曰商业交通书：商何利？利于通。通何术，运以权。无论国也、人也，必其权利相侔，而后可以相交通。不然，无权自主，群焉以通情责吾。是欲吾自让大利于人，而焉之几肉而已。商业交通则商运便利，固其要也，而必有权以利其运，则尤要之要也。故次译商业交通法，所以使朝野上下知自保利权，而勿使商权日绌也。

一曰商业法规书：欲兴商务定商法，保商之权系于法律。故无商律而振商权，犹车脱辐而望其绝景弛也。内地商法立，可以保诳倒而便交易，外国商法立，可以利运输而便交涉。故商法一定，而后一切商事方有自理之权。故次译东西各国商业法规，所以保国内商利，而明外交权限也。

一曰学权衡度量书：权量之谨，所以司财富之笕（同管）键也。商得之，而运载之衡权税之则皆基斯定焉。工得之，而奇衷之禁，尺度之均，皆本斯度焉。故析利而舍权量，犹设关而无键铃也。故次译东西权衡度量法规书，所以使权利者有所准，而射利者无作之伪也。

一曰商业相场书：商业之利，固在交通，然使居之不得其方，筹之不占其先，则交通之利，亦不能独擅。故察视港场之法，必于人共欲之所，蹈隙以定于人未察之所，扼要以争鸣呼。东西各国之所以弊吾者，港场之得其要也。故次译商业相场书，所以导利源，而增财物也。

一曰商业簿记书：商人者，其产业学力，可以保其营利者是也。商事者，其生产以逐利为心者是也。而凡为计利之法，则争讼之凭证者，则簿记其要也。故簿记之学，别为专门簿记之才，必加素养。故次译东西各国商业簿记书，所以示计利之正轨，为理讼之明验也。

以上十端，皆为商学要领，不明乎此，则于是业不能高出寻常，而商权亦难扩张于外。虽然商学之道，有预养之学，有实习之学，有高等之学，非课业习学不可。本报所论不过略示大纲而已。"①

---

① 佚名：《中外日报论译商业书要例》，载《湖北商务报》，1899年第3期，第48-51页。

这段相当长的论述，一方面详细列举了需要翻译的商业书籍种类（包括东西各国商业发展史、商业地理、商业与银行管理、贸易与交通法规、商业法规和权衡度量法规等）；另一方面以论说的方式解释了所谓“商学”需要涉及的不同领域。而本文所列出的十种待译商务书实际上也构成了《湖北商务报》刊载译文和选译图书的指南。

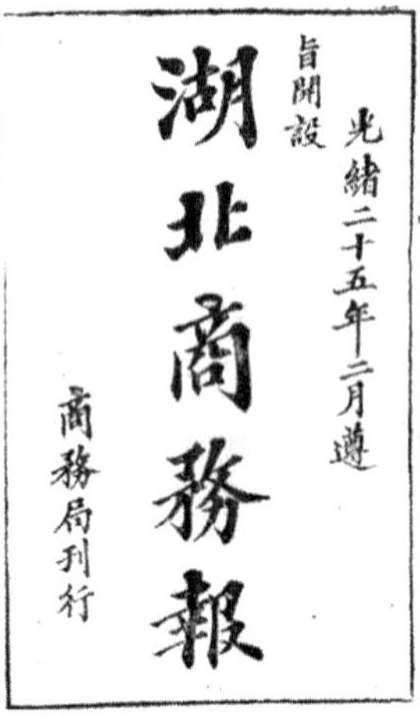
旨開設 光緒二十五年二月遵
湖北商務報
商務局刊行

图 3-9　《湖北商务报》(内封)

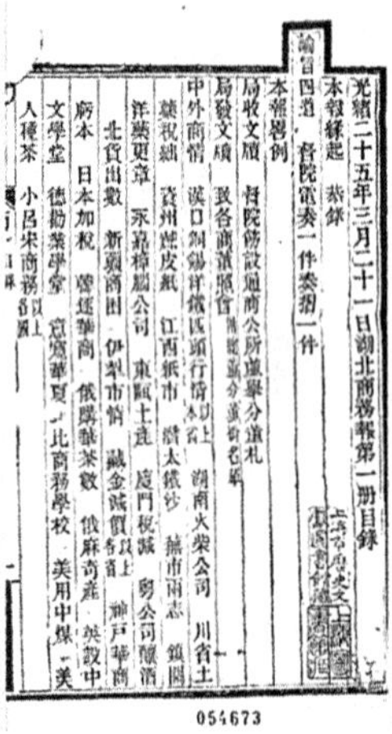
光緒二十五年三月二十一日湖北商務報第一册目錄

图 3-10　《湖北商务报》第 1 册目录

就篇幅而言，尽管该报所载翻译相关栏目仅有两个部分，但实际刊载的翻译相关篇目占比却相当之高。全国报刊索引数据库中所收录的163 期(1899—1903)共计 2628 篇中，仅译文篇目 1166 篇，占比约44.37%，除此之外尚有各种译著以单篇或连载的方式刊载于《湖北商务报》的其他栏目。其中，“译西报”栏目收录篇目约 778 篇，译文所依据的原文主要来自各类外报，如《字林西报》《华英捷报》《节用报》《美国格致报》《英国棉花报》《英国东方商务报》《泰晤士报》《美国纽约报》《纽约商务报》《美国自立报》《银行月报》《英国舆情报》《福州英报》《英广报》《美国商务报》《商务官报》《英国晨报》《英国独立报》《京津西报》《时事新报》等。单就数量而言，来自《字林西部》者最多，《华英捷报》和《节用报》略次，其他各报仅少量篇目。在具体内容方面多以东西各国商业状况、金融情况、技术发展等为主，也有少量是将外报关于中国的报道回译成中文，如《陕西钱币：译字林西报》（1899 年第 11 期）、《浙省开矿：译字林西报》（1899 年第 107 期）、《奉天煤矿：译字林西报》（1900 年第 55 期）、《宜昌轮船情形：译字林西报》（1899 年第 18 期）等。

"译东报"栏目收录篇目约 378 篇左右，译载来自日本的《时事新报》《中外商业新报》《通商汇纂》《日日新闻报》《镇西日报》《日美通商》《大阪朝日新闻》《东邦协会报告》等。具体内容既有关于日本本国各行各业经济的报道，也有日本报纸关于英、法、美、澳、比利时、印度等世界其他国家经济和商务情况的报道。尤其值得一提的是，"译东报"栏目整体篇目数量虽然少于"译西报"栏目，但是其中所刊载的日本关于中国各省状况的报道却相当之多。如《满洲通商港之将来》（续上册）（1902 年第 114 期）、《四川省开始邮政事物：译通商汇纂》（1902 年第 108 期）、《苏州客年第三期贸易：译通商汇纂》（1901 年第 66 期）、《西藏商情及交通：译通商汇纂》（1901 年第 79 期）、《中国地方祝历史并现况一斑：译通商汇纂》（1902 年第 110 期）、《读大清银行创立章程：译中外商业报》（1899 年第 6 期）、《重庆第一季贸易：译通商汇纂》（1902 年第 119 期）、《湖南岳州事情：译通商汇纂》（1901 年第 68 期）等。报道覆盖西藏、东北等边防地区以及湖南、苏杭、重庆、汉口等长江沿线内地城市的经贸状况。

新闻报道类译文还零星散见于"中国商情""外国商情""各省商情"等栏目之中，如《中国商情：厦门海产物商情：译通商汇纂》《各省商情：译京津西报论钱市》和《外国商情：西伯利亚后贝加尔铁路连接寝床列车：译通商汇纂》等。除此之外，《湖北商务报》还登载来自《汉报》《中外日报》《申报》《苏报》《农学报》《沪报》《海上日报》《新闻报》《博闻报》《便览报》《官书局汇报》《万国公报》等国内报纸的新闻。

"商务书"等栏目则以较大篇幅连载了约 10 部商务、经济和商法译著（见表 3-9）：

表 3-9 《湖北商务报》商务类译著/作一栏表

序号	译著	作/译者	刊期
1	银行论	[日]日本法学博士田尻稻次郎著	1902 年分 13 期连载
2	日本破产律	不详	1902 年第 127 期,第 36-42 页
3	骨摸氏财政学序	不详	1902 年第 129 期,第 34 页
4	商业经济学	日本法学博士清水泰吉著	1901—1902 年分 7 期刊载
5	欧美商业实势	日本法学士森山守次著	1902—1903 年分 6 期连载
6	铁道运输论	美国爱尔大学教授爱铁发土列著;日本法学士小林谦次郎译	1903 年第 132—137 期连载
7	商业博物志	英国尼用椅子著;日本瓜生寅原译本	1901—1902 年分 14 期刊载
8	日本供托法	日本河濑仪太郎译	1902 年第 127 期,第 32-34 页
9	商业开化史(下卷)(第四编)	不详	1903 年第 163 期,第 30-41 页

上述译著中相当一部分是由《湖北商务报》总纂陈衍与日籍翻译者合译,据研究,两人合译的著作还有《日本商律》《货币制度史》《商业地理》《欧美商业实势》等。除此之外,"商务专案"栏目还登载了《湖北商务报》编译的《商务学堂章程》《中国北帮公所与日本大阪商船公司订立运货契约书(附大阪商船公司运货价目表)》《日本明治三十年分全国实业收获清数表》《日本实业学校令》《日本商业会议所通行条例(明治二十五年定本)》《汉口商人所用各尺与日本尺比较表(本馆译)》《日本本年新定重要物产同业联盟法》《日本主金后钱币规制》《日本改定度量衡通行法》《日本新定专利章程》《日本大银行章程》等。

特别值得一提的是《湖北商务报》总纂陈衍。自鸦片战争以后，西学东渐，翻译和介绍西方著作的越来越多，有抱负的中国士大夫无不潜心研究西学，以求强国富民之道，陈衍即其中之一。陈衍(1856—1937)，字叔伊，号石遗老人，是福建侯官(今福州市)人，近代著名文学家，清光绪八年(1882年)举人，曾入台湾巡抚刘铭传幕。1897年7月，陈衍在上海出任《求是报》主笔。《求是报》可读性很强，内容新颖，在上海风行一时。该报内容包括社论、谕旨恭录、中外新闻、中外法律法规、译文和逸闻、科学和小说译著连载等。湖广总督张之洞读了《求是报》之后，电邀陈衍到武汉会面。自1989年入张之洞幕府，一直到1907年，在鄂办理一切新政笔墨，后来任官报局总编纂。陈衍的经济思想受西方近代经济学思想影响较大，从本节所列陈氏编译的译著可见一斑。

《湖北商务报》是晚清政府最早创办的商务类官报。有学者称《湖北商务报》的创办使得地处内陆的湖北，能够在"短短数年，新学迅速传入，其规模之大，来势之猛，受众面之广，无不令人赞叹"。① 此言非虚。该报一方面以其丰富翔实的经济新闻、商务信息，反映了当时中国社会经济的发展状况，另一方面以大量的商务知识和时事新闻翻译极大地推动了国人对国内外经济局势、东西方各国经济状况，各类经济学和商法知识的了解，起到了普及商学知识和商学教育的作用。尤其值得注意的是，该报对他国报纸有关中国经济状况报道的翻译有助于当时的官商士绅更好地透过外国媒体的眼睛认识自我。与此同时，该报刊登的译文和译著也在很大程度上传播了西方商业和经济学知识，推动了中国本土商业教育和经济学知识体系的建设，推动了近代湖北的经济转型和商业发展。

四、《湖北官报》

《湖北官报》被誉为中国清末"办得最有特色、最有影响的地方官报"，② 是张之洞为配合清廷推广"新政"而在武昌创设的报纸。该报创

---

① 刘望龄：《张之洞与湖北报刊》，载《近代史研究》，1996年第2期，第50-51页。

② 方汉奇、李矗主. 中国新闻学之最[M]. 西安：新华出版社，2005：88.

刊与清末"新政"相关。1901 年，清廷迫于内外压力，不得不寻求变革，遂宣布变法，诏令臣工具奏上闻。与此同时，鄂籍留日学生如戢翼翚等在日本东京创办各类报刊极力宣传革命思想，而湖北的汉口、武昌等地的部分进步民营报纸中也时常刊文抨击时弊和清廷。面对时局的变化和革命思想的蔓延，时任官学大臣张百熙应诏上书，谏言"创办官报"，指出"惟有由公家自设官报，诚使持论通而记事确，自足以收开通之效而广闻见之途"，并制定报律四条。① 时任湖广总督张之洞对此也深感不安，为管控舆论，避免"邪说流行"，遂于当年饬令《湖北商务报》兼办湖北官报，札文略谓：

"照得报馆之设，仿自泰西，采摭新闻，发摅清议，所以宣达下情，启迪民智，开内地之风气，传外国之情形，关系观听，极为重要。乃近日海外乱党各报，专以诬善谋逆为事，狂悖丧心，令人发指。至沿海各省，新出各报，日增日多，亦颇淆杂，加以主笔者屡屡更换，宗旨并不画一，其中核实平心者固多，而别存私见、捏造黑白、变乱是非者，亦间有之，甚至有专意煽惑良民，导人以犯上作乱者。西国报馆如林，亦从无此体例。邪说暴行，相因而起，尤为世道人心之患。鄂省上游重镇，南北枢纽，士习民气，素知礼义，岂可令邪说流行，惑乱官吏士民之心志，亟应于省城地方创设官报馆，刊布旬报，博采通人宏议，正士公论择其可刊入报者，选取缮录，呈候本部堂核定，饬发刊布。其大旨有三：一曰崇正黜邪，二曰益智愈愚，三曰征实辨诬。以定民志，以遏乱萌。查有湖北试用知府王守仁俊，识趣端正，学问赅通，凤以昌明正学为心，堪以派委办理《湖北官报》事宜。应令商报馆总办王道，延访品端学赡之文士及深通东西之译才，分司报务，以资襄助。并即妥议章程，禀候本部堂核定开办，该报即附设于商报馆内，应需经费即并入商报馆经费，由商报馆总办核定，禀请本部

---

① 璩鑫圭、唐良炎：《御史张百熙：敬陈大计疏(节录)》，载《中国近代教育史资料汇·学制演变》，上海：上海教育出版社，2007 年，第 32 页。

堂札饬北善后局筹款支给。"①

从札文可知《湖北官报》创办的历史背景，亦可知张之洞办报本意在于"以定民志，以遏乱萌"。后来由于张之洞受令赴京主持重修学制工作，《湖北官报》迟至1905年4月5日(光绪三十一年三月初一日)才正式发布。

在张之洞主持下，《湖北官报》由《汉口日报》和《汉报》合并而成，设址原汉口日报馆旧址。报馆内设总办一人，聘江汉关道梁嵩生担任，聘任承纪为总纂，聘沈宝枢为收支，下设编撰处、翻译处、印刷处、文案处、收支处等机构，人员统由总办聘用。报纸采用线装形式，赛连纸铅印，采用官派官销的方式，仅创刊号就发行了两万余份，产生了较大影响。后来，该报从第二册起由旬刊改为半月刊，再后来改为五日刊和日刊，报纸也由官派改为缴费订阅。② 该报自1905年创刊至1911年因

① 刘望龄. 辛亥首义与时论思潮详录(上) [M]. 武汉：华中师范大学出版社，2011：109.

② 学界大多对《湖北官报》改日刊之事提及极少，而实际上该报曾于1911年第18期刊载《本局改办日报规则》一文，略谓："一定名：仍名《湖北官报》。二宗旨：不详慎登载，期使全省人民开通政治之智识，发达国家思想，以成就立宪国民之资格。三办法：本条分辑发行二类。(甲)辑首谕旨、电报奏咨、折奏(由督辕发抄随时登载)，咨答文移(由各署局抄送随时登载)，法制章程(如改定官制、军制、民法、刑法、商律、矿律及部章、省章一切条规)，报告示谕(如统计报告，各署局紧要告示等件)，广告(如官办银行、钱局、工艺陈列、各所铁路矿物、各公司及经农工商部注册各实业等)，杂录(如辕门抄各学堂、公所训词，演说及已经采录各条陈活见于各官报之紧要调查、记事等件)。自法制章程以下各条，均全照《政治官报》章程，余按省报各有增减，如辕门抄之类。(乙)发行本报格式亦仿《政治官报》，每日一册，每册七页至八页至一页，二号、一号、十四、十六号定价，每份七元二角(照《北洋官报》价，一律较《政治官报》价为廉)，邮费在内，省内九折订全年、半年、一月均可。(丙)各属原派报数前经详情减半派发在案，原示体谅各州县之意，乃因迫于公益，随解报费者，固亦有人而仍前拖欠者，亦复不少。今改日报，重加价目，势必多所籍口，拟再减半发报，计多缺不过十分中缺七分，简缺五分，亦此观该县绅民智识，虽派分数似不为多。(丁)省城各署局，原有送阅之报，嗣后一律改为按季收价，以顾成本。"在《日报规则》之后附有关于报馆优化报纸采用的纸张的广告。参阅《本局改办日报规则》，载《湖北官报》，1911年第18期，第15-16页。

辛亥革命而停刊, 发行时间达六年半之久。

为凸显《湖北官报》的权威性和正统地位, 张之洞撰文强调"查官报与民间开设之报馆不同, 务须宗旨纯正, 体裁谨严, 凡所录必裨实用, 凡有记载力戒虚枉, 庶足以正人心而开民智, 息邪诐而助政教"。① 为确保自己的意志得到贯彻, 他还为《湖北官报》专门制定了十则凡例, 明确提出报纸的宗旨在于"以正人心、增学识为宗旨, 二义并行, 凡邪诚悖乱之说, 猥鄙偏谬之谈, 一概不录", 在内容主题方面则"必有关于政法、学说、兵事, 财用及农工商渔各实业, 暨交涉要端, 俾究心时务者得以周知时局, 扩启见闻。可为励学之资, 应事之助, 其不在此六项者不录", 另定列朝圣谟、近日邸钞、重要电音、本省公牍、京外公牍、各省报章、各国报章、前人论说、时人论说、往事鉴诚、各省记事、辩正谬误等十二个栏目。② 而且他极为重视稿件的采编、撰写和审核, 常常"幕前拟稿, 偶不惬意, 辄令重改"。

---

① 《督部堂张饬开办湖北官报札》, 载《湖北官报》第一册, 1905 年 4 月 5 日。
② 凡例完整内容如下:"(1)本报大意以正人心、增学识为宗旨, 二义并行, 凡邪诚悖乱之说, 猥鄙偏谬之谈, 一概不录。(2)本报所录必有关于政法、学说、兵事、财用及农工商渔各实业, 暨交涉要端, 俾究心时务者得以周知时局, 扩启见闻。可为励学之资, 应事之助, 其不在此六项者不录。(3)本报纂采录各件, 略有十二门。(4)本报每旬出报一本, 所载不出此十二门, 随时择其有益政学实际, 人心风俗者采录, 不必一本中各门俱备。(5)本报非如商贾射利, 文人炫才, 不拘篇幅长短多少, 少者或每本数页, 多者或数十页, 如有应附报刊布之书, 卷帙少者, 如可分篇, 即每本采刊一篇, 如卷帙虽少而不能分篇, 或卷帙较多者, 即另刊全书, 附报传布, 必使每篇首尾完具, 决不录未完之稿。(6)本报邮寄各省官商广代为分送, 不取分文, 其代送人经理收发, 听其酌取微资, 惟每本至多不得过十文。(7)本报所录, 无论古书今事, 皆取核实, 凡访事捏造虚妄不根者, 概屏不登。(8)本报所载, 意在博观取约。但期阅报者有益, 无取繁冗, 虽不能蒐尽一时新事异闻, 而所载要必有信, 要必有用。(9)本报一秉虚(至)公, 凡诬罔报复, 饰词欺世, 要挟恫喝以取利, 种种市侩恶习, 一概禁绝。(10)凡有品瑞学裕、究心时务之士, 如有雅言要论, 有益于人心学术者, 准其送至该报馆, 听候酌量选录, 其识解纰缪者, 断断不准收入。"参阅《湖北官报凡例十则》, 载《湖北官报》第一期, 1905 年 4 月 5 日。

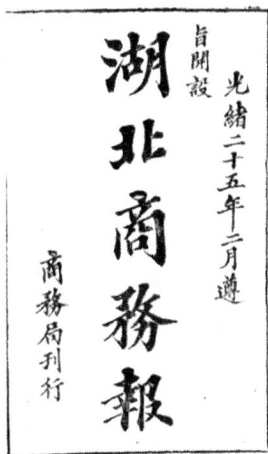

图 3-11 《湖北官报》第 99 册封面　　图 3-12 《湖北官报》译《关税政策》首页

　　《湖北官报》登载的译文总体数量并不多，尤其是自 1911 年开始，该报所登多为国内消息，译文鲜见。而本报刊登的译文大体可分为三类：

　　(1) 国外报社新闻的选译，即将源自同一家国外媒体的多则新闻报道，选取大意，编译成文。

　　(2) 国外新闻综译。此类译文大多标以"译件"和"译述"字样，将源自不同媒体的国外新闻报道提炼之后编译成文，刊登于同一栏目。译文寥寥数语，但重点突出。

　　(3) 国外学术著作节译，如 1905 年第一期的"外国报章"栏目刊登了译文《关税政策：译日本经济世界》。译文篇首注明了"[日]坂口武之助原著""本馆东文译件"表明日语原文作者，报馆人员所译。正文含"贸易定义及外国贸易之起因""例外外国贸易""外国贸易乃货物与货物交换""输入输出之关系""外国贸易与国内所异者在结果""外国贸易有国际间德义及维持平和之效"等六部分内容。为品评译文，现将其中第一部分"贸易定义及外国贸易之起因"内容摘录如下：

　　　　"贸易乃交换物品之称，大则可分为二类：一曰内国贸易，一

183

曰外国贸易。内国贸易，交换之范围，止于一国；外国贸易，则国际间之交换也。内国贸易以个人才能、技艺、财力之不同，故将由分业特有技能，生产货物，依需要供给原则，互相交换。外国贸易，亦以各国地势、地质、地位、气候及国民才能、技艺、财力之不同，故各自生产，适于自国国情货物，此即外国贸易之起因也。从事乎此之国，不独以勤于生产适于自国国情货物，可以省生产费用，生产费低廉，可以利用资本及劳力消费者，亦有一利，即可以贱价购在本国须巨额生产费之外国品是也。"

从本例来看，《湖北官报》译文虽以文言译出，但用词简单，句式简洁，所有经济类相关的专业术语（如"资本""贸易"）等已经与今日用语相同。译文内容聚焦于贸易，尤其是国际贸易产生的原因、表现形式及其功用，对当时的中国读者了解现代经济学知识具有重要意义。

《湖北官报》作为一份官报，其关注点更多在于向民众传达清廷的声音以及国际局势变化中事关中国者，但是对于真正威胁当时中国利益的，可能引起民愤的事件报道极少。虽然如此，仍不能否认《湖北官报》及其所翻译的新闻和外来知识在当时之中国所起到的开启民智之意义。

第四节　近代湖北创办的专业类译报译刊

本节以《湖北农会报》《湖北地方自治研究会杂志》《湖北警务报》《扬子江小说报》等展开论述。其中，前面三种报刊的办报主体虽然亦有官府和留日学生参与，但在具体办报宗旨方面更注重专业知识的传播和译介。《扬子江小说报》本属于民办报刊，其译介内容选材偏向文学。本节将此四种报刊均纳入专业类译报译刊作论述。

一、《湖北农会报》

《湖北农会报》是在湖北创刊的一份农学专业报刊，其创办与清末政治局势、社会思潮以及农学运动发展关系极为密切。甲午海战之后，民族危机日益加重，而与此同时实业不振和农业衰微的客观现实深深刺激着当时的有识之士。当此之际，维新派呼吁振兴实业，清廷也被迫推行“新政”。在此背景下，上海农学会首开风气之先，率先进行海外农学知识译介和国内农学研究。受其影响，张之洞于1898年春在湖北武昌创办湖北农务学堂，又聘罗振玉来鄂主持农务学堂，聘王国维任译授，招生授课。伴随着农学研究和农学科的兴起，各类相关报纸杂志也陆续出现。自1897年5月《农学报》(又名《农会报》)①在上海创刊到1911年辛亥革命，先后有《江西农报》(江西)、《蚕学报》(广东)、《农工杂志》(浙江)、《蚕学农报》(武昌)、《吉林农报》(长春)等近十余种农业相关报纸杂志出现②。《湖北农会报》是其中之一。

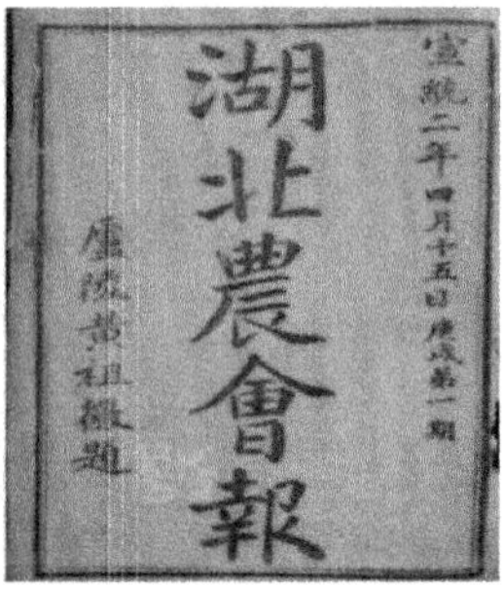

图3-13　《湖北农会报》第一期封面

图3-14　湖北农务总会董事摄

① 《农学报》原名《农学》，又自称《农会报》，为农学会(务农会)于清光绪二十三年四月二十四日(1897年5月25日)所创办的机关报纸。创始人为罗振玉(叔韫)、吴县将黼(伯斧)等。第15册起才固定报名为《农学报》。第18册以前为半月刊，翌年第19册(光绪二十四年正月)起改为旬刊，线装连史纸石印。《农学报》连续出版了近9年，到光绪三十一年(1906年)才停刊，共发行350册，为中国最早的农学刊物，也是戊戌期间发行的报刊中寿命最长的一家。主要栏目内容有东报、各省农事述、西报、奏折、公牍、农事、禀牍、会事、事状、告示等，其中“西报”和“东报”两个栏目刊载有较多译文，陆续翻译西方农学作170余种，文章770余篇。

② 叶再生．中国近代现代出版通史(第一卷)[M]．北京：华文出版社，2002：935-936.

　　该报由湖北全省农务总会于 1910 年 5 月 23 日(宣统二年四月十五日)在武昌创办,并作为其会刊运行。刊物由吕瑞廷任主编,湖北劝业道高松如、农务总会总理黄祖徽、协理程荫南亲自撰稿。在《湖北农会报缘起》一文中,吕瑞廷指出《湖北农会报》的创办是有感于当时农业发展之式微,受留日学生启发和国内其他省份农报发展的启发,其目的则在于"采择群言,汇集精义"进而促进农事的进步。① 在本报第一期中,不仅刊载有吕瑞廷、高松如、黄祖徽、程荫南等人撰写的发刊缘起以及发刊词诸文,而且有《湖北农会报简章》。《简章》中详细规定了该报的宗旨、体例、栏目内容等。具体如下:

第一章　总义

　　一、定名　本报系湖北农务总会所办,故定名为《湖北农会

---

　　① 关于办刊之背景与缘由,见于吕瑞廷所撰《湖北农会报缘起》,略谓:"吾国农报之刊,萌芽于海上,继起于留东学界,发达于江西与直隶,而实统一于农工商部,朝野上下,孜孜焉,喁喁焉,急欲以文字鼓吹实业者,岂不谓中土以农立国,地大物博,未闻有兴,我抗颜有行者耶?乃比年以来,萃吾各属之农产物,自给既不能足,而输出品又复寥寥,童山、旷土、偏地皆是,丝茶之利几尽为他人所夺,不急起而直追之,恐东郊之耒日辍,西陵之泽寝微,极盛之业,益难为继矣!环顾列国,其农业之勃兴也,首赖机关之完备,以联络之,以培养之,以保护奖励之。何谓联络?如农业团体(即农会)、农业组合(即信用组合、贩卖组合、购买组合、生产组合、兼业组合)是。何谓培养?如农业教育是。何谓保护奖励,如农业金融(即立银行以流通金融,薄利息以借出资金)、农业警察、农业保险、农业各类政策是。虽然机关之未完备也,须有学说以唱导之,机关之既完备,宜有文告以沟通之。故非采择群言,汇集精义,刊为农报,以广宣布不可。吾鄂农学开办最早,而农报独付阙如,区区之私,良为隐撼。今幸武昌农务总会成立,廷忝列编辑,爰欲本其管窥之见,与泛览之籍,以与同志商榷用,特陈请举办《湖北农会报》,月出一册,以饷农家,兼以质之有道,抑廷更有说焉。会报与官报、学报之范围宜略有区别,官报限于法令、文牍,学报详于理论、学说,会报则宜综二者而兼图并进。于条教号令之中,寓讲学、励业之意,乃其天职也。惟愿海内农家,不吝鸿笔,时以精理、名言为周行之示。则是报也,行见由月刊而进于旬刊,由一会机关,而组成全省之机关,斯会益盛,报益增,而农事益进步矣。然则报之篇幅虽有限,而本报所希望之事业又讵有涯涘哉?兹值首册发刊之期,不揣浅陋而叙其缘起于此"。参阅吕瑞廷所撰《湖北农会报缘起》,载《湖北农会报》第 1 期,1905 年。

报》。

二、宗旨　本报以研究农学，改良农业，辅助农政为宗旨。

三、体例　本报每册约分甲、乙二类。甲类程度较高，撰著中国振兴农业之方法，以备政府采择，编辑中外农业、历史、政策、法规、教育、试验成绩之大概，以备同志参政，编著农业教课新书，以为各种农业学堂课本，汇译世界农业之情形及统计新出农业书籍用品，以便农学界消息之灵通。乙类程度略，编述农学问答，白话小说，以为农业学堂别科课本及县乡改良农业之资。

第二章　门类

一、图书　采集各种农业图书，用铜版精印，每期插入二张以上。

二、谕旨　凡关农业之谕旨，不拘时代先后。随时敬谨刊登，以昭典则。

三、主张　凡农业上之计划，本会主张其必当如此者，则撰述而敬告之，以备采择。

四、论丛　凡关农业之论说，如能切实发挥，宗旨纯正，有裨于农界者，或由搜采，或荷惠寄，皆本会所欢迎。另有投稿细则，当择要刊印，以资广益。

五、章奏　（甲）农工商部；（乙）各部院；（丙）本省

六、文牍　（甲）详文；（乙）移咨；（丙）札文；（丁）批文；（戊）面启；（己）禀折；（庚）电文

七、讲演　凡农村之风俗习惯如何，而后可以改良如何，而后可以进步，与夫农业机关专业团体各要端，必须详细解说，始能令农民知农学之利益，文言、白话均可列入至学堂各教习讲义，亦当择要付印，以期农业教育之普及。

八、译丛　凡东西各国新发明之农学、新颁布之农业法规，以及报告统计等均可择要译述。

九、报告　一实验成绩；二调查成绩；三各省农会成绩。

十、史传　关于中外农业之史事及著名农业家之传说。

十一、记事　一全国农会事迹；二全国农业教育事迹；三全国各地方农业情形；四全国农业政策；五外国最近农事可资政镜者。

十二、问答　农家如有疑难垂询，本会当酌夺详覆，并择要刊入此门，以资商榷。如问题狭隘及无关农业者，概不作答（另有问答规定）。若初办时质问者尚少，本会编辑简要农学问答，以饷同志，或译外国农报之质疑问答，以资政证。

十三、统计　一农学；二农业；三农业政策。

十四、农话　撰译农业白话，以期愚夫愚妇皆不繁言而解。

十五、农书提要　一中国之部（旧著新著）；二外国之部（已译者；未译者）。

十六、附录无可归类者附附录卷末。

第三章　办法

一、期限　本报月出一册，每册以三万字为率，各门虽不能具备，至少必在十门以上，但子目恐不能尽载。自宣统二年二月出版，年暑假停刊，俟经费扩充，月出二册或旬出一册，或增加字数，临时酌定。

二、编辑　凡本会编辑之稿，以及选录之文，均记录姓名，以备查证。

三、审定　报稿校清呈由总协理审定。

四、印刷　审定后发庶务科印刷装订成册。

五、发行　本报第一期出版即由本会咨大清邮政局请其挂号，认为新闻纸类。除第一期随文送发各分会各署局及各学堂外，此后出报概由邮寄，如各书店愿代售本报，应向发行所直接商议（另有细则），总发行所暂设于会内（即老牙厘局）。

六、报费　全年二元五角，零售每册三角，邮费另订，闰月照加。

七、临时增刊　每年一册或二册。凡购阅本报者，概不取费。

八、广告 会员中如有新著农书，及创制农具者，可奖书籍一部，农器雏形一份(如愿以原器寄赠本会者亦可)，告文一纸寄送会中。本报代登广告，以便农家之购取，概不取资，但会外者不在此限。

九、寄稿 同志寄稿，薄有酬报(另见专章)，惟登载与否概由本会酌定，原稿恕不检还。

十、附则 本报创办伊始，一切章程未能尽善，异日当随时酌改。

(附：征集文字图片简章)(此处从略)①

就简章可知，本报以"研究农学，改良农业，补助农政"为宗旨。报内设"图画、谕旨、主张、论丛、章奏、文牍、讲演、译丛、报告、纪事(省内、外省、海外三部)、农话、问答、附录等栏目"，② 专刊则有"中外农业历史、农业新书、世界农业情况和有关农业政策法规、农学问题、白话小说等"。③ 刊物原为月刊，但因开办时间为5月，为凑足开办当年发行12期的总数，遂将7至12期改为半月刊。

就翻译而言，《简章》明确规定本报将"汇译世界农业之情形及统计新出农业书籍用品，以便农学界消息之灵通"，要求"凡东西各国新发明之农学、新颁布之农业法规，以及报告统计等均可择要译述"，甚至要求"撰译农业白话"。相关译文一般刊载于"译丛"栏目，其他零星内容可见于"纪事·海外""附录""史传"等(见表3-10)。就统计数据来看，该刊登载译文约44篇，主题涉及农、林业相关的法律、技术、教学方法、甚至农学研究方面的重要人物传记等，原文大多来源于日文报纸、撰著和法令等。另有部分译文见于"海外农事"栏目，这些译文虽然未明确标明是翻译，但内容实际上以国外农业情况译介为主。

---

① 《湖北农会报简章》，《湖北农会报》，1905年第1期。
② 章开沅主编. 辛亥革命辞典[M]. 武汉：武汉出版社，2011：402.
③ 陈钧等主编. 湖北农业开发史[M]. 北京：中国文史出版社，1992：183.

表 3-10 《湖北农会报》刊载译文一览表

序号	译文标题	译者	刊期与栏目
1	日本农会法(明治三十二年六月九日法律第百三号)	吕瑞廷	第1期"译丛"
2	日本农会令(未完)	吕瑞廷	
3	最大稻田排水机设备工竣(译《日本农报》)	不详	第1期"纪事·海外农事"
4	稻田养鲤(节译《稻田养鲤报告》)		
5	野生棉种发现(译《日本农报》)		
6	竞犁会(《译农报》)		
7	日本农会令(续完)	吕瑞廷	第2期"译丛"
8	森林效用论(未完)([日]林学博士多静六讲义)	程鸿书译述	
9	日本蚕丝专门学校之筹备(译《日本蚕丝会报》二百十一号)	吕瑞廷辑译	第2期"蚕业片片录"
10	日本蚕丝会蚕业讲义录讲习规程(译《日本蚕丝会报》二百十三号)		
11	日本蚕丝业组合调查(译日本蚕丝会报二百十四号)		
12	日本生丝检查之改良		
13	日本农商务省之新事业		
14	日本风穴之储藏数(译《日本蚕业新报》百九十七号)		
15	日本桑园增殖奖励费(译《日本蚕业新报》百九十五号)		
16	日本全国内之制丝工厂(译《日本蚕业新报》百九十五号)		
17	世界之蚕况(译《日本蚕丝会报》二百十四号)		
18	日本东京蚕业讲习所蚕况(译《日本蚕丝会报》二百二十号)		

序号	译文标题	译者	刊期与栏目
19	日本农会令施行细则	吕瑞廷	第3期"译丛"
20	森林效用论(续)([日]多静六讲义)	程鸿书译述	
21	报德教之鼻祖,农业界之伟人:日本二宫尊德翁略传(未完)	吕瑞廷编译	第3期"史传"
22	森林效用论(续第3期)([日]多静六讲义)	程鸿书译	第5期"译丛"
23	植棉说(未完)([美]农业学校监督梅亚尔著)	山东农务局译员易扬远译	第5期"附录"
24	扁浦栽培法(译《日本农会报》三百三十三号)	虞慕堂来稿	第6期"译丛"
25	农艺化学(未完)	萧屏辑译	
26	植棉说(未完)([美]梅亚尔著)	易扬远译	第6期"附录"
27	稻叶枯病(译《日本农会报》)	虞慕堂译	第7期"译丛"
28	森林效用论(续第五期)([日]多静六讲义)	程鸿书译	
29	日本二宫尊德翁略传(续第3期)	吕瑞廷编译	第7期"史传"
30	植棉说([美]梅亚尔著)	易扬远译	第7期"附录"
31	东三省林业琐谈([日]林学士佐藤佐吉著)	黄炳文译	第8期"译丛"
32	植棉说(续)([美]梅亚尔著)	易扬远译	第8期"附录"
33	按谱(未完)	嘉定吴宗濂挹清辑译	
34	家畜妊孕之鉴定及妊畜之摄生法(附流产及产褥麻痹)(译《日本新农报》)	陈御烈译	第9期"译丛"
35	稻田养鲤法	吴震辑译	
36	高等小学农业科教授法([日]山口县师范学校教论工藤齐著)	邓奉先译	

序号	译文标题	译者	刊期与栏目
37	按谱(未完)	吴宗濂挹清辑译	第9期"附录"
38	农政学第一篇	邓礼寅辑译	第10期"译丛"
39	人造肥料与土壤之关系(《日本新农报》六十六号)	贺润清译	
40	日本二宫尊德翁略传(续第7期)	吕瑞廷编译	第11期"史传"
41	农政学第二篇：农业金融(未完)	邓礼寅辑译	第13期"译丛"
42	日本二宫尊德翁略传(续第11期)	吕瑞廷编译	第13期"史传"
43	论果树剪定之目的(《日本农业教育》百六十七号)(朝野计起著)	贺润清译	第16期"译丛"
44	中国茶叶总说	彭士杰辑译	

特别值得一提的是，《湖北农会报》刊登的多数译文大多标明了译者姓名，其中吕瑞廷、程鸿书、易扬远等贡献的译稿较多。现以虞慕堂所译《稻叶枯病》为例，作简要译文分析。译文如下：

此病之原因，常由水害及窒素质肥料施用期迟而起。

1. 多雨年间，常发此病，旱年则无之。

2. 在山间，黏土质之地而发生此病者，因每年施用石灰肥料，其不溶解物滞积于地中故也。

3. 此病常常由地面之地处发生。

4. 凡地面高低不平均，则水留滞于低处，因而腐败稻之细根，终至发病于叶端。

5. 防除法，即于夏毛(即夏作物)整地时，以耙及锄等使地面十分平坦，最宜注意。①

由于未见日文原文，故而很难判定本译文与原文之间忠实程度如何。仅就内容而言，可发现其用寥寥数语解释了稻叶枯病发病机理以及防治办法，译笔流畅，清晰易懂，且极具指导性。

尽管《湖北农会报》刊载的翻译类文章数量在晚清报刊中并非最多，但是作为近代湖北所创办的农业、农学相关的专门报纸，其对海外农业政令、技术、进展等的译介极大地促进了近代农业知识的传播和农学学科体系的建立，以及湖北近代农业教育的发展。而该报中对译稿所定报酬设为中等，高于小说，亦从侧面反映了当时对科学技术性翻译的重视程度。

二、《湖北地方自治研究会杂志》

《湖北地方自治研究会杂志》的创办缘起清末自治思潮和立宪运动的兴起。当时，一些有识之士有感于朝政腐败、国家羸弱、主权丧失、民不聊生的现实境遇，开始倡导地方自治，并探索地方自治的可能路径。如翻译家和启蒙思想家严复就提出"居今而为中国谋自强，议院代表之制虽不及行，而设地方自治之规，使与中央政府所命之官和同为治，于以合亿兆之私为公，安朝廷而奠磐石，则固不容一日缓者也"②。辛丑之后，国力益弱，民族危机更为严重，自治思潮愈加突显。1902年，康有为更是认为地方自治是强国之根本，断言"欧美之强，在于推行其地方自治。中国富强之道，亦在听地方自治而已"③。与此同时，

①　虞慕堂译：《稻叶枯病》，载《湖北农会报》，1910年第7期。
②　吴建国. 清末民初的自治思潮评述[J]. 西南民族大学学报(人文社会科学版)，2004(12)：8.
③　康有为. 公民自治篇——辛亥革命前十年间时论选集[M]. 上海：三联书店，1977：12.

清廷迫于内外压力，遂采纳出国考察宪政的五大臣的意见于 1906 年下诏预备立宪。1907 年又在中央筹设资政院，在各省筹设咨议局。1908 年 7 月，清廷又颁布《各省咨议局章程》和《咨议局议员选举章程》，规定咨议局当"为各省采取舆论之地，以指陈通省利病，筹计地方自治为宗旨"。湖北留日学生也积极宣传宪政和自治思想，并组织了湖北地方自治研究会。该会拟定宗旨三条，包括"(1)研究各国地方自治之学说及制度以资借鉴；(2)斟酌本省各府州县地方一切情形构成机关以为进行之补助；(3)表明地方利益唤起国民精神，俾人人乐于自治而增长其知识及能力"①。该会创办了《湖北地方自治研究会杂志》。

作为湖北地方自治研究会的会刊，《湖北地方自治研究会杂志》于 1908 年 11 月 15 日在日本东京创刊，印刷者伊藤幸吉，地址位于日本东京淀桥柏木三六八独丛别墅。该刊先后由湖北留日学生吕嘉荣(湖北黄冈人)和张伯烈(1872—1934，湖北随州人)担任主编，下设编辑员 30 人，校对 4 人。本刊原定为月刊，但实际发行时却并不规律。刊物以"以研究各国地方自治之学说及制度，唤起国民精神，俾人人乐于自治为宗旨"，② 设有论著、译述、纪事、调查、杂录、附录等栏目。其中与翻译相关者主要集中于"译述"栏目，多以介绍日本和英国等君主立宪制度发达国家的地方自治理论和具体实践为主，也刊载少量连载的译著刊载(表 3-11)。

表 3-11　《湖北地方自治研究会杂志》译文一览表

序号	标题	译者	栏目	刊次
1	欧西地方自治之大观	啸余	译述	1908 年第 1 期
2	都市农村之民育(未完)	张景栻	译述	1909 年第 2 期

①　刘望龄. 辛亥首义与时论思潮详录(上)[M]. 武汉：华中师范大学出版社，2011：277.

②　章开沅主编. 辛亥革命辞典[M]. 武汉：武汉出版社，2011：404.

序号	标题	译者	栏目	刊次
2	都市农村之民育(续完)	张景栻	译述	1909 年第 3 期
3	学生保护之设施(译日本宫城县仙台市教育会谈)	孟晋	译述	1909 年第 3 期
4	日本长野县上田町条例及规定(续第二号)	李美文	译述	1909 年第 4 期
5	述英国地方自治制度	蒋义明	译述	1909 年第 6 期
6	地方财政(续)	宋仲佳	译述	1909 年第 6 期
7	地方财政(续完)	宋仲佳	译述	1910 年第 8 期
8	国民勤劳之美风(未完)	沈维鲁	译述	1910 年第 9 期
9	国民勤劳之美风(续)	沈维鲁	译述	1910 年第 10 期

(注:因史料不全,部分刊期数据缺失)

该报所载的部分译文由于无法确知原文,故而很难判定译者在翻译时是否存在较大幅度的增删。但可以肯定的是,大部分译文并非仅仅将原文译成汉语了事,而是在一定程度上加入了译者的创作成分。比如《欧西地方自治之大观》一文,译者虽然并未标注原文和原作者,但是却在译文之前有加入一段话,概括性介绍英国地方自治状况并将其与中国本土情况作比较,而且翻译的目的也是较为明确的,即教育国内的官绅士庶。其内容如下:

"盎格鲁-撒克逊人,富于独立自治精神,为全球冠,凡社会进步,有一新需用发生,决无以己之切近利害,希冀于不可必得之政府,为之保护,爰起而组织团体,创立机关,以充其需要,而求达其愿望。国会又从而制为法律赋予权力,载之典章公认之,故国无不治之事,而纲举目张;官少心神之劳,而恪尽其职。民亦各得其所，而荣于奉公。来德氏有曰，一人而栖息于六重地方团体下，纳十八种地方税，其自治绵密，可以概见。然而瑟刻舟求剑者之所为，盖国情既异，制治斯殊，理有固然，势所必至。故惟述其位于上类我国城者曰郡，位于下似我国乡者曰区。区之上，有联合区，市有市制，其他皆略而弗举，惧摭无益于我国之事实，而徒惑官绅士庶之视听也。"①

在该报中还出现了部分译者接续合作翻译同一原文的情况。如1909 年第 2 期刊登了张景栻所译的《都市农村之民育（未完）》。在正文之间，加有一段译者按语，称：

"此篇乃日本内务省地方局所编纂《田园都市》书中之一章也。全书掇欧米地方自治之菁华，凡有益于民生幸福者无不备。念我国教育初萌，未经国民教育者，所在皆是。即今之在学子弟，亦无从领其中之况味，故亟译，此以饷我同胞之留意于地方自治者。"

由按语可知《都市农村之民育》节译自日本政府部门所编撰的《田园都市》，后者是欧美地方自治知识的日语辑录，而译者的目标读者则是对地方自治感兴趣的国民。就语言而言，正文虽然是古文，但文风轻快，流畅易读。其后，在 1910 年第 9 期和第 10 期刊登了沈维鲁所译《国民勤劳之美风》，此文实际上是接续了张景栻之前的译文。在译文之前附有这样一段文字加以说明："本杂志第二三号张君《天园都市》书汇总，《都市农村之民育》一章，阅者往往以未窥此书全豹为恨，故择尤译此章，以为继续之渐"。其中一段如下：

"人因勤劳而于自己执业上益感受深厚之真趣味，所自得者益多，直视为自己之天职。英人尝曰：'人只要守自己之天职，则自

---

① 啸余译：《欧西地方自治之大观》，载《湖北地方自治研究会杂志》，1908年第 1 期，第 107 页。

有绝大之权力，直是一个无冠之小国王也。'凡所以深自任者，因于其执业有无限之趣味，各自信为荷天授之使命，非人所能夺者也。国民为勤劳之趣味所引，自得执业之妙处，则益固助长之精神，而进取之气力益可增加，斯亦不容置疑者。是故，勤劳者为发挥人人一切美德之源泉，而为润一身一家之妙道，不问其为农村都市，苟欲废者兴之，旧者新之，积实力而立繁荣之基，则同胞之勤劳应为不可缺之要件。欲启一国之隆运者，亦焉可不基于此原动力哉。"

就风格来看，前后两位译者大体采用了文言翻译，文风大体相当，文字清新可读。

《湖北地方自治研究会杂志》存在时间虽然较短，但是留日知识分子，以之为媒介通过翻译，广泛宣传地方自治的新知识和新观念，进而起到了教育民众、开化思想、激荡民意的作用，为后来的辛亥革命奠定了基础，也为近代湖北的文化转型留下了宝贵的遗产。

三、《湖北警务杂志》

《湖北警务杂志》创刊于 1910 年，其创办与近代湖北警察教育的发展有关。1901 年初，清廷迫于内外压力，宣布"新政"，其后便开始陆续裁撤冗衙，改革官制。张之洞在《筹议变法谨拟整顿中法十二条折》提出"去差役、建警察"的主张，奏请仿效日本和西方，建立现代警察制度。① 同年 9 月，清政府颁布上谕，下令在全国范围内建立警察机构。张之洞积极响应，奏请在湖北建警，并于 1902 年 6 月 6 日在湖北武昌建立了近代中国第一个以"警察"命名的警察机构"武昌警察总局"。与此同时，他又在湖北选派学生和兵勇赴日修读师范和警察两科，为发展湖北警察教育做准备。他在致负责挑选留学人员张彪的信中写道"警

---

① 邹俊杰. 清末湖北警政问题研究[M]. 武汉：武汉大学出版社，2019：65-66.

察为推广新政之根基，责任所关，极为重要"①。经过一系列准备之后，张之洞于翌年在湖北设立了警察学堂，后改为湖北高等巡警学堂。而《湖北警务杂志》正是由后者创办，其目的在于普及警务知识，探索近代警察制度。

图 3-15　《湖北警务杂志》第六期封面　图 3-16　《湖北警务杂志》内封

《湖北警务杂志》原定为月刊，由赵澂宇、张瑞基等任编辑，湖北巡警公所发行，汉口维新印书馆印刷。刊物设论说、讲演、译丛、文牍、报告、记事等栏目。其中，"译丛"栏目多译介世界各国警察制度、警务知识、警界轶闻等方面的内容。部分期次译文内容如下：

表 3-12　《湖北警务杂志》第 2 至第 6 期译文一览表

序号	译文	原文/译者	刊期
1	日本之特种部落矫风会	译自《日本警察协会杂志》，刘文度译	

① 严昌洪等. 辛亥革命史事长编(第 3 册)[M]. 武汉：武汉出版社，2011：128.

续表

序号	译文	原文/译者	刊期
2	传染病预防要论	译自《日本警察协会杂志》，刘文度译	1910年第2期
3	英国警察之沿革纪略	赵澄宇译	
4	美国之侦探及巡警	谢健译	
5	西洋警察识小录：法国雇佣奴婢之手续；纽约警察一年取报之件；土耳其警察之特色；柏林风俗警察之严肃；英国警察之交通机关；巴黎之家畜市场、伦敦警察署之猎犬……	赵澄宇译	
6	犯罪统计论	译自《日本警察杂志》，刘文度译	1910年第3期
7	纽约警察侦探裴脱乐西之小史	译自《西报》，赵澄宇译	
8	德意志警察法规述要	赵澄宇译	
9	西洋警察识小录：英领加拿大之原野警察；德国皇子之侦探眼；英伦之盗贼器具专卖所；伦敦之消防本部；美国之少年警察队；巴黎警察之护卫葡皇；美国桑港警察之丑态	赵澄宇译	
10	日本改正巡查俸给论	译自《日本警察协会杂志》，赵澄宇译	1910年第4期
11	伦敦警聚刑事局长梅露氏经之一班	赵澄宇译	
12	德意志警察法规述要	赵澄宇译	
13	万国基督教警察同盟会之述要	赵澄宇译	
14	西洋警察识小录：桑港之妇人刑事巡查；美国经常之骑马巡查；伦敦之消防演剧；巴黎之火灾报知机；圣路易警察展览会	赵澄宇译	

续表

序号	译文	原文/译者	刊期
15	日本改正经查勤务法要论	刘文度译	1910年第5期
16	日本空前之盗案(未完)	谢健译	
17	英人艾妥纳参观巴黎巡查教习所记(未完)	莹伯译	
18	德意志警察法规述要(续第四期)	赵澄宇译	
19	西洋警察识小录:世界无双之盗案;伯林之贼庄展览会;德国刑事警察之一端;法学士之愿充警察巡查;英国之窃贼养成所;比科时之狂人村	赵澄宇译	
20	警察权之基础	日本法曹阁行政法理研究书之一;张瑞基译	1910年第6期
21	日本空前之盗案(续第五期)	谢健译	
22	英人艾妥玛参观巴黎巡查教习所记(续第五期)	莹伯译	
23	德意志警察法规述要(续第五期)	赵澄宇译	
24	西洋警察识小录:伯灵警视厅前之牛头;美洲警察之不振;俄罗斯警察之异点;瑞西之自治警察;巴丁王国之巡查教习	赵澄宇译	

根据第二期到第六期的译文看,《湖北警务杂志》所载译文只有少部分标出了原文,译者人数相对较少且固定。就内容看,译文多为浅近文言,通俗易懂,译者除了译出原文大意外,有时还会加入个人评述,比如在《西洋警察识小录:美国桑港警察之丑态》一文:

"美国以实利为主义,故有金力万能之俗谚,薄给之警察官因之亦日趋于腐败堕落。近阅桑港某杂志中，揭载警察官之十二时图画，虽形容未免过甚，然言者无意，闻者足戒，诚当局借镜之资也。其杂志中第一图为午前九时，警察长官点检部下之巡查，命其按部署巡。第二图为午前十时，其巡查于途中，见有盗窃犯，惊走之而取其所有。第三图为午前十一时，于富籤类似之商店，默过之而受其贿赂。第四图为午后一时，有绅士乘自转车来，其速力逾于限制以外，巡查制止之，其绅士与以十元之纸币，随即加以敬礼而去。第五图，为午后三时，有卖果物之老姬，妨害交通，巡查上前制止之，而背手窃受，取其银货。…第十二图即翌朝之午前九时也，各巡查之警员既终归署后，各探怀取其所获得物，陈之几上，有雪茄烟，有金银元，有纸币，又有指环及金银表百货。侧其长官，含笑容，似欲选择其一作出手拈取之状。噫，此杂志之记者，其描写真不留余蕴哉。然，以余所知，则美之警察固世界中最劣等者，特果如此图之所云，恐亦欲加之罪，何患乎无辞云尔，记者终未敢以耳代目也。"

从内容看，这则译文是对某外报所载图画之翻译，可视为符际翻译。译者除了详尽描写原文/图之内容，还在译文末尾加入了个人的批判。

四、《扬子江小说报》

清末民初之际，开启民智、救国保种已成为有识之士的共同诉求。文学界亦倡言革命，以文学激励民气。以往不受重视的"小说"，因为贴近普通民众、受众较多的特点而被视为重要的改革途径。1897 年，梁启超发表《译印政治小说序》一文，盛赞小说之启民和政治教化功能。他在文中引述康有为所言，称"仅识字之人，有不读经，无有不读小说者。故六经不能教，当以小说教之；正史不能入，当以小说入之，语录不能谕，当以小说谕之；律例不能治，当以小说治之"，又称"小说为国民之魂"，"今特采外国名儒所撰述，而有关切于今日中国时局者，次第译之，附于报末，爱国之士，或庶览焉"①。梁启超不仅持论如此，而且亲自实践，创办原创与翻译并重的刊物《新小说》。继而，效仿者纷纷，文学翻译大盛，各类文学刊物频现，仅 1872 年到 1918 年间创刊的有 122 种之多。②《扬子江小说报》即是其中之一。

该报由中西日报馆于 1909 年(宣统元年四月一日)在汉口创刊发行。就发行方式而言该刊为月报，目前所见仅五期。③ 月出一册，最初为 32 开本，后来改为 28 开本。主编胡石庵曾与谭嗣同、唐才常等晚清维新及革命志士相交，因而同情和支持革命。时人评价他"创办了一家《扬子江小说报》，专门提倡小说，即找不着西译名著，也能自出心裁，创造出西洋的小说故事来，人名和地名，全步上西洋译音，充作译本，如侦探冒险等作，应有尽有，居然能以伪乱真"。④ 在他主持下，刊物设图画、社文、小说、文苑、词林、杂录等栏目，具体内容以小说为主，兼载诗词、随笔和诗话等。第一期刊载有范韵鸾、余德元、陶报癖⑤、凤俦、顿根、胡楫、凤曾叙等所著发刊词 7 篇，陶报癖著文专门论及当时小说报刊情况，而凤俦所著篇目则较为详细地叙述了中国小说

----

① 梁启超：《译印政治小说序》，载陈平原、夏晓虹《二十世纪中国小说理论资料》(第 1 卷)，北京：北京大学出版社，1989 年，第 21-22 页。

② 查明健、谢天振. 中国 20 世纪外国文学翻译史[M]. 武汉：湖北教育出版社，2007：26.

③ 据阿英所《晚清文艺报刊述略》称"访得的，只有第 1、第 5 两期，前者 32 开本，后者 24 开本"，而在《全国报刊索引》数据库中所能见到的也仅仅是第 2，3，4，5 期。关于刊物的概括简介，可参阅阿英《阿英全集》(第六卷). 合肥：安徽教育出版社，2003 年，第 266-267 页。

④ 刘望龄. 辛亥首义与时论思潮详录[M]. 武汉：华中师范大学出版社，2011：294.

⑤ 陶报癖，即陶佑曾 (1886—1927)，近代小说批评家，字兰荪，湖南安化人。出身于官宦家庭，曾留学日本，在《月月小说》《小说林》《作林》《游戏世界》等刊物上发表小说和评论，有《中国文学之概观》《晚清小说大系》《论小说之势力及其影响》《扬子江小说报发刊辞》等，译文《红发会奇案》(一名《银行盗案》)和《厌世之富翁》等。

历史，其他各篇大多以说明小说的社会作用为主。① 其中最受关注者是陶报癖所作《发刊词》，略谓：

粤自三千稗乘，佐晋尘之清潭；九百虞初，继董狐之直笔。南华仙蝶，栩栩频飞；西岛蟠桃，累累可采。庄言莫能推广，小说因以萌芽。至若干宝搜神，齐谐志怪，李肇补史，邹衍谈天，输美丽之湖流，含劝惩之目的，维持社会，鼓吹文明，狰狝盛矣！洎乎近世，才人辈出，斯业愈昌。著述如云，翻译如雾，科学更加之侦探，事迹翻新；章回而副以传奇，体裁益富；莫不豪情泉涌，异想天开，力扶大雅之轮，价贵洛阳之纸者也。是以《新小说报》倡始于横滨，《绣像小说》发生于沪渎，创为杂志，聊作机关，追踪曼倩淳于，媲美嚣俄、笠顿，每值一编披露，即邀四海欢迎，吐此荣光，应无憾事。畴料才华遭忌，遂令先后销声，难寿名山，莫偿宏愿。况复《新新小说》发行未满全年，《小说月报》出版仅终二号，《新世界小说报》为词穷而匿影，《小说世界日报》因易主而停刊，《七日小说》久息蝉鸣，《小说世界》徒留鸿印，率似秋风落莱，浑如西峡残阳，盛举难恢，元音绝响，文风不竞，吾道堪悲；虽《月月小说》重张旗鼓于前秋，《小说林报》独写牢骚于此日，而势力究莫能澎涨，愚顽难遍下针砭。是知欲雄图，务必旁求臂助。嗟乎！欧风凛冽，汉水不波，美雨纵横，亚云似墨，怜三家之学究，未谙时势变迁；笑一孔之儒林，难解《典》《坟》作用。以致神州莽莽，伙醉生梦死之徒；政界昏昏，尽走肉行尸之辈。本社胡君石庵，睹兹现状，时切忧，爰集同仁，共襄伟业；挽狂澜于稗海，树新帜于汉皋，半月成编，1月出版，词清若玉，抒哭麟歌凤之怀；笔大如椽，树活虎生龙之术。悲惧并妙，巨细靡遗；统地球之是是非非，毕呈奥相；据公理而褒褒贬贬，隐具婆心。吐满纸之云烟，横太空

---

① 阿英：《晚清文艺报刊述略》，载《阿英全集》（第六卷），合肥：安徽教育出版社，2003年，第266页。

之楼阁，事分古今，界判东西，冶著译于一炉；截长补短，综庄谐于小册，取琰搜珠。在宣统开幕之年、为杂志悬弧之日。记者不敏，窃愿附同人骥尾，学步效颦；择入木之狸尖，呕心洒血。他山有石，何妨攻错于小言；敝帚自珍，讵计贻讥于大雅？乔木为铎，聊当洪钟。庶几酒后茶余，供诸君之快睹，从此风清月白，竭不佞之苦思。逐渐改良，殷勤从事，谨志斯时纪念，罗寰宇之鸿文；仁看异日突飞，执稗官之牛耳。敢揭其门栏于左：

引中旨趣，阐发宗风，笔飞墨舞，裨益无穷。述论说第一。

文兼雅俗、推陈出新、借齐东语，醒亚东民。述小说第二。

解决是非，评量真妄，词简意赅，理气壮。述世界批评第三。

《风》《骚》百变，国粹一斑，随时采录，大好消闲。述文苑第四。

点睛蔽月，意在笔先，惟妙惟肖，兴味盎然。述图画第五。

善恶之师，兴亡之影，谱出新声，发人深省。述戏曲改良第六。

只谈风月，偶咏莺花，争传韵事，务屏狎邪。述花鸟录第七。

文人著述，商界行为，附诸末幅，谁曰不宜。述告白第八。①

发刊词洋洋洒洒千余字，一方面考察小说的源流，描述了当时小说类文学报刊兴衰历程，另一方面指出《扬子江小说报》创办之初衷和宗旨以及"冶著译于一炉"的编纂模式。在具体内容上，该刊以长篇小说为主而兼载诗词、随笔、诗话等。《扬子江小说报》刊登的译文多以小说连载为主体。除了未标明是译文的《言情小说：铁血宰相 恩笃俾士麦轶事》（未完）（楚观译）之外，尚有《梨云劫》（李涵秋译）、《金钏案》（包柚斧译）、《蜂蝶党》（天石译）（具体刊次见下表）。

---

① 高中自、王琪珉. 辛亥功臣高振霄史迹录[M]. 北京：知识产权出版社，2011：47-48.

表 3-13 《扬子江小说报》刊登翻译小说篇目一览表

序号	篇 名	译者	刊期
1	哀情小说：梨云劫	甘泉李涵秋译	第 2 期
2	侦探小说：金钏案(未完)	丹徒包柚斧译	第 2 期
3	侦探小说：蜂蝶党(续)	天石译	第 2 期
4	哀情小说：梨云劫(续)	涵秋	第 3 期
5	侦探小说：金钏案(续)	柚斧	第 3 期
6	侦探小说：蜂蝶党(续)	天石译	第 3 期
7	侦探小说：金钏案(续)	柚斧	第 4 期
8	侦探小说：蜂蝶党(续)	天石译	第 4 期
9	侦探小说：红发会奇案(一名银行盗贼)	长沙郑健人口述 安化陶报癖笔译	第 4 期
10	哀情小说：梨云劫	李涵秋	第 5 期
11	侦探小说：金钏案(未完)	柚斧	第 5 期
12	侦探小说：蜂蝶党(续)	天石译	第 5 期

《恩笃俾士麦轶事》以俾士麦(即号称德国"铁血宰相"的俾士麦)的爱情故事为主线，仿照中国古代"才子佳人"笔法讲述了一段凄婉的故事。就内容而言，全文并无明显的政治意图，而更像是为了迎合读者的猎奇心理，以中国古典故事的框架纳入外国人名为主角，边译边创作的文学作品。《梨云劫》标为"哀情小说"，讲述了美国平民女子雅梨和一位上层贵族玛丽之间坎坷发生的故事。有意思的是，书中男主人公的译名是颇为女性化的"玛丽"，而且从人物形象塑造来看"玛丽"身为男子，却显得弱不禁风、无胆无谋，反倒是身为平民女子的"雅梨"在面对困境时显得胆识过人、处变不惊，从而创造了一个不同于传统的"才子佳人"故事以及新的女性形象。译文采用了中国古典白话小说的语言风格，无论在叙事节奏还是表述方式方面都与中国传统小说极为接近。第三期所载《梨云劫》译文中，作者突然摆脱全知全能叙述者的身份，转而与读者对话：

"善读小说先生不禁哑然失笑说：'我看到雅梨堕岗之际，便猜到他一定不死，一定有一种藤蔓救着他。但不知道那著小说的人何故千手一律，是从山顶坠落下来的人，多半是亏着这一种藤蔓救着。万一天地间竟没有这一种藤蔓，不知道他们又想出什么方法挽回他那一片吓人的话。'呵呵，这句话可被在下驳住了，特是在下这小说实是美国一件实事。花岗山的藤蔓可算得哈尔滨地方上的最多生产物。在下若是要避热就生，谁也不能另想一个办法将雅梨性命保住。不过，因为据实直书，实在不敢扯谎，到(倒)反落得诸君褒贬，可不是莫大冤枉。"①

与当时众多翻译小说一样，译者李涵秋并未标注原文，而且仅仅是译文第一次出现时标明为"译"，后面各期连载均未特别说明，很难确定究竟是译者依据英语原文采取了当时通行的"译述"方式，还是半译半著，抑或是纯粹的"伪译"。但是从文中加入的中国地名"哈尔滨"来看至少可以确知译者为了贴近当时的中国读者，在文中加入相当部分的中国元素。或许因为是报刊连载，所以李涵秋仿照古典小说的叙事习惯，在文中加入了一些章回小说常用的套话作为过渡。例如，在小说的最后一节的开头部分，有下述一段文字：

"《梨云劫》小说叙到此处，论诸君心理，便该查一查玛丽逃去的行踪，论文字腾挪，便须表一表此山捉来的俘虏。无如在下眼睁睁看着这伤天害理的活强盗，将一个艳如桃李的雅梨平白送入那个不见天日的牢窟窦里面，狠(很)有些牵肠挂肚，还是拿着秃笔，飞也似地追将进去，探它一个下落，多少是好，便把雅梨及那个富商的事迹都打从雅梨这边叙来，章法倒还整齐些。闲言休表，且讲正文。"②

---

① 李涵秋译：《梨云劫》(续)，载《扬子江小说报》，1909 年第 3 期，第 27-28 页。

② 李涵秋译：《梨云劫》(续第三期)，载《扬子江小说报》，1909 年第 5 期，第 32-33 页。

因为本节刊发在第五期上，接续的是刊发在第三期上的前文，因此如何引导读者将前后内容和故事情节串联起来是当时众多连载小说作/译者都需要面对的问题。李涵秋在此处一方面用章回小说家笔法简要概括了上文故事的紧要关头，另一方面又以与读者对话的方式将叙事视角转向主人公雅梨。

清末之际，侦探小说是新的文学类别因其与中国传统公案小说千丝万缕的联系以及惊险动人的情节而受到广大民众喜爱。《扬子江小说报》自然也不例外，先后连载了《金钏案》《蜂蝶党》和《红发会奇案》等侦探小说。其中，仅《红发会奇案》清楚地标明了原作者是英国作家"考南道一"（即阿瑟·柯南·道尔 Arthur Conan Doyle）。他所创作的福尔摩斯探案故事中的四篇早在 1899 年就已经由张坤德译介进入中国。1901 年，黄鼎、张坤德在新合译《泰西说部丛书之一》也收入了《宝石案》《红发会》《毒蛇案》等七篇。1909 年，《扬子江小说报》所载《红发会奇案》应属重译，篇头标明"长沙郑健人口述，安化陶报癖笔译"，可见是两人合作而成。在正文前附有《红发会奇案序》。序言详细介绍了考南道一的家世背景、教育和从医经历。译者在序言中，称考南道一"自幼机敏、气宇不凡，尤富于观察力"，不仅在就读医药学校时"殷殷研究，几于寝食不遑，萤雪数年，已臻火候"，而且在文学创作方面"性灵愈觉发皇，才识益形进化，其课余所编小说各体具备，言社会则清新俊逸，言历史则磅礴淋漓，言艳情则旖旎缠绵，言侦探则离奇变幻，故盛名鼎鼎，洋溢全球，东亚西欧殆遍"，又称读者"咸以文豪目之，而先生亦受之不辞"，继而他远赴非洲"展布其岐黄之术，奇肱三折，辄起沉疴，橘井流芬，大受病家之膜拜，然先生深明夫满损之义，愈奋勉其职务，而无睥睨同业之心"，归国后则"掷刀圭而从事笔砚，挥生花摇狱之毛锥，幻海市蜃楼之妙境，风流文采，辉映一时，于文学界中已然露其头角矣"。① 柯南·道尔确实曾经学医，而且其文学创作亦深受约瑟夫·贝尔（Dr. Joseph Bell）（序言中译为"乔士步比尔"）的影响，但是他并未获得博士学位，也不像译者描述的那样是一位少年天才，抑或

---

① 《红发会奇案序》，载《扬子江小说报》，1901 年第 5 期，第 1-2 页。

是几乎完全符合儒家道德规范的德艺双馨的谦谦君子。从这个意义上说，译者实际上是将个人想象投射于原作者，半译半创了原作者的生平。在《序言》后半部分是关于考南道一所著福尔摩斯探案系列著作的介绍如下：

> "一千八百七十年，著《红色物之研究》(A Study in Scarlet)一书，以供普通侦探家之参考。书中主人翁，即英伦机警活泼之老侦探家歇洛克·福尔摩斯(Sherlock Holmes)，其人也，叙福君学术渊博，风度深沉，胆识优良，手腕敏捷，不辞劳苦，不畏艰难，屡以身试危险。其眼光之远，理想之奇，均出乎恒人意表之外，终克殄除社会之蟊贼，维持国家之秩序，保全人类之治安。故此书出现，读者大为欢迎，罔不目眩神移，拍案叫绝，促其第二之侦探小说公于世，而先生兴会甚豪，遂有《福尔摩斯之冒险》(The Adventure of Sherlock Holmes)及《福尔摩斯言行录》(Memories of Sherlock Holmes)诸作。今《红发之奇案》亦其中之一也，其他所纂历史、艳情、社会之小说，不下数十种，继笛铿斯(Dickens)、特卡黎(Thackeray)各文豪而起，使英国小说之文坛，于寂寥沉暗之中，放万丈之异彩，气凌前代，纸贵洛阳，其文字之神钦，抑精诚所感也。先生现年未达五旬，而健康如故，鸿篇杰构，与日俱增，莽莽前途，其造诣尚难臆测也。今当译述之始，特赘数言，略叙先生生平之梗概，令吾国一般读者所向往，而鼓舞其崇拜英雄，提倡侦探之主义焉。"①

在这段文字中，译者不仅着意抬高原作者的文学地位，盛赞其文才之高，足以媲美两大文豪笛铿斯(即狄更斯)和特卡黎(即萨克雷)，"使英国小说之文坛，于寂寥沉暗之中，放万丈之异彩"，而且有意称赞故事主人公福尔摩斯"学术渊博，风度深沉，胆识优良，手腕敏捷，不辞劳苦，不畏艰难，屡以身试危险"，进而给读者以原作属于名家名作的

---

① 《红发会奇案序》，载《扬子江小说报》，1901年第5期，第3-4页。

印象。对于试图引进新文学规范的翻译小说而言，如何在目标文化中的文学形式库中为其谋得一席之地极为重要，而向目标文化读者表明原文和原作者文学形式之雅，艺术造诣之高是一种较好的策略。更重要的是，在译者笔下，原本作为小说虚构人物的福尔摩斯变成了"珍除社会之蟊贼，维持国家之秩序，保全人类之治安"的现实英雄一般的人物，而译者也对小说译介寄予厚望，希望其能"令吾国一般读者所向往，而鼓舞其崇拜英雄，提倡侦探之主义"。由此，译文又具备了"文以载道"，启智救国的道德合法性。《序言》所反映的对小说社会价值之重视，与陶报癖的观点颇为一致。他曾经在《论小说之势力及其影响》一文中写道"吾今敢上一巩固万全之策，以贡献于我特别同胞之前日：欲革新支那一切腐败之现象，盍开小说界之幕乎？欲扩张政法，必先扩张小说；欲提倡教育，必先提倡小说；欲振兴实业，必先振兴小说；欲组织军事，必先组织小说；欲改良风俗，必先改良小说"。① 序言之后，尚附有《缘起》一篇，论及陶报癖本人与郑氏合译本书的具体情形。据记载，翻译时是由郑氏选择的原文，并将英文原文口述成汉语，而后由陶报癖记叙润色而成。尤其值得提及的是，陶氏在翻译之时特别注意当时所译福尔摩斯探案故事大多以文言为主，而白话译文甚少，因此他考虑是否需要将译成白话文，但又担心白话文文体的适宜性。② 陶报癖作为译者之所以纠结于译作文体或许一方面是因为《扬子江小说报》宗旨

---

① 陶报癖：《论小说之势力及其影响》，载黄霖《中国历代小说批评史料汇校释》，南昌：百花洲文艺出版社，2009 年，第 986 页。

② 《缘起》内容如下：今夏四月，郑君自扶桑归，以此书原文见示，属余译之。余不敏，于英文一端，虽曾涉猎，然脑筋素弱，随得随忘。荏苒迄今，不过略解拼音，仅知字母而已，又安能使蟹行蠖屈之文，一变而为凤舞鸾翔之象乎？奈郑君频来促余，大为所苦。不得已，即请郑君口述，而余乃握此三寸秃管，据事纪之。勉强插毫，未暇润饰，脱稿阅之，殊不洽意。追观时贤所译福君之案，概出之以文言，而白话一体尚属缺如，心窃撼焉，又拟取异标新，将该稿改为俗语，以备一格，继思村俚之词，绝不能得原书真相之万一，本应搁笔，免贻浪费楮墨之讥，特以郑君情意殷殷，畀余以如此之好资料，又不敢过事藏拙，致负雅怀，爰呕心肝，家中锻炼，蝉联译就，鹿（陆）续刊行，以聊以醒阅者之睡魔，而博石菴之一噱云尔。参阅《红发会奇案缘起》，载《扬子江小说报》，1901 年第 5 期，第 5-6 页。

提出要"编以浅近白话之文",以求普及和面向大众,另一方面则是因为他较为尊崇原作,潜意识里仍然觉得文学地位如此之高的作品当以文言译出才能相称。这也从另一侧面反映了清末民初之际,在社会即将发生巨变前夕,旧有观念和新观念之间的交锋与对峙。从译文来看,最终还是以较为浅近的白话译出。为更好地呈现译文相较于原文发生的改变,下面将选取开头部分内容作为对照。

【译文】列位看官,我名叫考南,贱姓道一,就是记福尔摩斯侦探案的华生呢。列为内中凡是瞧见过福君侦探案的大约总知道我的名姓。我从前所记的各案,承各位看官不弃,大受欢迎,都说是事迹离奇,笔墨简峭,和别种侦探案不同。我听了惭愧得狠(很),感激得狠(很)。虽是如此,总想不出一个酬谢列为的法子来。陡然间,又记起去年的秋天里,福君曾探得一件奇案,索性写了出来,饱饱列为的眼福吧。

却说一千八百九十年七月,暑气全消,时疫不作,我那医室里的生意,甚为冷淡,每天登门看病的多则五六人,少则二三人,不像往常那么衣冠满座,车马如云的了,所以我的身心倒觉得清闲自在。有一天吃了午饭之后就,便抽着空儿到培克街办事室里去访福君。走到街上,只见绿荫满地,红叶舞天,皛皛秋阳,被两旁的桐叶松枝层层遮着。那一丝一丝的光线,从树缝里挤出,没有半点骄气逼人,半空中的雁儿结队成群,飞来飞去乱叫,凉风蝻蝻,跟着我一路吹来,清爽宜人,颇不寂寞。虽然是踽踽独行,比在家里闷坐着却畅快得多了。不一会儿就到了培克街,转两个弯,便是福君的办事室。说来也狠好笑,我和他的交情素来亲密极了,这所办事室简直把他当着是自己的房子一般,时去时来,好似穿花蝴蝶,横冲直撞,居然旁若无人。那守门的每见着我来,也懒于通报了。今儿见到了这里,便照着老例,也不去按动门铃,只信着脚儿,一直踱到他客堂里去。谁知道刚刚进了客堂的门,却又一位又高又胖,红脸红发的怪客,正和福君说话。这时我深悔唐突,便对着他两人行了个鞠躬礼，谢了冒昧之罪，拟随即退出。不料福君从椅上起身走到门口，扯着我的手一同进来，顺手将这扇门儿关上，含笑说道"华生，你今儿来得最好，我这个时候正与这位先生研究一件奇案，不但新鲜有趣，还可以增长许多见识。你既然来了，不妨做一个旁听生，又添得好些资料去做笔记，但不知你得尊意，以为如何呢?"当下我听了这话，暗想，我倒是无可无不可的，不过我在这客堂里打断他两人的话头，甚是不方便，不如暂且避开，免得那客说我不识时务，好干预人家的私事咧。就向福君说道："此刻你既然有事，我便暂行失陪，到别的房子里等候你罢"。福君道："你且坐着听听，不必这样见外。今天所说的事关系甚大，曲折甚多，恐怕将来探案的时候还要借重你的大力，助我一臂呢?"我见他这样讲来，不好过于作调装腔飘然而去，乐得安心坐下。趁这个当儿，且听听他们所说的究竟是一件什么骇人耳目，石破天惊的奇案。

【原文】I had called upon my friend, Mr. Sherlock Holmes, one day in the autumn of last year and found him in deep conversation with a very stout, florid—faced, elderly gentleman with fiery red hair. With an apology for my intrusion, I was about to withdraw when Holmes pulled me abruptly into the room and closed the door behind me.

"You could not possibly have come at a better time, my dear Watson," he said cordially.

"I was afraid that you were engaged."

"So I am. Very much so."

"Then I can wait in the next room."

"Not at all. This gentleman, Mr. Watson, has been my partner and helper in many of my most successful cases, and I have no doubt that he will be of the utmost use to me in yours also."

The stout gentleman half rose from his chair and gave a bob of greeting, with a quick little questioning glance from his small fat—encircled eyes.

从译文和原文对照来看，译文相较于原文增加了较多内容。原文开头仅以寥寥数语引入主要内容，而后便是较为简短的对话，但是译文中不仅加入了传统话本小说常用的"列位看官"，而且说明原文作者"考南·道一"即故事的主人公"华生"，由此便将"华生"这样一个小说中虚构的人物和故事的作者这样一个真实存在的人物等同起来。显然，译者是套用了中国传统小说语气改变了原文叙事风格的特点。而且，通过将原文作者和故事叙事者等同起来，也就顺理成章地把中国读者从习惯的"第三人称"小说叙事模式引入到较为新颖的"第一人称"叙事模式中。不仅如此，译文还加入了大段的天气描写、景物描写、人物内心描写，从将原文开门见山，快捷的叙事节奏在一定程度上变得缓慢，甚至拖沓。

《扬子江小说报》作为清末民初湖北武汉最早的文艺报刊，其对小说的重视，一方面提升了传统小说的地位，另一方面也通过翻译与创作并重的方式，引入了新的文学形式，培养了市民读者的阅读兴趣。在翻译和创作之间缺乏明确界限的时代背景下，《扬子江小说报》所连载的翻译小说大多没有标明原作者、原书名，部分甚至未注明为译作。而即使是标为翻译的部分作品，也存在较多任意增删、改写的现象，更有部分作品人物看似西方人名，但故事情节和叙事方式却并未跳出中国古典章回小说的窠臼的"伪译"。虽然如此，这些过渡和转型时期的小说和文学翻译作品同时也引入了新的价值观念、意识形态，并在一定程度上改变了读者的审美习惯，进而完成了其所承担的历史使命。

"边界明晰的学族认同原本不是治史的先决条件，我倒倾向于相对宽泛地从各种方向或角度看问题，而不必管它是否属于某种专门史——思想史可以从社会视角看(即所谓 social-oriented approach)，外交问题可以从文化视角看(cultural-oriented approach)，可以说没有什么问题必须固定从一个方向看。《淮南子·氾论训》说：'东面而望，不见西墙；南面而视，不睹北方；惟无所向者，则无所不通。'此语最能揭示思路和视角'定于一'的弊端，也最能喻解开放视野可能带来的收获。"①

——罗志田

① 罗志田. 近代中国史学述论[M]. 北京：北京师范大学出版集团，2015.

第四章　近代湖北翻译出版机构专题研究

第一节　近代湖北翻译出版机构概说

　　近代翻译出版机构的创设以晚清有识之士对翻译西书重要性的认识为前提，更与晚清政局的发展息息相关。西书中译早在 16 世纪末就已经由耶稣会士和新教传教士兆其先声，官译西书在 1839 年前后也已开始出现。第一次鸦片战争时期，林则徐在广州一方面雇佣译员，广泛搜集与西人言论和活动有关的报道并译为中文，以为情报之用，另一方面汇集外国关于中国的报道编译成册，由此拉开了晚清官商士绅开眼看世界的序幕。其后，中西交涉日益频繁，几度战败之后，越来越多的晚清士人开始认识到向西方学习的必要性，倡导办译馆、译西书的言论逐渐为越来越多的开明士绅所接受。1844 年，魏源在《海国图志·筹海》篇中明确提出"欲制外夷者，必先悉夷情始；欲悉夷情者，必先立译馆译夷书始"。① 洋务派代表人物曾国藩在奏折中写道"西法兼博大潜奥之理，苦于语言文字不同，将欲因端竟委，舍翻书、读书无善策"。② 康有为也大声疾呼"今日欲自强，惟有译书而已"。但是，若要翻译西书，则需要有通晓外语的人才，而当时真正精通外语的本土人才数量极少，清廷一时很难选拔到合适人选。时任江苏巡抚、洋务派的另一位代表人物李鸿昌在奏折中对详细描述了当时清廷所处的感慨境遇：

---

①　魏源. 海国图志[M]. 郑州：中州古籍出版社，1999：99.
②　陈福康. 中国译学理论史稿[M]. 上海：上海外语教育出版社，2008：79.

"伏惟中国与洋人交接，必先通其志，达其欲，周知其虚实诚伪，而后有称物平施之效。互市 20 年来，彼茜之习我语言文字者不少，其尤者能读我经史，于朝章宪典、吏治民情，言之历历。而我官员绅士中绝少通习外国语言文字之人。各国在沪均设立翻译官二员，遇中外大臣会商之事，皆凭外国翻译官传述，亦难保无偏袒捏架情弊。"①

为此，力主洋务的恭亲王奕訢等人先后两次上奏，建议清廷选拔和培养通晓外国语言文字的人员。在这样的背景下，京师同文馆于 1861 年设立，上海、广州等地也先后出现了多所外语人才教育机构。然而，外语人才培养需要时间。对于洋务派而言，若要在短时期内实现翻译西书的设想，只能借助于专门的翻译机构。于是，洋务派在 1865 年创立了"江南制造局"，附设翻译馆，延聘西人参与译书。

然而，大量翻译西方军事、技术类书籍并未如预期的那样力挽狂澜。中日甲午海战，清廷再次败北，朝野震动，近代中国亦面临再度被列强瓜分的危机。面对空前的政治危机和民族危机，翻译西书，救国图存的呼声再度高涨。翻译人才匮乏的问题再度凸显。所幸，经过此前的探索，官绅士人对具体应该如何培养翻译人才已经开始有了相对清晰的认识。如马建忠在《拟设翻译书院议》一文中对如何挑选翻译人才，教习、图书润色、翻译选材等均提出了具体设想。关于书院的具体位置和陈设，他指出："书院房屋总宜宽敞整洁，其局地宜附近通商口岸，取其传递便捷，消息灵通。而外洋各报纸，公司船随到随送，则可分译，不致稽留。"②考虑到书院的正常运转离不开经费支持，马氏又提出了年度预算，派专人进行核算等制度设计："书院费用，皆有定额。拟派一支应者，专司出入，按月呈报。至书院内各项额外开支，皆宜预筹经

---

① 陈福康．中国译学理论史稿[M]．上海：上海外语教育出版社，2008：78.

② 马建忠：《拟设翻译书院议》，见郑振铎《晚清文选》，北京：西苑出版社，2003 年，第 391 页。

费，按年拨给，以为书院立不拔之基焉。"①梁启超也在《时务报》上刊文纵论译书、译例和译才培养等事宜。②

与此同时，以康有为、梁启超等为首的改良派随后成立强学会，翻译西报西书。1896 年初，强学会遭弹劾查禁，后被改为官书局，专门译刻各国书籍。同年，光绪帝任命孙家鼐为管学大臣，负责办理官书局，设想广译各类西学书籍。京师官书局的设置是晚清官书局兴办史的开端，而设馆译书之必要性和紧迫性也日益深入人心。1898 年，随着戊戌变法的流产，设立官书局的设想未能付诸实践。但清廷改革的意愿却逐渐明确。1900 年，在清廷授意下湖广总督张之洞、两江总督刘坤一会衔上陈《江楚会奏变法三折》，提出"多译东西各国书。今日欲采取各国之法，自宜多译外国政术学术之书"。③ 时任御史大臣张百熙亦于 1901 年（光绪二十七年）应诏上奏《敬陈大计疏》，建言于京师、津、沪、鄂、粤等地，设立书局，"翻译书籍"，奏文略谓：

> 今日方议采西法，而不能翻译各国书籍，是犹无米之炊。从前大学士曾国藩创设广方言馆于上海，所译西书近百余种，不及十分之一；且多属旧法，已不适今日之用。所有学术章程等类需急用者正多，应请于京师、津、沪、鄂、粤等处设译局数所，择中外通达之区，以上海为总局，先行开办。延请通才，定为凡例，所有官名、地名、人名、物名，以及制造、格致诸家名目，皆拟成一定之音书，作一定之字，以就指归，而免淆乱。所有沪局开办经费，请饬下南洋大臣妥筹巨款，迅速开办。盖求才莫先于教学，而教学莫先于译书，使即日为之，而收效尚在十年之

---

① 马建忠：《拟设翻译书院议》，见郑振铎《晚清文选》，北京：西苑出版社，2003 年，第 391 页。

② 梁启超：《论译书》，载朱志瑜等《中国传统译论文献汇》（卷一），北京：商务印书馆，2020 年，第 188-202 页。

③ 中国史学会．中国近代史资料丛刊·戊戌变法(二)[M]．上海：上海人民出版社，1958：222-225.

后，事固无急于此者也。①

自此，官办编译书局真正落地生根。随着官办编译书局的设立，私人翻译西书的活动也得到了清廷的默许，民间资本开始涌入，部分私人编译机构由此得以开办。就发展趋势而言，在1860年以前，西书翻译与出版基本上由教会出版机构垄断，1860年至1900年期间，教会出版机构和官方出版机构同时开展活动，20世纪初期以后，"民间商办出版西书机构空前兴盛，出书数量、影响都远远高于教会与官办机构。②由此形成了官办编译出版机构（如江南制造局翻译馆、南洋官书局、湖北崇文书局、京师同文馆、天津机器局、天津武备学堂等）、传教士办翻译出版机构（如广学会、益智书会、美华书馆、广州博济医局、上山湾印书馆等）和民间资本支持的私营翻译出版机构（如励学译社、作新社、商务印书馆、译书公会、时务报馆、农学报社等）并存的局面。西书翻译出版数量大增，仅1850年到1899年就出版了各类西学书籍567种，而1902年至1904年间先后出版的哲学、宗教、文学、史地、社会科学、自然科学、应用科学、杂录等书籍则约有533种，语种涉及英、美、法、德、俄、日等，其中译自日文的书籍最多，占比达60.2%。③

本章论及的近代湖北翻译出版机构大多属于官办（舆地学会除外）。对于官办书局的翻译活动，郑鹤声曾经在《八十年来官办编译事业之检讨》一文中对其做过探讨。比如同文馆时代"注重各项知识之介绍，而留意于文字治学"，制造局时代重视翻译"国防应用书籍"，图书局时代强调"教科书籍"，编译馆时代则"吸收西洋文化与

① 璩鑫圭、唐良炎：《御史张百熙：敬陈大计疏（节录）》，载《中国近代教育史资料汇·学制演变》，上海：上海教育出版社，2007年，第33页。
② 璩鑫圭、唐良炎.中国近代教育史资料汇·学制演变[M].上海：上海教育出版社，2007：367.
③ 钱存训，戴文伯译：《近世译书对中国现代化的影响》，载《文献》1986年第2期，第196页。

整理固有文化并存"。① 就所处时段而言，本章下文所论及的翻译出版机构可归属于第三阶段。关于这一阶段的发展背景和总体特点，郑文描述如下：

> 自光绪二十年甲午中日战争后，国人对于富强之观念，为之一变。盖以前认为富强之本在乎工艺制造，故制造局时代对于此项书籍，编译特多。自甲午战争后，对于外国政教知识之介绍，视为当务之急。此种思潮，至二十四年戊戌变法而益显明。自光绪二十七八年间复诏变法，重兴学校教育制度，经彻底之改革，教科用书尤为一般人士之所注目。而学部编译图书局，遂应运而生。在此时期中，先有马建忠之议设翻译书院，继有李端棻之奏开译书局，陈次亮之建议翻译西书，但迄未能见诸实施。至光绪二十四年御史杨深秀奏请翻译西书，李盛铎奏请开局译书，并经采纳。且命梁启超办理编译书局事宜，以为新政之一。是年盛宣怀奏请于南洋公学内设立译书院，奉旨照准。孙家鼐奏请编译书籍，奉谕将原有官书局及新设译书局归大学堂办理。同时梁启超请求设立翻译学堂，亦得旨允行。二十六年袁世凯复奏请翻译书籍，王之春奏请设立译书处。二十七年张骞主张各省设立译书局，张之洞奏请多译东西各国书籍，张百熙奏请设立译局。翻译之声洋溢盈耳。是年张百熙奏请于京师大学堂附设编译书局，三十一年学部成立，遂设编译图书局，奏派袁嘉谷为局长。本期编译事业之目标，政教并重，关于教科用书之编译，尤为注重，可为本期编译事业之特色。②

近代湖北翻译书局的创设和发展大多在 19 世纪末叶，其翻译出版书籍以教科书为主。在翻译西书成为社会思潮的大背景下，近代湖北的

① 郑鹤声：《八十年来官办译事业之检讨》，载《说文月刊第四卷》（合订本），1946 年，第 493 页。

② 郑鹤声：《八十年来官办译事业之检讨》，载《说文月刊第四卷》（合订本），1946 年，第 498 页

图书翻译出版事业得到了较大发展。翻译机构的设立与汉口成为中西文化的交流区有很大关系。在第二次鸦片战争后，清政府被迫将汉口开放为对外通商口岸。从此，英、美、法、德、俄、日、意等 20 多个国家陆续来汉通商通航，输出资本。汉口陆续被英、法、德、俄、日、比利时等国划分租界，受到不平等条约保护。帝国主义列强在汉口租界的经营，对于推动湖北地区特别是武汉的政治、经济、文化等方面的近代化、现代化进程，扮演了特殊的历史角色。租界一方面是中国落后耻辱的标志，另一方面也是西方文化进入的窗口。① 汉口租界也一样，其"国中之国"的身份，对租界外地区的文化发展起到了一定程度上的引领作用。武汉作为通商口岸，地处长江和汉江的交汇之处，地理位置十分优越，有九省通衢之称，英、俄、美、日等国在此设有租界，至 1891 年在汉口和宜昌就有洋行 32 家，② 有外国报纸《汉口时报》《汉口中西报》等，消息灵通，有成立翻译机构的便利和条件。因此，近代以来，湖北地区的翻译机构基本上都开设在武汉地区，武汉以外的湖北其他地区在晚清基本上没有成立翻译机构。

其次，本章中所讨论的官办图书翻译出版机构多与张之洞有着极为密切的关系。张之洞极为重视图书翻译，他在《劝学篇》"广译第五"中曾论述翻译西书的必要性："夫不通西语，不识西文，不译西书，人胜我而不信，人谋我而不闻，人规我而不纳，人吞我而不知，人残我而不见，非聋瞽而何哉？学西文者，效迟而用博，为少年未仕者计也。"③湖北的翻译机构在张之洞督鄂以前，鲜有较大的发展。张之洞督鄂之后，亦采取了一系列措施改革湖北教育，先是于 1890 年在武昌创建两湖书院，其后又改革书院创建新式学堂，创办自强学堂、武昌两湖师范、湖

① 熊月之：《论上海租界的双重影响》，载《史林》，1987 年第 3 期，第 103-110 页。

② 罗福惠. 湖北通史：晚清卷［M］. 武汉：华中师范大学出版社，2018：129.

③ 张之洞. 劝学篇·外篇(广译第五)［M］. 郑州：中州古籍出版社，1998：128.

北武备学堂、湖北农桑学校、方言(外语)学堂、农务学堂、算学学堂等。他又从海内外聘请通晓各国文字的人士担任教习。这些新式学校的开办和教习的延聘一方面为图书翻译提供了人才，另一方面也为译出的图书提供了市场。在张之洞"中学为体、西学为用"思想的影响下，湖北逐步开展了现代化之路。为配合官方在农、工商业以及教育行业的发展，张之洞成立了一系列的新机构以适应新的发展，这其中就包括各类翻译出版机构。同时，张之洞为推行"新政"成立了一系列新设机构，"从1890年到1900年新设机构为26个，从1901年到1907年新设机构为10个"。① 仅就翻译出版机构而言，就有湖北译书局(1894)、江楚编译书局(1902)、翻译学塾(1904)、湖北武备学堂、湖北自强学堂等。法政编辑社虽然并非张之洞主办，但是也是由他派遣赴日留学的湖北学生团体创办，先后出版了张知本、刘藩等人译编的《法政丛编》，如《国法学》《行政法》《民法》《刑法总论》约18种书籍。②

除此之外，近代中国其他地区翻译出版机构的发展对湖北也产生了较大影响。比如，北京、上海地区的翻译出版机对湖北地区的影响就包括至少两个方面，一是为湖北地区的官办翻译出版机构提供了样板。同文三馆(京师同文馆、上海广方言馆、广东同文馆)兼具教育机构和翻译机构的双重身份，晚清湖北地区最早的官办翻译机构武昌自强学堂在改革后取消了格致和商务课程，也具有了以外语教育为主、翻译为辅的双重身份。不论是江南制造总局翻译馆抑或京师同文馆翻译处，其翻译机构的成立和业务的开展均是在学堂开展以后才逐渐展开的，都曾作为学堂的附属机构存在。这一点自强学堂翻译处也不例外。其次，同文三馆及其他翻译机构所培养的外语和翻译人才成为湖北地区官办翻译机构

---

① 罗福惠.湖北通史：晚清卷[M].武汉：华中师范大学出版社，2018：187.

② 需要注意的是，张之洞所聘请的大多为晚清社会名流，这些维新人士和改革派流动性比较大，并不固定在某一翻译机构任职。这些情况导致在统计某一个具体的翻译机构在某一时段所完成的翻译成果方面可能会有重叠，这也是研究湖北地区翻译机构需要关注到的难点。

中方人员的重要来源。华蘅芳①、徐建寅②、王季烈③等人曾供职江南制造局翻译馆，后被聘任到自强学堂做教习或供职于其他部门。王韬曾辅助张之洞编译《洋务辑要》，张之洞也曾邀请梁启超加入其幕僚集团，开馆教学。

但湖北地区的官办翻译机构绝非京、沪两地的翻版，而是有着自己的特色。自强学堂与同文三馆都把培养外语人才作为主要任务，但自强学堂的创办和管理上始终以华人为主，总教习一直都是华人，虽然聘有少量洋教习，但管理权始终由自己掌握。其次，在翻译选材方面，湖北地区的翻译机构也有其不同之处。张之洞认为"总理衙门同文馆所译多交涉公法之书，上海广方言馆所译多武备制造之书"，④ 因而较关注商务、铁路种植及畜牧相关图书的翻译。第三，湖北的民办翻译机构发展较快。比如，武昌舆地学会是在湖北成立的中国第一个民间地理学会，其翻译出版的地图在全国影响较大。

总体而言，湖北翻译出版机构翻译的图书种类繁多，有商务类图书，如《印度商工业之四大种》《日本大银行章程》等，有自然科学类书籍，如《植物学》《动物学》等，还有法政历史类图书，如《法政丛编》《万国史略》《日本历史》，以及教科书和地图册等，如在武昌刊印的华蘅芳所编数学书和《中外舆地全图》等。

除此之外，尚有部分图书翻译机构因为史料缺乏、译著存量较少，只能略略提及。如湖北编辑社(译《裁判所构成法》，吴伯年译，光绪三十年出版)，湖北警察研究所(译《宪兵》陈应泰等译，光绪三十二年出版)，湖北新学界书局(译《女子师范教育学》，湖北覃寿恭译，光绪三

---

① 华蘅芳，晚清数学家、翻译家，1892 年，到武昌的两湖书院、自强学堂讲授数学，著有《求乘数法》《数根演古》《循环小数考》等书。
② 徐建寅，徐寿之子，曾和傅兰雅合译《电学》《谈天》等，译著颇丰，曾在湖北火药厂任职。
③ 王季烈，江苏人，曾在上海江南制造局与傅兰雅合译《通物电光》一书，1900 年到汉阳制造局。
④ 张之洞：《札道员蔡锡勇改定自强学堂章程》，收录入陈学洵《中国近代教育史教学参考资料》(上)，北京：人民教育出版社，1986 年，第 65-66 页。

十二年九月），湖北洋务局(译《五洲山川形势比较图说》，李孟实译），
湖北译书官局(译《蒙养教育学》，日本长谷川乙彦著，楚北严献章译，
光绪三十年十一月；《动物教科书》屈德编译），湖北绎志学社(译《实践
铁道通论》，日本茂木英雄著，湖北周珍等译，光绪三十二年八月；
《铁道讲义要领》，日本关一著，湖北周珍等译，光绪三十二年八
月)等。

表4-1 近代湖北翻译机构汇总

机构名称	所在地	翻译出版的代表性书籍
湖北官书局	武昌	《伦理学》《化学》《植物学》《动物学》等
湖北法政编辑社	东京	《法政丛编》，共19种24册，包括《法学通论》《民法》《刑法》《商法》《战时国际法》等
湖北商务报社	武昌	《印度商工业之四大种》《日本大银行章程》等
江楚编译局	武昌	《万国史略》《普通新代数》《日本历史》《国朝略事》《中等矿物学》等
汉口日报馆	汉口	《东邦近世史》等
翻译学塾	武昌	《原师》等
武昌舆地学会	武昌	《中外舆地全图》《西伯利亚、中亚西亚地图》《五洲列国图》《外国地理图》《东洋历史地图》《五洲总图》《列国暗射图》《五洲暗射图》等地图等
自强学堂译书处	武昌	《算学丛存》等4种，外国报纸

当然，无论何种翻译机构，"因其译书有特定目标，有所取必以有
所舍为前提，有所不为才有所为，繁荣某一领域的西学，也意味着疏忽
另一领域的西学"。① 湖北地区的翻译机构也不例外。当时，由湖北翻
译机构所主持并翻译的图书主要是偏实用性质的，并无高深的理论著

---

① 熊月之. 西学东渐与晚清社会(修订版)[M]. 北京：中国人民大学出版
社，2011：15.

作，文学翻译也不发达，报纸杂志等相比上海来说，差距明显，而且这种差距在 20 世纪初期上海成为中国译书中心之后也越来越大。但不容忽视的是，湖北地区的翻译机构涌现出了诸如邹代钧、汪康年等具有突出贡献的翻译个体，也有留日湖北法政速成班这样的翻译团体，他们编辑出版了《法政丛编》《中外舆地全图》等在清末影响巨大的书籍。这些西书的翻译使得翻译朝着普及化、实用化方向发展，推动湖北地区在晚清阶段"由一个深居腹地、经济文化均处中等发达程度的省份，一跃而为晚清全国最重要的工业、教育、文化中心之一"。① 可以说，正是因为近代湖北翻译出版机构翻译了大量的各学科书籍、教科书，才为湖北近代教育和社会转型提供了知识和人才储备，而这些书籍在推动"西学东渐"的同时，一定程度上打破传统观念的桎梏，进而为后来的辛亥革命奠定了思想基础。

第二节　湖北崇文书局

　　湖北崇文书局，初名"湖北书局"，是晚清知名的"五大官书局"②之一。据《湖北公藏版刻提要·省立官书局本末记》记述称，"当初议开设书局，动自胡文忠公，而湘乡曾文正公赞之，曾忠襄公渐行之，至李文忠公实业其事"。可见，创办该书局的动议由湖北巡抚胡林翼③提出，在曾国荃操持下完成准备工作，后来又在曾国藩和李瀚章的大力支持下得到发展。1867 年(同治六年)，时任湖广总督兼湖北巡抚李瀚章奏设

---

　　① 吴贻谷. 武汉大学校史 1893—1993[M]. 武汉：武汉大学出版社，1993：2.

　　② 这五大官书局是浙江书局、金陵书局、江苏书局、崇文书局、淮南书局等。

　　③ 胡林翼(1812—1861)，清末湖南益阳人，字贶生，号润芝，道光进士，授修，先后充会试同考官、江南乡试副考官，历任安顺、镇远、黎平知府及贵东道，咸丰四年迁四川按察使，次年调湖北按察使，升湖北布政使、署巡抚，督鄂期间颇有政声，与曾国藩、李鸿章、彭玉麟并称为"中兴四大名臣"，1861 年在武昌咯血死，谥号文忠，有《胡文忠公遗书》等。

湖北书局于武昌候补街正觉寺，后来收并汉口湖北崇文书局（又称楚北崇文书局，设址汉口花楼街），并于 1870 年（同治九年）改称武昌崇文书局。1877 年（光绪三年），书局又改名为"经理官书处"，迁址武昌巡道岭，此后刊刻图书均署名"湖北官书局"或"湖北官书处"。书局以"振兴文教"为宗旨，"凡一切有用之载籍，补残而印，求善而刻，不惜乎度支之繁费也"，① 所刊书籍有正经、正史、小学、字书，以及舆地、算学、兵学等西学时务书籍和新式教科书。书局所选图书品类上乘，校勘严格，镌刻精良，因而广受欢迎，流布甚广。崇文书局后于辛亥革命期间曾暂停业务，1936 年 6 月书局撤销，所存75,467块版片和10,186 部存书移交湖北省图书馆。据《湖北省志·新闻出版》载"武昌崇文书局是湖北最早且规模较大的官书局，历时近 70 年。该局所刻古籍 400 余种，其中经部书 50 余种，史部书 100 余种，子部书 170 余种，集部书 100 余种"。②

　　就西书翻译出版而言，崇文书局于 1891 年（光绪十七年），刊印出版了由时任上海任格致书院山长王韬选列的 12 门新学书籍③，这些书籍由当时尚在两湖书院任教的著名数学家华蘅芳翻译编纂。书局刊印的西学书籍有地理、数学、财政、军事、心理、技术、伦理学、化学、植物学、动物学等，其中，广为流布的是由书局所刊刻的湖北武备学堂所译军事类图书《湖北武学》，约 20 余种。就我们所能查知的文献，至少包括下述图书：

---

　　① 　参阅湖北省地方志纂委员会《湖北省志新闻出版（下）》，武汉：湖北人民出版社，1995 年，第 13 页。

　　② 　湖北省地方志纂委员会. 湖北省志新闻出版（下）[M]. 武汉：湖北人民出版社，1995：14-15.

　　③ 　据载："王韬主办的上海格致书院，就是较早引入西方教育，并辅之以翻译并收藏西方书籍的书院。《上海格致书院藏书楼书目》记载：院中陈列旧译泰西格致书，各种史志，上海制造局新译诸书，各处旧有及续印新报，西国文字，各种格致机器新旧之书，格致机器新报，机器新式图形，以便开心益智，广见博闻。"参阅李西宁主编《中国书院与阅读推广》，北京：朝华出版社，2020 年，第 59 页。

表 4-2　湖北崇文书局刻印翻译书籍一览表

序号	译著	著者	译者
1	《军械图说》①	佚撰者名	德国何福满②、杨其昌译
2	《战法辑要》③	德国梅开尔撰	德国何福满、杨其昌译，蒋煦述
3	《三队合战法》④	德国梅开尔撰	德国斯泰老译，蒋煦述
4	《炮台说略》⑤	佚撰者名	德国何福满、杨其昌译，萧诵芬述
5	《炮队战法》⑥	德国梅开尔撰	德国斯泰老译，蒋煦述
6	《步队战法》⑦	德国梅开尔撰	德国斯泰老译，蒋煦述
7	《行军侦探要略》	德国武备原本	德国何福满、杨其昌译，闵广勋述

---

① 据顾燮光撰《译书经眼录·兵制》载《军械图说》内容如下：卷一曰军械总揭，则言军械分别，炮弹声路。卷二曰火药，则言各种药力、运送、管理之法，附图三幅，以明之。

② 何福满、泰伯、福克斯、斯泰老等均为湖北武备学堂所聘用的德国教习，后因无备学堂改作武高等学堂，何福满不能胜任，遂在合同期满后被辞退。参阅：《致京外务部》，载苑书义等主编《张之洞全集第 11 册：电牍》，石家庄：河北人民出版社，1998 年，第 9228 页。

③ 据顾燮光撰《译书经眼录·兵制》载《战法辑要》内容如下：卷一言战时报传信令各法，卷二言开差安营粮食各法，卷三言战时攻守各事附医药队法，卷四言侦探保护各法，附意、法、奥、德各国前行护队式图一幅，又各图坐护队式图二幅，卷五言随地打仗之法，卷六言小战法，附我兵各种记号图一幅于后。

④ 据顾燮光撰《译书经眼录·兵制》载《三队合战法》内容如下：步、马、炮三队为军制所必备，盖步队利于近战，马队利于冲敌，炮队利于击远，互相补救，收效极大。书凡二章，则言各队合战之益、各队联合之法，虽千余言，译笔简赅可读。合以上三书读之，而兵队战法乃全。

⑤ 据顾燮光撰《译书经眼录·兵制》载《炮台说略》内容如下：德国武备原本，德何福满、杨其昌译，萧诵芬笔述。上卷言工程形势之宜，扼要为说，凡二十有八，附图十有五；下卷言攻台、守台之因时制宜，为说一十有九。按炮台为固围要着，译印尚无专书，苟取是书法之则，铁瓮金城又谁敢越雷池一步哉？

⑥ 据顾燮光撰《译书经眼录·兵制》载《炮台战法》内容如下：凡十一章，于炮队攻守，施放子弹各法皆分条言之，可资取法。

⑦ 据顾燮光撰《译书经眼录·兵制》载《步队战法》内容如下：上卷七章，言步队操演之法下卷十二章，言步队打仗之法。于步队进退疾徐皆言之井井，附图九幅，发明因地制宜之理，颇觉了然。

续表

序号	译著	著者	译者
8	《行军帐篷说》①	德国武备原本	德国何福满、杨其昌译，闵广勋述；石其荣绘图
9	《行军电报要略》	德国武备原本	德国何福满、杨其昌译，萧诵芬述
10	《行军测绘学》②	德国武备原本	德国何福满、杨其昌译，闵广勋述，石其荣绘图
11	《行军造桥图说》	德国武备原本	德国何福满、杨其昌译，萧诵芬述
12	《营垒从新》	德国武备原本	德国何福满、杨其昌译，萧诵芬述
13	《武弁职制》	德国武备原本	德国何福满、杨其昌译，蒋煦述
14	《护队辑要》③	德国谭发勒撰	德国斯泰老译，清冯锡庚述
15	《浮桥工程学》	德国武备原本	德国何福满、杨其昌译；蒋煦述
16	《沟垒图说》④	德国武备原本	德国福克斯译，清詹贵珊述
17	《雷火图说》⑤	德国武备原本	德国何福满、杨其昌译，清闵广勋述

① 据顾燮光撰《译书经眼录·兵制》载《行军帐篷说》内容如下凡十二节，言帐棚制用各法甚详。卷末附图一大幅，言帐篷之用。

② 据顾燮光撰《译书经眼录·兵制》载《行军测绘学》内容如下：卷一凡三十三图，言绘各种地图之法；卷二凡六图，言绘图着色之法；卷三凡图二十，言测量应用器；卷四测量地表，为测量最要之件，推测天度，极便检查。

③ 据顾燮光撰《译书经眼录·兵制》载《护队辑要》内容如下：发勒，德之名将也，于德国颁行护队章程外，各有自订讲护队之书，俾官弁、兵丁考求实在之法。斯书删繁就简，分行护队、坐护队二类，语简可法，盖译以资学者肄习之书也。广智书局所印英毅译《德国名将兵法论》与此同。

④ 据顾燮光撰《译书经眼录·兵制》载《沟垒图说》内容如下：行军以营垒为要筑造工程非简易坚固不能御于仓卒。是书凡四卷，于沟垒因地制宜之法详晰靡遗，附图若干，尤便检查。

⑤ 据顾燮光撰《译书经眼录·兵制》载《雷火图说》内容如下：地雷为行军利器，轰毁敌军工程，其效极大，药性有猛缓之殊，工程有险易之别，临敌有攻守之不同，故必相机行之，才能行摧枯拉朽之功。书中备列埋雷轰工程药性各说，附表以明其理，附器械图三十四以明其用，盖雷火书中之最新适用者。

续表

序号	译著	著者	译者
18	《地势学》①	德国库司孟撰	德国福克斯增补，詹贵珊译述，周家禄编校
19	《修路说略》	德国武备原本	德国何福满、杨其昌译
20	《快枪图说》（附总卷名目考一卷）②	德国武备原本	德瑞乃尔口译，萧诵芬笔述
21	《快枪图说》	法国武备原本	德国何福满、杨其昌同译，蒋煦笔述
22	《快枪打靶通法》③	法国武备原本	德斯泰老口斯泰老译，萧诵芬笔述，王肇鋐绘图
23	《马队战法》④	德梅开尔撰	德斯泰老、蒋煦同译

（注：本表根据顾燮光著《译书经眼录·兵制》、赵惟熙著《西学问答录》和刘申宁编《中国兵书总目》（国防大学出版社，1990年版）所载相关内容制作。）

　　从表4-2所列图书介绍来看，湖北崇文书局刊刻的翻译书籍大多采用了中外合译的方式，具体包括：（1）先由德国教习单独口译，再由中

---

　　① 据顾燮光撰《译书经眼录·兵制》载《地势学》内容如下：武备中所谓地势，乃就地上之山川而言，其城郭、树木、房屋则为人工地势，故其学分二种，曰溥通地势则泛论天生及人工，并就各地形势以定其名目，其类有三，曰地面、曰水学、曰地势分类学，武备地势则专论行军驻营、布阵扼守之处，故皆分别表明，于桥渡之事尤三致意焉。附图八十一，亦浅近易，行军队中要书也。

　　② 据顾燮光撰《译书经眼录·兵制》载《快枪图说》内容如下：七密里九毛瑟快枪为德国最新之式，于西历一千八百九十五年改定者，致远攻坚两臻其美。此图乃法国政府于是年颁发之本，凡四十一图，专快枪件数、用法、子弹施放、管理章程，使有此枪者熟悉而善用之，至打靶瞄准、线路身手等法或与老毛瑟枪同效，故末备载书分枪件、总考、管理、枪法四类，尤为明晰可读。

　　③ 据顾燮光撰《译书经眼录·兵制》载《快枪打靶通法》内容如下：凡十章，有图有表，发明子弹速率、飞路、准力器具等理，译笔亦浅明可读。

　　④ 据顾燮光撰《译书经眼录·兵制》载《马队战法》内容如下：马队利于攻敌，用违其法最易取败。是书九章，言马队冲敌、洒开打仗、列排各法甚当，淘军政要籍也。

国译者笔述成文；（2）先由德国教习和中国译员合作口译，再由中国译者笔述成文等两种方式。参与翻译图书的德国教习有何福满、斯泰老，中国译者有杨其昌、闵广勋、萧诵芬、蒋煦、冯锡庚、詹贵珊等。内容方面大多并非全译，而是或删繁就简，或择要而译，或增补所需，译笔或"简赅"或"浅明"，较重可读性。《湖北武学》丛书在全国影响颇大，后来清廷开办兵学馆，亦曾索要此套丛书作为教材。

另据史料可知，湖北崇文书局尚组织翻译和印刻有《重译财政学》《初等心理学》《电报新编》等。其他图书见表4-3：

表 4-3　湖北崇文书局部分译书一览表

序号	译著名称	著者	译者	出版时间
1	《师范教科丛编：学校制度》	[日]小泉又一	夏绍璞等译	光绪三十一年
2	《师范教科丛书：学校管理法》	[日]太久保介寿	宋蟠等译	光绪三十一年二月
3	《师范教科丛编：伦理学》	[日]法贵庆次郎	胡庸浩等述	光绪三十一年
4	《师范教科丛编：教育学》	[日]波多野贞之助讲	宋蟠等述	光绪三十一年正月
5	《师范教科丛编：教授法》	不详	宋蟠等译	光绪三十一年正月
6	《师范教科丛编：法制经济学》	[日]葛冈信虎讲	闵豸等述	光绪三十一年正月
7	《最近警察法教科书》	[日]大道良泰等	吴柏年等译	光绪三十一年
8	战时国际法	[日]有贺长雄	严献章译	光绪三十一年
9	《师范教科丛编：生理学》	[日]安东伊三郎讲	胡鹏羽等述	光绪三十一年三月

续表

序号	译著名称	著者	译者	出版时间
10	《师范教科丛编：动物学》	[日]山内繁雄讲	陈炳炎等编	光绪三十一年二月
11	《师范教科丛编：植物学》	[日]铃木龟寿	刘人璪等译	光绪三十一年二月
12	《师范教科丛编：矿物学》	[日]严田繁雄著	方作舟等译	光绪三十一年
13	《师范教科丛编：物理学》	[日]赤沼满二郎讲	金孝绰等译	光绪三十一年
14	《师范教科丛编：化学》	[日]三泽力太郎等讲	黄乾元等述	光绪三十一年二月
15	《师范教科丛编：音乐学》	[日]日本米次郎著	陈邦镇等述	光绪三十一年二月

（注：本表为我们根据汪家熔《中国出版史料》（补编）（下册）第 230-231 页所编。）

应该说，翻译出版西书并非崇文书局的主业。有研究者称"湖北官书局之于新学的出版，多半行使的是刻与印的功能，于图书的选题策划与组稿编纂上，几乎丧失了发言权与能动性。相比创办之初集选题、编纂、刊刻、发行于一身的全权性的积极作为，在时代转型时期，湖北官书局却明显陷入了被动的状态"。① 但在当时"变亦变，不变亦变"的时代背景下，湖北官书局作为当时颇具影响力的官办书局也不可避免地卷入这场引进西学的大潮之中，其刊刻的翻译图书亦在历史长河中留下不可磨灭的价值与贡献。

---

① 朱琳、吴永贵：《湖北官书局刻书始末考》，载范军主编《崇文书局及晚清官书局研究论集》，武汉：崇文书局，2017 年，第 90 页

第三节　湖北洋务译书局

一、译书局创办背景

湖北洋务译书局由时任湖广总督张之洞于 1894 年在湖北武昌创办。该书局的创办既是晚清中国政局发展的直接要求，也与官书局的发展有关，更是张之洞"新政"的重要举措之一。

湖北洋务书局的创办首先是在晚清翻译西书，以求引介西学，实现"师夷长技以制夷"成为朝野共识的大背景下，湖北官方的应时之举。晚清之际，国力不振，面对汹汹而来的西方列强，朝野有识之士纷纷倡言编译西书，以求引介新知，开启民智，强国保种。各类官办译书局、民营书局纷纷涌现，大量译印日本和欧美书籍。正是在晚清日益凸显的政治危机与民族危机驱动下，湖北洋务译书局得以创办并获得发展。其次，湖北洋务译书局的创办与张之洞的"新政"思想有着直接关系。1889 年，张之洞由广州调任湖广总督，自此开启了长达十八年的督鄂时期。赴任伊始，他便着手实施兴实业、办教育、练新军、应商战、劝农桑、新城市等"新政"措施。1895 年，中日签订《马关条约》。其后不久，张之洞向清廷上书《吁请修备储才折》，提出了练陆军、治海军、造铁路、分设枪炮厂、广开学堂、速讲商务、讲求工政、多派游历人员、预备巡幸之所等九方面的主张。① 这些主张是他作为洋务运动"殿军"的第一个相对全面的新政纲领，直接影响和指导着其后在湖北实施的"新政"。洋务运动的失败也使得张之洞认识到"西学之中，西艺非要，西政最要"，认识到"翻译之学有深浅"，培养不同层级的人才所需耗费的时日各不相同。他在奏折中写道：

---

① 张之洞：《吁请修备储才折》，载《张之洞全集（第二册奏议第三十七卷）》，石家庄：河北人民出版社，1998 年。

惟是翻译之学有深浅：其仅能市井应酬语，略识帐目字者，不入等；能解浅显公牍书信，能识名物者，为下等；能译专门学问之书（如所习天文矿学，则只能译天文矿学书），非所习者不能译也，为中等；能译各门学问之书，及重要公牍律法深意者，为上等。下等三年，中等五年，上等十年。我既不能待十年以后，译材众多而后用之，且译学虽深，而其志趣才识固未可知，又未列于土宦，是仍无与于救时之急务也。是惟多译西国有用之书，以教不习西文之人。凡在位之达官，腹省之寒士、深于中学之耆儒、略通华文之工商，无论老壮，皆得取而读之，采而行之矣。①

可以说，正是由于张之洞本人对当时时局的认识、推行"新政"的决心以及对外语教育和翻译之用的重视直接促成了湖北洋务译书局的创立与发展。

二、译书局的管理

在管理方面，湖北洋务译书局制定了相对完备的管理章程。根据1903 年《湖北学报》第 1 卷第 25 期到第 27 期连载的《湖北洋务译书局章程》系列可知，章程内容包括《设立章程之意义》《力行十二则》《编译公所条规》《测绘公所条规》《缮校处条规》《藏书房条规》《藏图房条规》《收发图书处条规》《收发文件处条规》《支应处条规》《报销处条规》等十一种制度。

其中，《设立章程之意义》阐明了章程设立的原则、目的、宗旨以及章程制定者的期望等。具体内容如下：

1. 章程偏于情理则失之宽，偏于法律则失之严。本局所拟力行、译例及各处条规求于情理、法律中两得其平。

---

① 张之洞. 劝学篇·外篇(广译第五)[M]. 郑州：中州古籍出版社，1998：128.

2. 有章程而后又纲纪。本局章程，于平易近情之中，寓整齐划一之意，以肃纲纪。

3. 一人之心思有限，事势之转移无穷。此章立后，仍随时顺舆情、筹权变，总以能使此局有进步为宗旨。

4. 程虽善，须在局，人人有保护此章程之心，则章程之善，始能发明。

5. 议论多成功少，立法严行法恕，皆章程之批评语。时局多艰，办事不易。此局为开风气济时艰之一得，在局人人保护此章程。①

相对于章程意义的简练，《力行十二则》显得更为详细。从某种意义上说，《力行十二则》既是对《设立章程之意义》的补充说明，也像是一份面向译书局所有人员的倡议书和公共守则，不仅言辞恳切，谆谆相劝，而且诉诸道德，极尽勉励之意，其内容如下：

1. 圣门列文学之科，经世以立言不朽。本局开办伊始，固不敢期此绝诣，但各员聚能自强不息，籍文字维持世运，异日著作等身即基于此。

2. 各员须体与学育才之至意，书开通风气之苦衷，人人存保护此局之心，以译书为当务之急，涓埃之答，勿使有初鲜终。

3. 各员相交以道，守同寅协恭之宗旨，扫除官场习气，不以虚文缛节相尚，尤在平易近亲，互相砥砺。

4. 托故因循，素餐贻诮，固无烦。为各员计，本局特设编译公所、测绘公所，俾相奋勉，以期成效速著，俱有条规，咸宜共守。

5. 编译测绘，各有公所，则敬业乐群，同声相应，在事各员，

① 《湖北洋务译书局章程：章程设立之意义》，载《湖北学报》，1903年第1卷第25期，第89-90页。

相观谓摩，疑义与析，学问中得所集益，此公所实为乐地。

6. 学问本领历练而深，各员日游心于西政、西艺之本，无异身历其境，安坐一室之中，已享游历环球之幸福。

7. 卫生之道，每日也分办事、休息、安眠三项，各八点钟，此为通例。译书纯用思想，据案沉思，为时过久，恐恼(此处应为"脑")力有所不瞻，故本局两所上下午点钟，稍从宽减。

8. 敬事而信，古有明训，西人以惜阴之故，确守点钟，极其坚信，中外一律，两所既定点钟，各员皆通达中外，学问自能如时咸集，无待赘勉。

9. 各处学堂局厂所有条规，皆为无识与不肖者而设，各员司以身作则，咸能自爱。至于局中常川应办事宜，则在承办督率者之能否得力，故此两项条规均不赘列。

10. 游戏无度，起居食息不时，故宜申为禁令，约束下人，各员司读书明理，既具自治之精神，自有约束奴仆之法规。

11. 办事在于得人，以总办总其成，专办专其责。此外则有总译、总校、英法两文翻译、缮校、缮写、测绘、收发文件、收发图书、报销支应各员司，绘图学生、书吏、书识、丁役各色目，咸宜顾名思义，各司其职。

12. 本局编译、测绘两公所外，则有会客处、藏书房、藏图房、收发图书处、收发文件处、报销支应处。局内人员，咸有住所，迨至成效大著，译本流布，经费充裕，尚当扩印书所、印图所、造铜模等厂。然异日之规模即在此时之努力。①

据《力行十二则》可知，译书局设有总办、专办等职务，以及专门负责具体业务的总译、总校、英法两文翻译、缮校、缮写、测绘、收发文件、收发图书、报销支应等岗位，还有提供保障服务的绘图学生、书

---

① 《湖北洋务译书局章程：力行十二则》，载《湖北学报》，1903 年第 1 卷第 25 期，第 91-93 页。

吏、书识、丁役等。在具体机构方面，则设有编译、测绘两个业务机构，以及会客处、藏书房、藏图房、收发图书处、收发文件处、报销支应处等辅助机构，甚至提出等到书局产生一定经济和社会效益后将进一步扩大规模，设置印书所、印图所、造铜模等附属机构。

针对译员的翻译实践，译书局专门设有《译例》，以规范书局工作人员的翻译行为。其内容包括：(1)规定了书局的任务是翻译西方政治、外交以及各类专门教科书，并求精求善，推陈出新；(2)强调书局译印图书要加强规划，编制书目提前登报，避免重复，且要从速出书，择要而译；(3)凸显了对翻译的认识，强调翻译即译义，规定译员翻译时要首先熟读原文，求得其义，并且要求中西两种文字内容和语义方面的折中调和；(4)详细规定了官名、地名、人名等专有名词的翻译策略，并强调了制定专有译名对照表和对照辞典的重要性；(5)强调要专门学者译专门书籍(尤其是教科书)，以及编译教科书的重要性。内容如下：

1. 译务甚难，从前已译者善本甚少，而复成陈迹。今此局当以难求易，推陈出新为责任。

2. 西书汗牛充栋，本局既于政治、交涉两门，择要而译。此后仍寄英法两国，随时取其书目清单，陆续选购，以期年出新本。

3. 所译各书，先将各项书目登报，俾免与各译书局所译重复。

4. 兵法攻心，译务攻意，将西书先行熟阅，尽得其意而后下笔措辞，则势如破竹。

5. 华文西义，西文华读，两相枘凿，译者贵于此种折中至当，不可徇华文而失西义，徇西文而梗华读。

6. 中西官制，各不相类，其名义能恰合者，则依中国已有之名，不能强合者，宁译音为名，下注其品秩职掌。

7. 本局既定政治、交涉为译本宗旨。目前开办，先译订五洲舆地名目、经纬度表，杜从前同地异名之弊，开后此中外同文之盛，其别项译本地名亦因此而定。

8. 舆地表订后，再编人名表、名物表、律度量衡表。

9. 纪年表以中国历代帝王纪年为主，次列西历，三列印印度旧历，四列回回历，五列日本纪年，其有小国纪年不同而可考者附列以臻详备。

10. 各国政治书，皆有年出之本，记载全球各国之政要。然书由某国所处即某国或与某国有关涉之国为详，于他国稍略。兹取一千九百零二年法国所出各国岁政，派法文译员分译法、比、德、俄、意、奥各国岁政。取一千九百零二年英国所出列个岁计政要，派英文译员分译英、美各国岁政。

11. 考究各国今日之政治，尤须知其立法之原。本局兼译各国国法之新本。

12. 政治书既备，则各国制度厘然，可以供当轴者取其所长补我所短之用。

13. 今日修内政讲外交，两者不可偏废，是内政与外交互相表里。然外交家能知各国之制度，即以助我外交之方略。政治书、外交书固有相资之道。

14. 欲与外交涉，必先知其命意所在。本局选英国蓝皮书、法国黄皮书自一千九百零一年起所出之本，次第分译出书，以资外交家知外人所以待我国之意。

15. 西人尝言，一千九百年为欧美君民议治时代，二千年为工商争胜时代。各国欲争商务之权利，先开拓其海权、路权、苏彝士河开后，欧西商战之权定，中日战后，各国注意于亚东商战之局。今日方张，本局取一千九百零二年英国所出亚东岁纪分译出书，以供外交家详知东方形势政略，扼要以筹良策。

16. 编译路透电文，分册印订，从速出书，使外交家知全球日新月异之消息。

17. 法国为律例之国，各国交涉公法，多采其意。选译本年法国官报分册印订，从速出书，使外交家知律例国详要最新之制度。

18. 于交涉政治两门外，附译教科书之本。然此种读本又以专门为贵但须已习此项专门学者，方能译此项专门教科书。本局守此宗旨，分派译本，意在求精，以免贻误教育其书非素习者，宁缺毋滥。

19. 本局选派译员有曾习各专门学者，如制造、如军政工程、如轮机、如化学、如格致、如鱼水雷跑、如制造水师驾驶。尚有余力，应肩编译各已习教科书之责任。

20. 本局及外间各译本，所有译者及各专门诸名目，往往同名异字莫衷一是。兹特编次英法华专名字典一书，以洋文缮校一员专任其事，以翻译一员总其成，以汉文缮校一员辅之，所有办法，详见缮校处条规。①

《译例》也侧面反映了当时官办和私营译书中出现的种种问题，如译本不精，善本偏少，同名异字等，同时对速度和时效性的重视表明在张之洞主持下的洋务译书局欲求在短时期内"取其所长补我所短"，挽救时弊的强烈愿望。当然，从所译图书的选择来看，此时的洋务译书局一改早期偏重机械工程等技术类书籍的翻译，转而关注政治、外交等制度性知识的译介，体现了当时社会思潮的变迁。

编译所是译书局最核心的部门，因此《编译所条规》篇幅最长，内容最详，共计十二条，详细规定了编译所的人员职责、作息时间、工作流程。具体如下：

1. 是局禀请开办，纲举目张，所有在事各员，均应实事求是，责无旁贷。每日总译、翻译、缮校各员咸集公所，按照钟点，各任其事。

2. 每日上午八点钟迄十一点钟，下午一点钟迄四点钟，所有翻译、缮校各员，会于公所办事，其余钟点，则将现译各书，细为

① 《湖北洋务译书局章程：译例》，载《湖北学报》，1903 年第 1 卷第 25 期，第 95-99 页。

讲求，互相考证以期集益，而底完善。

3. 译员各译各书，悉心考校，其有疑义，总译员时为指示，俾臻词达理举。

4. 缮校委员应将所译各书略为修饰，合于中国文法，亦不能过于更改，致失西文意义，仍与各译员和衷商榷。务令观者共晓，即将修饰之稿，呈请总办核定再分任编排。

5. 译本中遇有应绘图表之处，由缮校委员径交测绘所赶办应用。其编排图表之事，以洋文缮校一员帮同办理。

6. 每月逢十日休息一天，逢九日下午，各译员应将所译录成清稿，送专办处盖戳，以观厥成。

7. 译稿既经盖戳，即由总办发交缮校处办理。

8. 各员休息每月已有三天，余须按章办公。倘有至要必须告假，须陈明事由，告于总办。

9. 应用西书，须先分期申明，以便购办。

10. 领用西书，须写明中西文合璧之条，向收发图书处支取用毕，即缴原条收回。

11. 应用纸张笔墨，须开条向支应处支取存记。

12. 本所派丁役二名为照料公所洒扫差遣之用。①

作为译书局内设机构之一，测绘公所也有详细的规章制度，明确规定了绘图委员、绘图员、绘图生的具体职责和工作流程，甚至对图、表尺寸和装订方式以及原材料和绘图工具管理方式也有明确规定。具体如下：

1. 绘图各员每日上午八点钟迄十一点钟，下午一点钟迄四点钟，到所办事，每月逢十休息一天。

---

① 《湖北学务汇录·洋务译书局章程：编译公所条规》，载《湖北学报》，1903 年第 1 卷第 26 期，第 92-93 页。

2. 绘图各生均归绘图委员约束，随时查看各生勤惰，禀明总办，以为稽核功过之根据。

3. 绘具一副，可以两三人共用者，务通其缓急，勿分畛域。

4. 应用色料杂件，于承绘此图之时，先估计此图应用何项色料杂件，先期知照支应处购办，以免误公。

5. 本局现已向外洋购办晒图器具，何委员熟于晒图，将来此事责成兼管，派一学生归其指示。

6. 表以图明。本局所译五洲舆地名目、经纬度表，每本均附图一页。此项照英国新出五洲各图，分图先行摹绘。

7. 绘图有排案挂壁之分，排案或附书装订者，以一方尺左右大为宜，使便于翻阅。挂壁者方五六尺为宜，便于浏览。二者均不可缺。此项五洲各国舆图，将来须拓绘以成巨幅。

8. 各员生有曾习法文者，曾习英文者，曾习德文者。其五洲各国舆图应誊名目。由该员生按照表上已译华字之名目与原图西字名目核对，指与缮正司事誊写图上。

9. 西书多有附图，政治外交各书，各有舆图。此图应由译所各员随时将承译书内所附各图，交绘所各员生，分别照绘。务须通力合作，酌量缓急，以免书成候图，致延付刊时日。

10. 舆地、机器图学员分两门。本局选派各员生多系此两门业经兼习者，机器之图亦须兼绘。

11. 现译专门教科之本，英有雷炮操法，法有军政课程，此两书机器图最多。译所各员生承绘各图，务细意量算，不差累黍为合。

12. 各国岁政有须列表以明其纲纪者，此表由译员描稿付绘所各员生照绘。①

---

① 《湖北学务汇录：洋务译书局章程：缮校处条规》，载《湖北学报》，1903年第1卷第26期，第98-99页。

按照书局工作流程，编译所译成之书稿须经专人缮校，方可付印，因此书局中设有专门的缮校机构。或许是因书局所译外文图书多为英语、法语，缮校人员以英、法两种语言专家为主，且聘有洋文缮校辅以汉文缮校员，专门处理地名、人名、官名等各项专门名词的双语术语。《缮校处条规》具体内容如下：

1. 本局缮校两员，一理法文译稿，一理英文译稿。本局甫经开办，事皆就简，缮校每文一员，实觉人少事繁，日后当再选深明时势学问深纯之才，帮同经理。

2. 缮正缮稿各司事书识，均隶于缮校委员，分派办事，均应勤于所事，以免延搁，不得以公所钟点为例。

3. 缮校委员，随时察看各司事书识之勤惰，禀告总办，以凭赏罚。

4. 译稿成本，俟送鉴定后，其稿即经由缮校处，交收发图书处付印。

5. 洋文缮校一员，按日随班进编译公所，分任编排译本内图表之事。

6. 洋文缮校，除在编译公所，编排图表等事之外，所余日暨专任厘定各名目表，分有意义和无意义两项。就本局所译及所购外间译本，内有洋字母者，无论英法文及其所译华文，悉行抄出，再检英法合刻字典，依字母次序编列，分地名、人名、官名及各项专门名词。先誊外间所译之文，后再参考他书及大字典，详审弃取，并注原文意义于下，遇有斟酌损益，再商于众。

7. 洋文缮校，应将以上所办之事先录散页，再张挂公所，以便译者随时取用。集成之后，即作一英法华专门字典出书，以饷学者。

8. 以上所办之事，以翻译一员总其成，以汉文缮校一员辅之，所有办法，彼此会商，俾臻美备，派缮写司事一人，以供誊录。①

---

① 《湖北学务汇录：洋务译书局章程：缮校处条规》，载《湖北学报》，1903年第1卷第26期，第98-99页。

缮校之后的翻译定本交由藏书房收录。藏书房是书局专门用于收藏古今中外参考书、待译西书原文、已译书稿、已印图书的地方。在书局所订立的《藏书方条规》中对藏书种类、工作人员职责、图书管理和存放方式以及图书借阅等工作流程也有明确规定如下：

　　1. 藏备考之中籍。中国已有之名目词义，有与西书恰合者，必须沿用本局先购《康熙字典》、段氏说文、十三经、二十四史、百子、九通读史、方舆纪要、天下郡国利病书，尚有各种要用丛书，亦陆续选购。

　　2. 藏备考之今籍。西书已译中文者，京沪各局，共有数百种。本局择有关涉者先购，以为沿用已译之名目词义。从前已购为考据用之西书，均归此类。

　　3. 藏待译之西书。此书由总译开条颁发。

　　4. 藏已印之书。此书由收发图书处开条领取。

　　5. 所藏书籍照以上各书，分造合式之箱柜检藏，各标签记，以醒眉目。

　　6. 所藏书籍，立簿分类详记，以便检查。

　　7. 支藏已刊书版，常时照料，勿令损坏，仍另簿登记。

　　8. 收发各书须凭各员自写条据来领，不能空言领取，缴书时仍将原条发还。

　　9. 凡有止须考据一二字或数句者，各员可入藏书房检阅。阅毕即缴，不必领出。

　　10. 派管书籍司事一人，督率丁役一名，专管藏书房一切之事。

　　11. 管书籍司事，须使所藏之书，无遗失无破损，所有保护中西书，具有成法，须博采旁搜，以尽其职。①

---

　　①　《湖北学务汇录：洋务译书局章程：藏书房条规》，载《湖北学报》，1903年第1卷第26期，第100-101页。

与藏书房相对的是藏图房，对此书局设立了《藏图房条规》。从条规来看，藏图房所藏图表有用于参考的图、待绘图、已绘图、已印图等，同时藏图房还负责管理测绘器具。在条规中，不仅详细规定了图表、工具使用和管理的方式，而且对各种精密测量仪器的管理亦有详细保存规定。具体如下：

1. 备考之图。本局购藏已译各国舆地机器之图，以为考据。此图由誊写新图名目司事领取，会同译绘各员核对。

2. 待绘之图。本局觅购各国新出舆地机器未译之图，以待拓摹。

3. 已绘之图，藏而待印。此图由绘图委员绘竣缴存。

4. 已印之图，藏而待售。此图由收发图书处缴存。

5. 以上四种之图，分别造箱收藏标识。

6. 所藏之件，立簿分类详记，以便检查。

7. 晒图器具药水纸张，附藏此房，另箱收藏，另簿登记。

8. 待绘之图，由绘图委员开条领取，分与各生拓摹。

9. 已绘已印之图。由收发图书处领取，已绘者发印，已印者付售。

10. 收发各件须由应领之人开条支取，缴件时原条发还。

11. 领用测绘各器具。有任意踏跶，或不谨慎因而损坏者，于缴件时验明。倘有此节，即估计修赔价目，开单交支应处扣薪以抵。

12. 房内应悬寒暑风雨燥湿各表，以验空气。

13. 油绢畏潮湿，测绘所所用之器具，最忌因空气之暴冷暴热失其涨缩之长度。管图者，务悉心考究，以尽其职。①

———————

① 《洋务译书局章程：藏图房条规》，载《湖北学报》，1903 年第 1 卷第 27期，第 96-97 页。

与藏书处和藏图处直接相关和配合运作的机构是收发图书处，其功能是记录管理待印和已印图书、点验印成图书等各类图书，催缴和收缴待藏书、图等。《收发图书处条规》具体如下：

1. 此处暂派司事一人，丁役一名，以料理应办之事，将来事繁，再行酌派人数。

2. 立付印之书簿。付印之图簿应将各图书名目登记注明月日一面将承印书匠价单，交支应处，以便按单付价。

3. 本省承印书匠，应有限期单。此单须随时稽核，期到即饬丁催缴。

4. 刻成书版，于印刷第一次之书后，由收发图书处，会同承印匠首，眼同点验，登簿注明，缴藏书房收存。

5. 寄沪印刷之图书，应记明何日所寄，估计何日可成，预催驻沪委员速缴。

6. 立收书簿、收图簿、收测绘器具簿、收洋报簿。每日将所收各书名目登记，随时分缴藏书藏图两房。

7. 立发印成之书簿，发印成之图簿，每日将所发各图书名目登记随时开单交存支应处，以便按单收价。

8. 英法沪汉寄来各书报，有随附之信亦另簿记明。

9. 收发图书器具信件，均应随手登簿，即行分别送缴。

10. 此处以时刻不离，收发迅速，登记各簿，使简明易于检查为尽职。①

除收发图书处外，还有收发处专门管理各类文件收发。本部门事务相对较少，因此《收发处条规》也相对简单，主要规定了此处的人员配置、员工职责以及具体工作流程和要求。如下：

---

① 《洋务译书局章程：收发图书处条规》，载《湖北学报》，1903年第1卷第27期，第98-99页。

1. 此处派委员一人、丁役一名，以料理本处应办之事。

2. 立收文簿，送稿簿，送签簿，签稿并送簿，每日将收发文件摘要登记。

3. 文件有未发房，经调查滞于各处须登记一簿，随时索取发房存案。

4. 丁役递送文件，须稽核路程限以钟点，勿使延搁。

5. 此处以时刻不离，收发迅速，为尽职。①

支应处是书局中负责财务、薪酬等事务的机构。根据《支应处条规》，此处共有人员三人，书局月底支付译员薪资，开支大多需总办签准，而且最后要登报供公众查阅监督，在一定意义上实现了财务透明。具体如下：

1. 此处派司事一人，丁役二名，以理本处应办之事。

2. 本局以款不虚糜、事求实际为宗旨。在事各员司书识丁役，译费薪工，概于月底支领。

3. 借支通融，局务通病，本局须力除此弊。支应处应实力遵守，勿得阳奉阴违。

4. 添购书籍纸张笔墨器具等件，开条呈总办处核准，再行照办。

5. 各员领款，须各具墨领支取。支应处每月将领单情理存案，以重公款。

6. 各员司下及丁役人等，所有领用物件，均需开条支取，以便支应处按月稽核，有无浮冒。

7. 每月底将所有收支款目，总结一次，交报销处造册呈报。

8. 每年底，支应处会通报销处，将一年所用互相稽核，开单

① 《洋务译书局章程：收发文件处条规》，载《湖北学报》，1903 年第 1 卷第27 期，第 100 页。

交报馆登报申明，以供众览。

9. 支应处先须洁己奉公，方能破除情面办理一切。

10. 局内所有丁役应责成支应处随时稽查，禀明总办，以定去留。①

书局另设有报销处，本处仅设一名工作人员，其职责主要是与支应处相互配合，稽核账目，做年终报表等。《报销处条规》也因此较为简单，具体如下：

1. 此处派委员，以理其事。

2. 每月底由支应处送到本月收支款目簿，先行覆核，有误即行知会支应处照改。核准后，分条按照开单，发房叙稿造册，交收发文件处送阅。

3. 稿册送阅后，再由报销处核对一遍，以后送签发行。

4. 支应款目簿，未能分条，报销处当另立账簿，分门登记，以备全年结束。

5. 每年终，由报销处造成收支简明表一张，以备登报之用。

6. 此处以办理神速、稽核精当为尽职。②

以上是书局的内部管理。除此之外，书局还要与其他机构发生关联，也即书局的外部管理。在外部管理方面，湖北洋务译书局的创办与发展既体现了近代湖北社会经济的发展，也在一定程度上折射出政府管理职能的变迁。早在1904年，随着湖北地区官办和民办工商活动的发展，政府管理职能也开始发生变化。在张之洞主导下，为了尽快转变地方政府管理职能和角色、以提高行政效率，此督署衙门先后出台了一系

① 《洋务译书局章程：支应处条规》，载《湖北学报》，1903年第1卷第28期，99-100页。

② 《洋务译书局章程：报销处条规》，载《湖北学报》，1903年第1卷第28期，第101页。

列政策，其中一项是对铁政洋务局的改革。据《札铁政洋务局改设六科定名洋务局》的内容，铁政洋务局原设四科，洋务译书局原本隶属学务处管理，后因学务处事务繁杂，无法兼顾，且房屋和办公场所有限，遂将译书局单独列作一科，归洋务局管理。由此，改制后铁政洋务局不仅被更名为"洋务局"，而且其下设机构由四科变成了六科，包括交涉、编译、铁路(兼管铁厂、铁政等业务)、矿务、实业(管理全省农业、工业、采矿、交通及外国工程人员等事务)、商务(管理商业贸易、财政税收等业务)等六科。其中，译书局的职能主要是"编译洋务各书及翻译各国报章之事"。① 可见在当时，书局与矿物、实业、商务等社会经济命脉部门几乎处于同等重要地位。这也从侧面翻译对近代湖北社会发展的重要意义。

三、译书局翻译书目及其影响

从湖北洋务译书局章程来看，书局编译的书籍似乎是以英国、法国政治和外交相关的图书为主。而实际上，书局译印图书除此之外包括日本和欧美出版的教育、算学、武备、商务、农学、政法以及各国地图

---

① 参阅苑书义等主编《张之洞全集》(第六卷 公牍篇)，石家庄：河北人民出版社，1998年，第4251页，载《札铁政洋务局改设六科定名洋务局》((光绪三十年八月十一日，即1904年9月20日)，具体内容摘录如下："照得湖北铁政洋务局，前经本部堂饬令，分设四所。一曰交涉所，二曰铁路所，三曰学堂所，四曰制造所，遴委各员，分别办理在案。兹查，学堂事务，现已专设学务处。洋务局学堂所应即裁撤，其制造事宜之关系军备者，应专归驻省枪炮总局经理。至洋务译书局，昨经札饬归并学务处办理。兹查，学务处事务殷繁，未便兼顾，且该处屋宇无多，并无余地可为藏书及各员办公之所，应仍归入洋务局列作一科。兹将原设四所改为六科，一曰交涉科，凡关涉华洋交涉者，若公法条约、游历传教、租界等事皆隶属焉。二曰，译科，凡译洋务各书及翻译各国报章之事皆隶属焉。三曰铁路科，凡关铁路、铁厂及向来铁政之事皆隶焉。四曰，矿物科，即以归并矿务局之事隶属焉。五曰实业科，凡通省讲求新法，或种植，或制造，或贸易，或设立公司，或修理运道码头，或延聘外国工师匠目，有关利益中国民人生计财用之事皆隶焉。六曰，商税科，凡各国近年所议通商行船条约及免利加税、销场税等事隶焉。该局员称铁政洋务局，现应专称为洋务局，将铁政字样删去，其局内并设之枪炮司应改名为驻省兵工总局，另为一事，应仍其旧"。

等。据史料，光绪二十三年（1897），张之洞委任陈庆年①为湖北译书局买办，翻译了《格致学丛书》《化学全书》等书，为学校提供教材。此外，据《湖北学报》1903 年第 1 卷第 29 期所刊载的书目来看，洋务译书局所译印书籍、图表等至少还有下述五十余种。

表 4-4 洋务译书局译印图书书目 1

类别	图书名录
开办以前已译各书	交涉要览类编初集 即英国一千九百零一年第六册蓝皮书
	欧西学校规制纪略
	法文军政课程摘要初编(炮台类)
	华英合璧益智篇
	法文格物课程
二十八年冬月开办起至二十九年二月止已译各书已绘各图(以上各种陆续付印)	比利时国法条论(一千九百年比京国学课本)
	法文军政课程摘要续编(炮台类)
	英国第七册蓝皮书(铁路门第一卷)
	亚东各国约章(一千九百零二年原本)
	比利时国岁政(一千九百零二年原本)
	英格兰国舆地名目经纬度表附图
	苏格兰国舆地名目经纬度表附图

---

① 陈庆年（1862—1929）江苏丹徒（今属镇江）人，字善余。光绪十四年（1888）优贡生。尝选授江浦县教谕，征辟经济特科，均辞不就。先应曾国藩召，赴南京主修《两淮盐法志》。后入张之洞幕，任洋务译书局买办、江楚译书局总纂，为张氏纂《洋务辑要》、嗣任两湖书院分教，讲授《兵法史略学》，后应端方聘赴武昌任文高、普通两学堂讲师，主讲中国史。又入湘任高等学堂监督兼提调湖南全省学务、筹建定王台藏书楼。旋赴江南，与缪荃孙等创建江南图书馆。"民国"以后，讲学于乡里传经堂。曾上书张之洞，详陈治史之法。作有《中国历史教科书》《列国政要》《卫经答问》《道光英舰破镇江记》《顺治镇江防御海寇记》《知记录》《西石城风俗志》《补三国志儒林传》《通鉴纪事本末要略》《五代史略》《辽史讲义》《明史详节》《汉律佚文疏证》等。参阅赵忠文《中国史史学大辞典》，延吉：延边大学出版社，1992 年，第 315 页。

续表

类别		图书名录
二十八年冬月开办起至二十九年二月止已译各书已绘各图(以上各种陆续付印)		法兰西国舆地名目经纬度表附图
		比利时国舆地名目经纬度表附图
		荷兰国舆地名目经纬度表附图
		西班牙国舆地名目经纬度表附图
		葡萄牙国舆地名目经纬度表附图
		瑞典国舆地名目经纬度表附图
		瑙威国舆地名目经纬度表附图
		丹麦国舆地名目经纬度表附图
		瑞士国舆地名目经纬度表附图
		意大利国舆地名目经纬度表附图
		拓绘五洲山川比较图
现译各书现绘各图	法文	法文军政课程摘要新编(炮台类)
		法兰西岁政(一千九百零二年原本)
		法国司加洛报摘要(一千九百零三年正月第一号起每三个月出书一本)
	英文	英国路透电报摘要(一千九百零三年正月第一号起每三个月出书一本)
		英国第七册蓝皮书(铁路门第二卷)
		亚东各国属地志略(一千九百零二月原本)
		亚东各国税则商埠章程(一千九百零二年原本)
		亚东英美领事署条例(一千九百零二年原本)
		鱼水雷炮操法(英国海军部版定水师教科本)
		英吉利国岁计政要(一千九百零二年原本)
		欧亚非三洲英属岁计政要(一千九百零二年原本)
		美澳二洲英属岁计政要(一千九百零二年原本)
		东俄罗斯并西伯利亚舆地名目经纬度表附图
		西俄罗斯舆地名目经纬度表附图

续表

类别		图 书 名 录
现译各书 现绘各图	英国	奥斯大利匈牙利舆地名目经纬度表附图
		德意志国舆地名目经纬度表附图
	各图	中国舆地图
		南非洲图
		北美洲图
		亚非利加洲图
		奥斯达利亚图
		美国舆地图
		西印度群岛图
		牛西兰岛(在澳洲东南)图
		坎拿大国舆地图
		亚洲土耳其国舆地图
		努比亚国舆地图
		埃及国舆地图
		墨西哥国舆地图
		拟创建译书局洋式房屋图*

（注：本表由本书作者根据《湖北学报》1903 年第 1 卷第 29 期第 93-95 页以及第 97-99 页所刊载书目制作而成。另据名称来看"拟创建译书局洋式房屋图"应该是译书局印制的书局待建西式房屋样图。）

另据《湖南学报》第四百九十八号载"本省近事，学务处奉抚宪札开准兼督宪端咨送湖北洋务译书局图书明目转发各学堂札"中所记光绪二十九年七月十二日(即 1903 年 8 月 21 日)湖广总督呈送的书局图书目录可知，书局规划的待译书籍尚有以下各类书籍、图标近七十种：

表 4-5　洋务译书局译印图书书目 2

待译各书 待译各图	法文	法国黄皮书(均系交涉要件与英国蓝皮书同)
		交涉指南
		律法精义
		教化文明说(法人基梭著)
		法兰西国史(十八世纪至十九世纪)
		比利时国岁政(一千九百年比京国学课本)
		俄罗斯国岁政
		德意志国岁政
		增编船政学堂原译格致全书
		法国制船制机官学堂课程
		法国制造军火官学堂课程
		法国枪炮官学堂课程
		法国桥路官学堂课程
		法国矿物官学堂课程
		法国工艺官学堂课程
		法国农务官学堂课程
		法国蚕桑官学堂课程
		法国律例官学堂课程
		法国警察官学堂课程
		法国师范学堂章程
		法国蒙养官学堂章程
		法国方言官学堂章程
		法国水师学堂章程
		法国陆师学堂章程
		农务水利工程书
		测量全璧
		学苑(内含各种制造学)
		增译华文六国通语

续表

待译各书 待译各图	法文	法国格物学全书(法国中学堂课本)
		无线电报(法人普洛加著)
	英文	一千九百零二年英国蓝皮书
		英国教化史(第一本/第二本/第三本)
		客德教化进步新理
		全球地理人类图考
		司图亚托富国策
		斯迈氏节用论
		英国治外条例
		月报摘要
		藏书所义塾合论
		英格兰敖克斯佛大学校章程
		英格兰堪卜立址大学校章程
		英格兰伦敦大学校章程
		英格兰条夏母大学校章程
		英格兰汕莺都留大学校章程
		苏格兰嘉拉斯郊大学校章程
		苏格兰亚牌登大学校章程
		苏格兰依丁堡大学校章程
		爱尔兰都柏林大学校章程
		爱尔兰魁仁斯大学校章程
		柏冷学堂办法
		蒙学堂课程
		学生职业
		艺学指南附建学条规、教法书
		英德学制比较(英国查理斯伯德撰)
		英国商务精理(汤摩斯著)
		英国商业论

续表

待译各书 待译各图	英文	五洲舆地名目经纬度各表
		法文军政课程书内列表图
		法国岁政书 内列表图
		比国岁政书 内列表图
		意国岁政书 内列表图
		英国岁计政要书 内列表图
		欧亚非三洲英属岁计政要书 内列表图
		美澳二洲英属岁计政要书 内列表图
		英文鱼水雷炮操法 书内图
待译舆地 各表图		各项新式枪炮图
		德国操法列式图
		湖北全省佐治总图
		湖北全省佐治分图(分为厘局、税局、矿产、铁路、电机、堤工、邮政、驿站、官署、学堂、书院、营汛、工厂、教堂、鄂界通商口岸、商务共一十二幅)
		中国各行省疆域各图

　　由于史料缺乏，湖北洋务译书局总共译印了多少书籍、图表今日已很难确知。这些书籍和图表的具体内容也仅有部分能通过书目编纂等文献资料得以留存。如顾燮光编《译书经眼录》就有《格物课程》《交涉要览》《亚东各国约章》等书的内容介绍①：

　　《格物课程》上卷一卷湖北洋务译书局排印大字本
　　[法]亨利华百尔所著，陈篆编译。是书为课蒙之用，故说理浅明，计列课十五。所言皆无机之物，尚有下卷未译。
　　交涉要览类编初集四卷光绪壬寅湖北洋务译书局本，四册

---

　　①　熊月之. 晚清新学书目提要[M]. 上海：上海书店出版社，2007：283-285.

　　陈钰选、郑贞来译。是书系译辛丑秋英国第六之蓝皮书册所纪，皆联军入京以后英外部与驻华公使领事筹议和约商酌之书电，凡二百三十八件，因欲读者知交涉之命意，故附件有中文者概不赘译，沪上各报择要译登，未及此书之全。慨自庚子乱后，泰西各国对我政策恒违公法，索惩祸首最急者出于和平之英，加税免厘商约迄今未得就绪，公法条约视强弱也明矣，读是书能不惧哉。

　　亚东各国约章—湖北洋务译书局本

　　陈肇章译。是书据英人所辑东亚各国约章原本译成，条约凡十，终之以一千八百九十九年英俄互换中国铁路条约，剥肤之切，读之悚然。盖辑者年订一书，足资考镜，以防俄为宗旨，兼观德、法、日之意，并以验东方各国之振拔自奋若何，洵外交之要著也。我国历年约章虽有订本，而他国之换约章尚无译者，然则此书流传，于交涉中又多一借镜矣。

　　除上表提及的《英国蓝皮书》第八册第一和第二卷外，尚有《英国蓝皮书·考察江西全省公告》（2卷）和第七册（第三、第四卷）。其中《英国蓝皮书·考察江西全省公告》分上、下两卷，内有"英驻九江领事考察江西全省播告 长乐郑贞来迻译 闽县王莹修商校""驻华英使钞呈九江英领事禀报江西情形公文""萨道义上蓝候书"字样等（其他信息见图《英国蓝皮书·考察江西全省公告》部分书影）。从书中提供的信息来看，该书是英国派驻江西九江的领事客能赖（W. I. Clennell）在查探江西省政治、经济、文教甚至军事等情况之后所作的考察报告，报告于1902年8月从北京发出，全书由郑贞来翻译、王莹修参校。为能大体了解全书内容，现将本书目录列表呈现：

表 4-7 《英国蓝皮书·考察江西全省公告》目录 3

小节标题	子 标 题
第一节 论形势大旨幅员户口等	省名考；疆域；形势；幅员；户口；大郡南昌、景德镇、他郡邑

续表

小节标题	子标题
第二节　论省会执政	文员巡抚、藩臬、监司大员；武员巡抚、南昌武员、九江镇、赣州镇、湖口镇；学校；勇营；南昌各项官员
第三节　论分治	营镇
第四节　论财政	官俸；赋税本缙绅；京饷；饷源关税、本地税、地丁、粮饷、盐课、厘金；税项总纲；现时财政；议加新税；变法之急；江西厘金局卡单；缉私局；江西候补人员
第五节　论外就交	天主耶稣两教；九江开埠；洋务局华人代理洋商内地商务；子口凭单论出口凭单之难、过省凭单湖北落地税；索偿内地华人欠款；县官发票；碰船索偿；近口买卖地基房屋；洋人购买避暑之山地；内地教会之合例产业；惩办犯法之事；乱事赔款；洋人及其用人被控刑律之事；内地新政萍乡铁路、矿物铁路水道、官中以新政为开财源之始基；开通内地动听难行；扩充合例之事业权利；按切时势商埠为急南昌应开

　　第七册同样由郑贞来翻译，以英俄铁路交涉相关公文、信函往来为主要内容，书前附有两湖总督端方题字，陈钰作序。在序言中称，翻译本书的目的是要"使海内交涉家知英俄外交之学问经济"，并表达了对读者的期待"阅是书者，鉴别其长短而采择之为我中国外交助"。

　　从上述两表至少可以知道译书局所印书籍、图表已经覆盖了五大洲及其主要国家的地理状况，特别是英、法、意、德等强国的政治、经济、文教、外交、地理、军事等，而且尤其重视各国地图、教科书和英法两国学校章程的译印。除此之外，还有 1902 年秋天，陈秉濂翻译了《棉业考》一书。或许受张之洞《劝学篇》中"若学东洋文，译东洋书，则速而又速者也。是故从洋师不如通洋文，译西书不如译东书"①的影响，

----

① 张之洞. 劝学篇·外篇(广译第五)[M]. 郑州：中州古籍出版社，1998：128.

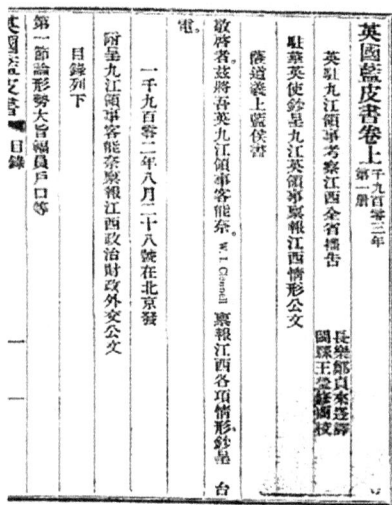

图 4-1 《英国蓝皮书·考察江西全省公告》部分书影

论者大多认为洋务译书局译印图书的特点之一是"以日文为媒介",①然而,就我们所查知的史料来看,洋务译书局译印图书中相当一部分依据的原本是法文和英文。

就其影响而言,湖北洋务译书局译印书籍或为"课蒙之用",或以警醒国人,令其"读是书不能不惧""读之悚然",或"足资考镜",或"鉴别其长短而采择之为我中国外交助",均求其实用之价值。同时,这些学校书籍和图表的翻译与出版一方面是为了张之洞在湖北推行的教育改革提供参考,进而推动了湖北,乃至整个湖湘地区文教事业的发展。冯天瑜研究指出"张之洞督鄂前,湖北的经济、社会和文化在全国充其量只是位居中游的一般性省份,但在张之洞湖北新政的大力推动下,湖北不仅从一个中等发展水平的内地省份,迅疾跃升为全国近代化

---

① 姜元庶:《试论近代译书局的兴起对湖北教育近代化的影响》,载《鄂州大学学报》,2009 年第 1 期,第 76 页。

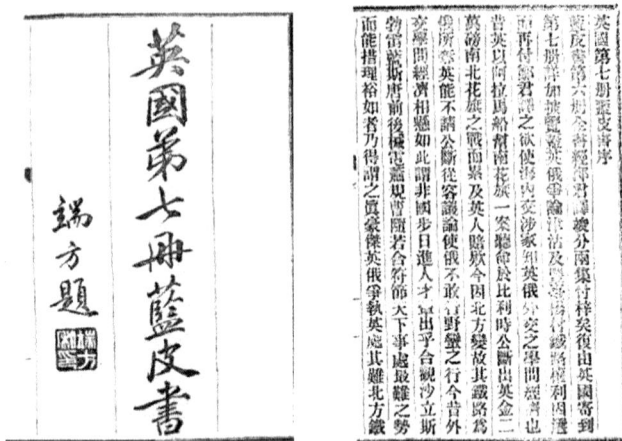

图 4-2　《英国蓝皮书》第七册部分书影

进程的排头兵，而且开始了荆楚文化从传统到近代的转型与跨越"①。
这些进步或许都与湖北洋务译书局所起到开启官智、民智的功用有关。
另一方面，洋务译书局译印图书亦曾远涉重洋，进入西方世界。1904
年美国圣路易斯世博会举之际，时任湖广总督张之洞曾令湖北官方搜集
整理湖北崇文书局和湖北官书局印行的等古籍 179 种和武昌洋务译书局
所译西书 22 种参展②，并获得"圣路易斯万国博览会大奖"（Grand

---

① 涂文学：《大智眼界　大爱情怀——试论冯天瑜先生的湖北武汉区域历时文
化研究》，载《社会科学动态》，2022 年第 1 期，第 39 页。

② 《崇文书局及晚清官书局研究论集》对此有如下记述："《武昌洋务译书局
丛书》共二十二种，包括"湖北洋务译书局"与"湖北翻译学塾"（牌记或题"武昌翻
译学塾"）译之书。除译书局和翻译学塾章程、已印待印书目及在任人员名录以外，
所收《交涉要览类》《英国黄皮书》《亚东各国属地志略》《亚东各国税则商埠章程》
《比利时国法条论》《英德学制比较》《欧西学校规制纪略》《格物课程》《西电辑要》
《时事问答》等，或为有关外交条约选译，或为欧亚诸国政治、法律、经济、教育、
科技以及风土人情介绍，或为欧亚北美时事电讯辑录，或为中外时事、中外异同
以及游学欧美学生选派等宜知问题之选。各书主要供湖北新式学堂教学参考之
用，反映了湖北以至中国对世界大势的了解，以及教育向西方接轨的愿景和努
力。"参阅范军主编《崇文书局及晚清官书局研究论集》，武汉：崇文书局，2017
年，第 9 页。

Prize)。参展后，这些图书被捐赠给美国政府，现收藏于美国国会图书馆，① 进而在一定程度上促进了美国早期的汉学研究，推动了中美文化交流。就其实际效用而言，张之洞认为"赛会"（也即"exhibition"）是"欧洲振兴商务之一大关键"，因为展品"一经品题，身价十倍"，因此"西国常有赛会之举，聚本国他国之货物，萃于其中"②，因此，选送崇文和洋务书局译印图书参展一方面"展示中国传统学术成就，以翻译类书籍送展，体现中体西用"，另一方面"展示湖北乃至中国对于世界的认知水平"，③ 进而在一定程度上有助于推动近代湖北商务发展及其世界文化影响力。

第四节　江楚编译局

一、江楚编译局创办的缘起

江楚编译局是张之洞参与创办的编译机构。1900 年（光绪二十六年）"庚子事变"后，清廷迫于内外压力，宣布实施"新政"，并向大臣征集计策。其后，时任湖广总督张之洞和两江总督刘坤一于 1901 年联衔

① 据美国国会图书馆名的中国文献专家、美国国会图书馆亚洲部学术研究主任、哈佛大学历史学博士居蜜博士称这批珍贵且重要的图书包括"崇文书局/湖北官书局刻书"与"湖北洋务译书局/湖北翻译学塾译书"，以及湖北舆图，湖广舆图等有两百种左右。有意思的是，我们查阅文献中，发现居蜜博士是辛亥革命元老居正的孙女，祖籍武穴市梅川居文胜村。相关文献参阅美国国会图书馆亚洲部主任居蜜博士所拟《从中美外交文化史回顾湖北的洋务运动———汉学记忆国际合作计划》草案；朱政惠《美国中国学发展史——以历史学为中心》，上海：中西书局，2014 年，第 78 页；居蜜《1904 年美国圣路易斯万国博览会中国参展图录（2 卷本）》，上海：上海古籍出版社，2010 年；汤旭岩、马志立《缘起百年前湖北出版物的一段佳话》，《图书情报论坛》，2010 年第 3 期，第 3-5 页。
② 苑书义等主编.张之洞全集[M].石家庄：河北人民出版社，1998：1439-1441.
③ 汤旭岩、马志立：《缘起百年前湖北出版物的一段佳话》，载范军主编《崇文书局及晚清官书局研究论集》，武汉：崇文书局，2017 年，第 150 页。

上奏《江楚会奏变法三折》。在 7 月 12 日所奏《变通政治人才为先遵旨筹议折》中论及"育才兴学"的重要性，提出"一设文武学堂。二变通科举。三停罢武科。四奖励游学，尤提倡赴日本留学"①等具体主张。奏折中论曾论及西方教育的三个特点："今泰西各国学校之法，其立学教士之义有三，一曰道艺兼通，二曰文武兼通，三曰内外兼通。其教法之善有四，一曰求讲解不责记诵，一曰有定程亦有余暇，一曰循序不遏等，一曰教科之书官定颁发，通国一律"。② 显然，他们将官颁和统一教科书作为西方教育方法的先进之处，并决心仿效。然而，当时的中国缺乏官方审定的统一教科书，私营机构编译之书质量参差不齐，学堂教习授课之时不得不全凭意志随意选用，进而导致所选教材与学生水平和基础，选用教材难易程度、顺序混乱，偏远州县更是无教科书可用。对此，《金陵江楚编译书局禀译书章程并厘定局章稿》中有较为全面的描述：

　　窃维作兴人才全凭教育，整顿教育端在书籍。有学堂无教科书，何以为教，教有书而不能画一，教何以良？顷年，学堂广开，自省城高等以迄府州县之中小学亦既次第皆兴其特设。除格致现拟改并外，如水师、陆师、武备等学堂，问其所以为教，率皆依稀仿佛一定等级之可寻。以故，高级之书或移授下级。而此校之书并不同于彼校，甚有一校之中今年教习用一课本，明年易一教习又换一课本，而废前教习之书者。其故，由于无官颁定本。各学堂不得不杂取私家所编译，任听教习之择用。而外府州县之稍僻远者，既苦无书，又苦无徒，改书院之旧名，绝无教授之程式。士即稍知改图，各自访讲其所能，得不过前所谓私家编译之书，而诐辞邪说遂得以浸入乎人人之心，学术歧而士风为之一变，其患不可胜言。③

① 陈旭麓. 近代中国社会的新陈代谢[M]. 上海：上海人民出版社，1992：233.

② 吴剑杰. 张之洞年谱长（下）[M]. 上海：上海交通大学出版社，2009：692.

③ 《金陵江楚译书局禀译书章程并厘定局章稿》，载《南洋官报》，1904 年第66 期，第 12 页。

1901 年 7 月 20 日，刘、张二人再次上奏《遵旨筹议变法拟采用西法十一条折》，其中专门论及译书之法如下：

> 一、多译东西各国书。译书约有三法：一令各省访求译刻，一请明谕各省举贡生员如能译出外国有用之书者，从优奖以实官或奖以从优虚衔，发交各省刊行。一请敕令出使大臣访求该国新出最精最要之书，聘募该国通人为正翻译官，即责令所带随员、学生助之，于随员、学生之学业暗中多所成就，而所译皆切用之书。①

在此奏文中，刘、张二人提出了一些具体措施，激励更多人士参与译书。奏折得到清廷首肯，上谕称"昨据刘坤一、张之洞会奏整顿中法以行西法各条，其中可行者即着按照所陈，随时设法择要举办。各省疆吏亦应一律通筹，切实举行"。② 张之洞也提出教科书"按切今日时势堪应世变者则甚少，有必须另行编纂者，有不得不译用外国书者"。③于是，张、刘二人奏请在南京设江楚编译局，以二省之力合办此编译出版机构。柳诒徵《国学书局本末》记载如下：

> 江楚编译局者，光绪辛丑，刘坤一、张之洞会奏变法，议兴学堂，先行设局编译教科书，设局江宁，初名江鄂，后改江楚。以刘坤一自逊无学，编译之事，取裁之洞。宁任费而鄂居名，非合数省之财力为之也。是年秋九月开局，刘世珩为总办，缪荃孙为总纂，陈作霖、姚佩珩、陈汝恭及诒徵等为分纂。④

---

① 吴剑杰. 张之洞年谱长（下）[M]. 上海：上海交通大学出版社，2009：697.
② 吴剑杰. 张之洞年谱长（下）[M]. 上海：上海交通大学出版社，2009：697.
③ 苑书义、孙华峰、李秉新. 张之洞全集[M]. 石家庄：河北人民出版社，1998：1497.
④ 柳诒徵：《国学书局本末》，载杨共乐、张昭军主编《柳诒征文集第 10 卷历史与文化论集 2》，北京：商务印书馆，2018 年，第 387 页。

柳氏此文简要论及了江楚译书局设立始末，据此可知江楚译书局成立于辛丑年九月，也即 1901 年①。两地合办，自有许多经费、人事、薪酬等具体管理方面的问题。柳氏在其《记早年事》一文中亦有记叙如下：

> 编译书局……刘忠诚、张文襄两公主之。忠诚自逊于学不逮文襄，事必咨之，而局费则出于江幕，鄂不任费也。缪先生固文襄弟子，然于新学匪所谙，以译局属之罗振玉叔蕴，罗在沪办《教育世界》《农学报》，与日人藤田丰八稔，王君国维、刘君大猷尝佐其译报，乃在沪移译日本各科教本，以《农学报》铅字印之，缪先生不与闻也。②

据此可知，江楚编译局初期运行经费以南京方面为主，湖北张之洞方面多以建议、咨询为主。书局甫一成立，即着手准备译书。一方面，张之洞派罗振玉等于 1901 年 12 月 5 日（光绪二十七年十月二十五日）赴日本考察中小学教育、学堂章程、教学方法并采购教科书③。张氏此举

---

①　关于江楚译书局成立的具体时间，不同文献说法不一。据《张之洞年谱长》（下）所载，"是月（即光绪二十八年正月），两江、湖广会设江楚译书局于江宁。延黄绍箕、缪荃孙为总纂，罗振玉副之。湖北延分纂七人。书成，彼此互送复阅"，书局成立时间是 1902 年。但韦力（2018：147-149）根据《奏为请将江楚译书局改为江苏通志局专修志书恭折》《陈三立年谱》《张文襄公年谱》等文献考证认为，书局成立时间应当是光绪二十七年（也即 1901 年）。相对而言，后者考证更为翔实，本书采用此说。具体参阅吴剑杰《张之洞年谱长》（下），上海：上海交通大学出版社，2009 年，第726 页；韦力《寻访官书局》，南昌：江西高校出版社，2018 年，第 147-149 页。
②　柳诒征：《忆早年事》，载柳曾符、柳佳《劬堂学记》，上海：上海书店出版社，2002 年，第 38 页。
③　据《札派罗振玉等赴日本考察中小学教育及教科书》载"湖北遵旨开办中小学堂，自以译教科书为第一要义。兹派湖北农务学堂总经理委员、候选光禄寺署正罗振玉，以及自强学堂汉文教习陈毅、陈问咸、胡钧、左全孝、田吴炤等，前往日本考求中小学堂普通学应用新出教科书本，广为采访购买，酌问采择，妥为纂，并分赴日本各学校详细考察管理学堂之章程规则及各堂教法之实事，以资仿办"。参阅吴剑杰《张之洞年谱长》（下），上海：上海交通大学出版社，2009 年，第 712 页。

虽然是为湖北开办中小学堂提供参考，但也有一事两便之意。另一方面，缪荃孙等人在此期间也积极规划和编译书籍约计五十种①。经过两年多苦心经营，江楚编译局逐渐有所发展。

二、江楚编译局的改革与译书

编译局采用铅排、石印等西洋先进印刷技术，主要翻译和编纂新学教科书，供新式学堂之用。但是书局所编纂的图书仍然不能满足学堂所需，与此同时，书局中员司甚多，人浮于事，耗资较巨，招致了批评之声。1904年(光绪三十年)，端方受清廷委派代任两江总督(刘坤一已于1902年逝世)后，即尝试整顿书局。他在《奏移设江楚编译官书局片》中如此写道：

> 再前两江督臣刘坤一会同湖广督臣张之洞于光绪二十七年在江宁创设江楚编译官书局，专译有用之书，以备学堂教授，开办将及四载，译书多已通行。奴才莅宁后查看，局中闲员甚多，不无靡费，因饬大加裁减，力求撙节，并令移设已裁织造司库衙门，以省租费，延聘通儒，择东西各国教科善本，详审编译，以备学堂应用，并随时呈送学务大臣鉴定，所有移设江楚编译官书局缘由，除咨学务大臣查照外，理合会同湖广总督臣张之洞附片具陈仰祈。②

在奏折中，端方虽然认同书局所取得的成绩，但也批评了书局存在"闲员甚多，不无靡费"的问题，提出了裁减汰员，移址省租的举措。端方此举得到了落实，裁员和改革取得了一定的效果。其中，"裁减各

---

① 罗伟华. 江楚译书局研究[D]. 华东师范大学硕士学位论文，2019年，第19页。

② 《署江督端奏移江楚译官书局片》，载《南洋官报》，1904年第156期，第8页。

员计可撙节薪资四百量"，拨付给书局的一千两经费，一半用于支付薪酬，一半用于支付所有"刊译刷印抄写等项之需"①。实际上，端方并非第一个尝试整顿书局的官员。在此之前，魏光焘②就曾经为节省经费提出将江楚编译改由官报局管理，但端方到任后，又恢复了原样③。在端方整顿期间，江楚编译局重新修订了译书章程和局务章程。据1904年，《南洋官报》《济南报》《南洋官报》《四川官报》《东方杂志》《北洋官

---

① 《署江督端批司道详复会议复设江楚译书局章程由》，载《南洋官报》，1904年第157期，第11页。

② 魏光焘（1837—1916年），湖南隆回人，1902年12月5日（光绪二十八年十一月壬戌）至1904年9月1日（光绪三十年七月戊戌）任两江总督，后改闽浙总督。

③ 《江楚译官书局总办刘道世珩会同督办藩司粮道盐道等详议复设江楚译局章程文》，相关部分内容摘录如下："为遵饬会议详请事，窃于本月初七日奉宪台札开为札饬事，案查江楚译官书局之设，原以选购东西各国书籍有关政治学术者，分门译，以为采用之资本，年五月钦奉　懿旨裁并局所，即经魏前部堂（即魏光焘）饬将译书局裁撤，归并官报局办理，系为节省经费起见，旋经饬据司道议详，极力核减，仅能每月节省银四十两，洋一百零一元，为数甚微，无裨实用，且因官报局房屋甚少，一时不能迁入，徒有裁并之名，仍无裁并之实。近来，东西学各国学术日异月新，中国财力有限，既不能多派学生出洋肄业，则唯有选购书籍广为译，以期开通新旧之邮，饷遗承学之士。目前切要之图，无逾于此，迥与他项局所不同，查原办译书局刘道世珩，本兼官报局，并未开具薪水，所有译书一事仍设立专局，即饬刘道会同司道等切实经理，毋庸归并官报局，以专责成。每月经费仍照案拨给一千两俾资应用。惟查该局挂名乾修甚多，每月计有四五百金上下，以有限之经费供无谓之应酬，且足阻认真办事者奋勉之心，殊属非是，应即责成刘道会同司道破除情面，彻底清查，将所有乾修全行裁去，即以每月节省之项添作购书译之需，至应如何设法整顿，以期译书较多之处，并由该司道悉心筹酌，议详以凭核定。除分行藩司暨粮盐二道外，合亟札饬到该道即便遵照札饬事宜，会同妥速办理，仍将遵办情形及所裁乾修详报查核，毋稍徇延，切切等。因奉此旋于十五日又奉札开以本局关防文卷等项，已于九月归并官报局办理。该道等已禀报销差，自应加札，分别委充，以专责成所有该局事宜，即照案仍委藩司为总办刘道世珩，并即派为总办，并照请缪修荃孙为总纂，其关防文卷，即由官报局移还接收。……"原文载于《南洋官报》，1904年第159期，第9-11页。

报》《南洋官报》等所刊载的江楚编译局重订章程公文①称，当时所译印教科书尚不足所需十分之二，而且限于编译局人数有限，教材需求人数众多，因此不得不采取权宜之计，即由编译局人员采用翻译加编纂的方式先尽快成书，而后随时供给学堂使用，再由学堂教习在使用过程中根据需要提出修订意见，之后送回书局重新编订，并且提出由各学堂报送需求，编译局因需而译，以便在短时间内能够更有针对性的满足需求。对于当时的情形，文中描述如下：

　　……前宪刘会同湖广总督宪张创设江楚编译官书局，延聘通儒，编译各种教科书，呈由京师大学堂鉴定，原以正学术而免分歧，开局以来总纂、分纂未尝不力为其难，一意编纂，而迄今两载，成书之多尚不足应学堂所需十分之二。盖编纂之书，势难以急就，而硕学之士，力未能多延。以数人所编辑而供四省上中小学堂之求，安得有济。此则重编不重译，积久而后知其弊者也。近三江师范学堂又将招攷（同"考"），拟取生徒数百人，而教科书悉无所定。职道经理书局又监督三江学堂统筹全局，实切疚心。爰在局总纂、总校诸君悉心筹画以为。日本兴学之初，其教科书悉取材于西译而鉴定于文部，厥后由学堂教授时经验屡加更改，乃成今日完善之书。今官书一局莫若广译书而兼编纂译出之书。随时颁发各学堂，由教授时加以经验而增删之。一学期毕，仍将教习改本送回书局，重行编定，则数年之而后悉成完善之教科书矣。夫译书赳期可成，不同编著之迟缓，只须筹定欵（同"款"）项，择定译本，派多

① 《金陵江楚译书局禀译书章程并厘定局章稿》，载《济南报》，1904 年第 65 期，第 3-6 页；《金陵江楚译书局禀译书章程并厘定局章稿》，载《南洋官报》，1904 年第 66 期，第 12-15 页；《专件：金陵江楚译书局条具译书章程并厘定局章呈江督禀》，载《四川官报》，1904 年第 21 期，第 65-69 页；《教育：江宁江楚译书局条具译书章程并厘定局章呈江督禀》，载《东方杂志》，1904 年第 9 期，第 206-207 页；《文牍录要：金陵江楚译书局条具译书章程并厘定局章呈江督禀》，载《北洋官报》，1904 年第 341 期，第 3-6 页；《江楚译书局遵饬复设会议译书章程暨重订局务章程（续前册）》载《南洋官报》，1904 年第 160 期，第 10-13 页。上述报道内容完全一样，从报道数量之多来看，当时江楚译书局应该具有相当的社会影响力。

人分译，将来译费即可于学堂收回。就三江师范一学而论，照生徒额数派发已有三百分之多，即不另行销售，可保无虚掷巨欸之虞。至书局应编之书，仍可照常编辑，籍以标明学旨而辅助译书所不备应请。宪台饬知省城所有学堂，将每年各学应用之书开明书目，咨送本局，以便照译庶不至有译非所用之讥。译成之书，即派发省城各学堂应用，准其随时更改。惟改本仍须送回书局鉴定，至外府州县应请咨会。江苏、江西、安徽抚宪通饬各属学堂，由江楚书局出书后随时颁发，俾教科有画一之规，欸项无虚糜之患。①

修订后的章程一方面赋予书局评定和审核教科书的职权，要求各省学堂将现用教科书提交书局备案、审查，以便应急；另一方面，要求各学堂报送需求，书局译印后发给学堂边用边修订而后送学部终审后统一发布。当然，江楚书局译印的教科书最后还要提交京师大学堂审核，才能颁发全国。具体如下：

1. 请先通饬省城各学堂将现在所用书籍及教科未备之书分别何学级何学年何学科编目，作为本局鉴定之书。外府州县学堂有编成教科书者，亦准其呈送本局鉴定立案，其未经鉴定者自本局定本颁发后即不准沿用以端趋向而免分歧。

2. 查照各学堂原单未备之书，分别缓急后先之序，其应译者大约普通书多可采自东邦专门书，或有需于西译，均应访购其国最善之本，仍由本局群审选定而后派人分译以昭慎重。

3. 译出之教科书，皆可定一学期为一卷，陆续付印颁发，不必俟全部译成方行发刻，以便教授而应学堂之急需。

4. 凡译一书成，先由本局译员调取原本与所译者互相校勘，必与原文无刺谬失真之处而后由总、分纂删订，总校帮总校，复核刊发。

① 《江楚译书局遵饬复设会议译书章程暨重订局务章程》，载《南洋官报》，1904 年第 160 期，第 10-13 页。

5. 无论省城及外府州县官立、民立各学堂教习，以本局初印之书分课教授，随时经验。若有宜增删之处，准其随时改定，年终以改定之本仍送回本局由总纂、分纂重为编定，会齐全部发刊，然后递年呈送京师大学堂鉴定，俾书皆实验，课有定程，由大学堂核发，推而广之，各省可期一律。

6. 译书之人，不惜拘定其数，延聘到局致靡费多而所译有限。目今南洋各埠以及游学外邦者，通译之士甚多，只须择定译本，分途请人承译，计字给值，则成书即速而歉不虚糜。上海各书局译述之多率用此法。惟本局仍宜聘定精通东西文者各一人，专司校勘译本原文之事，庶几核实无弊。

7. 译书之弊，莫甚于名号不一，同一物也同一名也。此书与彼书异，一书之中前后又复互异，使阅者无所适从。京师大学堂暨南阳公学章程，皆有拟编名物表之说，顾迄今未成。本局译书之始，宜首革此弊，纵不能举旧书一一厘正，而本局所鉴定各书所编译各书应请总校将人名、地名编为一表，而后按表以校，始能画一不讹。

8. 图与书相辅而行不可偏废，地理、历史固非图莫能明，在东西各教科书中均无不插入各图，以便教授。本局亦当延聘中法绘图、西法绘图各一人，专给教科书中附图。若学堂中应用之历史、地理、动植物各标本挂图，将来经费宽裕，亦宜仿绘。若外府州县有能绘合用之标本挂图者，准其送局鉴定立案。

9. 本局译印成书，即按照程度相当之各学堂，随时咨送，如省城内官立之三江师范、水陆师高等农工实业等学堂、府县学堂等，均如生徒之额数派发，该学堂即宜照局定章程付回书价。至外府州县官立学堂之教科书应与省城之中小学堂课程一律。拟请札饬各府州县查取官立学堂生徒之额数，先报本局以便照派其书价，即责成各府州县解缴，除按派收价外，其余仍登各报告白，以便省及各州县民立各学堂购买①。

---

① 《江楚译书局遵饬复设会议译书章程暨重订局务章程》，载《南洋官报》，1904 年第 160 期，第 10-13 页

上述译书章程还提及，为节省经费，书局采取外聘译员兼职译书、按字计价的灵活方式。在译名处理问题上，则要求编制术语表，并延聘绘图师配图。在销售方面，则以学堂为主，由学堂按照官定价格购买付款。除此之外，在书局管理方面也拟定了《局务章程六条》，① 略谓：

　　1. 局所宜有定址也，查江楚编译局现系租祁门试馆办事，每逢科场必须搬让，既延公务又多搬费。前归并报局时，又加押租本洋五十四元，合前元共一百五十元，行租二元，合前十六元，未免废事耗款。前会禀请将普育堂坐落大夫第公产一所作为居所，惟该屋现既租人，搬让亦需时日，且普育堂公产房租系充善举，即作为本局局所仍须给租。兹查又奉裁小织造局衙门两所已归江宁府管理，作为官房，应请宪台饬知江藩司转饬江宁府会同本局委员查看，以何所相宜，即以相宜者谓本局办公之地，既可省费而局所宜有定址矣。

　　2. 局所宜有定名也。查编译书局系由前督宪刘会同湖广总宪张议设创办，故名为江楚编译官书局。今奉宪饬复设，无庸归并，迎请宪台咨会湖广督宪备案，如改为江南省所办应另改为江南官书局总局，以符专指，俾克定名。

　　3. 设局应请奏咨也。查编译书局系光绪二十七年秋间开办，现已四年，尚未奏咨近见，京师大学堂及南洋公学均将江楚编译局屡见。奏章应请宪台一面奏报一面咨会京师大学堂，如仍名为江楚，应请会同湖广督宪会同奏立案。

　　4. 局员宜遵札定额也。一设总纂一员，月支一百两；帮纂兼总校二员，月支各五十两，共一百两；分纂二员，月支各二十八两，共五十六两；分校六员，月支各十四两，共八十四两；绘图一

① 需要说明的是，《南洋官报》刊文的标题为《重订局务章程六条》，但据我们查证实际刊出的局务章程实际只有上述五条。参阅《江楚译书局遵饬复设会议译书章程暨重订局务章程》，载《南洋官报》，1904 年第 160 期，第 10-13 页。

员，月支十四两；书记二员，月支各十两，共二十两；收掌委员一员，月支薪夫四十两。计除此定额外，其余夫役局用月支约以百金为限，统约五百两。遵饬裁汰乾修共七名，核减银不下四百两。现经札饬仍照案拨领一千两，是每月可余四五百两，自当核实稽存，以备活支译书刊印之用。

5. 编译收发宜有责成也。现设收掌一员，凡局中公牍问卷，领发款项以及书籍纸张版片固应责成，即所编译之书，有收有发亦当责成该员。以后遇有须编译以及校对各书，先由总纂将此项书籍应派何人编纂何人校对签明送交该员，即由该员遵照分别转送编译校对。成，亦由纂校之员发交收掌，亦即由该员送呈总纂覆校，后仍交该员呈送总办司道阅定，分别发交，饬匠刊刻刷印成书后，仍由收章将样本分别送总纂总办鉴核，按次饬令颁发各学堂，余书收存，分别寄售，俾免事歧而有专卖。①

从局务章程来看，江楚书局开办后的前四年存在诸多问题。首先，书局原有办公场所租自试馆，因此在试馆需要使用场地时，需随时搬移。其次，书局定名"江楚"，但主要是以两江区域承担费用，湖广方面参与较少，因此书局之名是否需要更改尚未成定论。再次，书局经过一轮人员裁撤之后，才将人员定额、薪资和工作流程确定下来。书局内设总纂、帮纂、分纂、分校、绘图员、书记员、收掌委员等职务。至此，书局形成了局内人员与局外译员兼有，外购图书翻译与译后图书编审兼做的工作模式。

改革之后的江楚书局仍然没有摆脱整顿和裁撤的噩运。虽然书局"前后编译之书，都若干种，而舆论少之"，② 甚至一度规模有所壮大，比如在1903年有江南官书局并入，1907年有淮南书局并入，但是对其

① 《江楚译书局遵饬复设会议译书章程暨重订局务章程》，载《南洋官报》，1904年第160期，第10-13页
② 柳诒徵：《国学书局本末》，载杨共乐、张昭军主编《柳诒徵文集第10卷历史与文化论集2》，北京：商务印书馆，2018年，第387页。

批评的声音和改革的动议一直存在。到了 1909 年(宣统元年)，江苏咨议局提出裁撤江楚译书局，理由是"开局近十年，所出之书无多，大小各学堂间有采用该局课本者，亦甚寥寥。闻每月尚縻千五百金之多，无谓已甚，应请即日停支江楚编译局用费，移作别项教育行政经费"①。时任两江总督张人骏一方面反对直接裁撤，认为"编译局之应裁与否，以编书译书之应办不应办为断。至如议案所称，开局以来，出书无多，此应整顿改良之问题，非应裁撤之问题"，② 随后又上奏提出将江楚译书局裁撤改为江苏通志局，并进一步提出将通志局并入江南图书馆。其后，清廷准其所奏。1911 年(宣统三年)最终完成合并，而编译局的书版以其及所管理的淮南书局之书版都最终由图书馆管理，而库藏未售的书籍由江南官书局发售，所获收入最终归图书馆所有。江楚书局的裁撤与其自身存在的种种问题有关，也是清末裁撤地方书局政治决策的必然结果，同时也是在近代教育现代化背景下，时事与学术潮流变迁所致。

　　从 1901 年成立到 1909 年终止，江楚编译局前后八年，先后聘刘世珩(1874—1926)为总办，黄绍箕(1854—1907)、缪荃孙(1844—1919)、况周颐(1859—1926)等为总纂，陈季同(1852—1907)、陈庆年(1863—1929)为坐办，罗振玉(1866—1940)为襄办，陈三立(1852—1937)、尹克昌、范当世(1854—1904)、方履中(1864—1932)、瑞沅、李详(1859—1931)等人任帮总纂(其中陈三立兼任总校)，陈作霖(1837—1920)、朱孔彰(1842—1919)、柳诒徵(1880—1956)、曹元忠(1865—1923)、陈汝恭(？—1907)、崔朝庆(1860—1943)、陈义(1863—1941)、宗嘉禄(1873?—1944)、茅乃登(1873—1934)等人任分纂/分

---

①　江苏咨议局：《议裁江苏译局案》，载柳诒徵《国学书局本末》，收录入杨共乐、张昭军主编《柳诒徵文集第 10 卷历史与文化论集 2》，北京：商务印书馆，2018 年，第 388 页。

②　《江督张人骏札复文》，载柳诒徵《国学书局本末》，收录入杨共乐、张昭军主编《柳诒徵文集第 10 卷历史与文化论集 2》，北京：商务印书馆，2018 年，第 388 页。

校之职，聘梁棻（1864—1927）任江楚书局绘画一职，黄裳治年任江楚书局收掌委员兼书籍巡检，李华农任江楚书局差遣，洪鸣九任江楚书局文案，苏城任书局收掌委员一职，① 另有刘大猷、王国维（1877—1927）等也为该局翻译书籍。

在书局运营的八年中，先后编、译、印了《新编生理教科书》《化学导源》《普通新代数教科书》《经济教科书》《高等小学几何学》《小学几何画法》《矿物学教科书》《植物学实验初步》《小学理科》《小学万国地理教科书》《地文学教科书》《伦理教科书》《生理教科书》《读新学书法》《万国史略》《日本历史》《经济学粹试卷》等百余种教材和图书。② 其中，部分书籍因种种原因，不能作为教科书使用，比如书局 1907 年呈送学部审核的图书几乎全部被否定，原因是"《日本历史》，叙述少误谬，惟各学堂不能以日本史为独立科目，且该书纯沿日人语气，碍难审定。《小学农业教科书》原本插图甚多，该书一概从删，殊属不合，《外国列女传》《读新学书法》非教科用书，《地理学参考学说》颇有精到之处，《政治学》亦尚详明，惟非中小学堂教科用书，毋庸审定"。③ 但是，在当时的历史条件下，书局所印图书的发布，以及统一教科书的努力合尝试仍然起到了一定的历史作用。

第五节　湖北自强学堂译书处

湖北自强学堂是张之洞于 1893 年在武昌创办的一所非常有影响力的新式学堂。当时学界对其评价较高，认为"京外所设学堂已历数年，

---

① 关于江楚译局任职人员详细情况，可参阅罗伟华《江楚译书局研究》，华东师范大学硕士学位论文，2019 年，第 91-94 页。
② 关于江楚译书局所、译、印图书种类及数量的研究可参阅罗伟华《江楚译书局研究》，华东师范大学硕士学位论文，2019 年，第 37-40 页。
③ 《咨覆江楚译官书局呈书六种均毋庸审定文》，载《学部官报》，1907 年第 17 期。

办有成效者，以湖北自强学堂、上海南洋公学为最"，① 后世学者②也赞誉其是"我国近代开办最早，真正由中国人自行创办和管理，并具有高等教育性质的学校"。③ 但湖北自强学堂除了肩负培养外语人才的责任，同时还设有翻译出版的部门。1896 年汉阳铁厂由官办改为官督商办后，自强学堂将汉阳铁厂附属的化学学堂并入，成立自强学堂译书处，专事西书翻译。学界对湖北自强学堂的外语教育和人才培养等方面已有较多论述，对其下设的译书处的相关研究和探讨并不多见，本节将对此展开讨论。

一、张之洞与自强学堂译书处

自强学堂译书处作为官办机构，其直接赞助人为张之洞，为筹措学堂创办经费"几经坎坷，历时近三年才勉强办学"。④ 张之洞募集经费的主要来源是两湖茶捐，竹木、百货、土药等项的捐收，以及新筹善后经费的支用。考察张氏的翻译理念对理解自强学堂译书处的建立和翻译方向有着重要作用。

首先，张之洞不仅是晚清封疆大吏之一，更是特殊的翻译赞助人和参与主体。他非常支持创办各类翻译出版和教育机构。曾在 1895 年资助广学会 1000 银元翻译《泰西新史揽要》，而后又在 1896 年 8 月批示善

---

① 朱寿朋．光绪朝东华录(第 8 册)[M]．北京：中华书局，1958：48.
② 相关研究参见刘微《改制与创设：外语学科教育的近代化考察：以武昌、汉口为中心》，载《人文论丛》，2019 年第 1 期，第 138-154 页；刘红《张之洞与湖北外语教育》，载《湖北社会科学》，2014 年第 11 期，第 97-102 页；莫再树《晚清商务英语教学源流考镜》，湖南大学博士论文，2012 年；刘微《近代中国英语学科教育研究(1862—1937)》，武汉大学博士论文，2020 年；孟旭《张之洞中体西用教育观》，太原：山西人民出版社，2019 年；高晓芳《晚清洋务学堂的外语教育研究》，北京：商务印书馆，2007 年；张旭《近代湖南翻译史论》，长沙：湖南人民出版社，2014 年。
③ 高晓芳．晚清洋务学堂的外语教育研究[M]．北京：商务印书馆，2007：174.
④ 陈丹洪，黄年青：《自强学堂创办经费来源问题研究》，载《咸宁学院学报》，2010 年第 4 期，第 17-18 页。

后局汇款 1000 银元资助上海约翰书院拟翻译《列国史鉴》计划。同时，由于他本人不懂外语，因此并不会对译本进行具体评价，而是比较关注翻译的社会功能。他曾经在公文中写道：

> 洋务一端为今日要政。交涉之事动关国民生计。方今四裔环伺，时事艰难，自非博通时务，熟悉洋情，无以祛积习而善操纵。此本部堂设立译书局之本意也。惟是译才难得，经费浩繁，以前编纂洋务各书稿本甫经创定，搜罗尚未大备。亟须合中外心思才力，旁搜博采，广为提倡，以期译本日多，流传日远，使天下才杰聪明之士微知各国之形势性情，虚实强弱，以裕因应之方，而筹自强之策。本部堂上年资助上海广学会银一千元译辑《泰西新史揽要》一书，海内争相购阅。兹有上海约翰书院掌教西士李氏拟译辑《列国史鉴》一书，呈请资助前来。应即由北善后局在千新筹项下捐助一千元，移交自强学堂译书处转送该书院掌教查收，以期早日观成。①

在张之洞看来，译印西书事关洋务，而洋务事关国运兴衰，因此凡是有利于译西书者均无论是否两湖人士都给予支持。这一点和前任总督胡林翼有很大区别，胡氏"有强烈的地域观念，借口外省人多习气，只信任湖南同乡，其次才用湖北当地人"②。

其次，张之洞比较关注商务、铁路及种植、畜牧等与"治国养民之术"有关的图书的翻译。他认为这是对总理衙门同文馆偏重翻译外交、法律相关书籍和上海广方言馆所偏重的格致之书翻译的有效补充：

> 又西书之切于实用者，充栋汗牛，总理衙门同文馆所译多交涉公法之书，上海广方言馆所译多武备制造之书。方今商务日兴，铁

---

① 吴剑杰. 张之洞年谱长（上）[M]. 上海：上海交通大学出版社，2009：483.

② 罗福惠. 湖北通史：晚清卷[M]. 武汉：华中师范大学出版社，2018：191.

路将开，则商务律、铁路律等类，亦宜逐渐译出，以资参考。其他专门之学，如种植畜牧等利用厚生之书，以及西国治国养民之术，由贫而富，由弱而强之陈迹，何一非有志安攘者所宜讲求。①

其三，张之洞虽然重视西书翻译，但更加明白依赖西书翻译并非长久之计，更为关键的是培养通晓西文的本土人才。他曾将自强学堂的课程予以调整，将原先的"方言、算学、格致、商务"四科中的格致、商务两门课都停掉，将算学并入两湖书院，只保留"方言"一门，即外语科目。其理由是北京、上海等地所译格致、商务之书较为简略，无法应用于课堂教学，中国自身也缺乏合格的教材。而算学课程，因"中国古法及新译西书书籍较多，可不假道西文"。虽然北京同文馆已开设有英语、法语、德语、俄语等四门外语课，但人才太少，"势不能应中外之求"。在外语学习方面，他指出每种语言应分开开设，待学生通晓西文后不必再依赖翻译之书，以免"致得粗而遗精，亦不至墨守西师一人之说，免致所知之有限"。其大体思路可见于《札道员蔡锡勇改定自强学堂章程》，略谓：

> 本部堂于光绪十九年十月奏设自强学堂于武昌省城，分方言、算学、格致、商务四斋，惟方言一斋，住堂肄业，其余三斋，按月考课，历年循办在案。诚以尔时两湖风气未开，姑以四者开其先路。惟是自强之道，贵乎周知情伪，取人所长。若非精晓洋文，即不能自读西书，必无从会通博采。兹经本部堂详加酌核，更定自强学堂章程。其算学一门，中国古法及新译西书书籍较多，可不假道西文，业经于上年五月改归两湖书院另行讲习。其格致商务两门，中国既少专书，津沪诸局西人学馆译出诸编不过略举大概，教者学者无从深求，现将格致商务两门停课，先行统课方言，以为一切西学之阶梯。将来格致商务，即可自行诵译探讨。查京师同文馆分设

① 张之洞：《札道员蔡锡勇改定自强学堂章程》，收录入陈学洵《中国近代教育史教学参考资料》(上)，北京：人民教育出版社，1986年，第65-66页。

英文法文德文俄文等馆，规模大备。惟一馆学生，势不能应中外之求。此外各省堂局学习洋文，多系专习一事，取法一国。查西人学业，各国虽大致相同，而专长兼长实非一致，办理交涉，尤贵因应咸宜；此英法德俄四国语言文字必须分门指授之意也。本部堂意在造就通材，所期远大，欲使学者皆能自读西书自研西法，则可深窥立法之本源，并可曲阐旁通之新义，既不必读辗转传翻之书，致得粗而遗精，亦不至墨守西师一人之说，免致所知之有限。将来学成以后，通殊方之学，察邻国之政，功用甚宏，实基于此。必须资性颖悟。①

第四，张氏的翻译人才观并未摆脱古代学而优则仕的传统观念。虽然他本人非常重视实业的发展，也兴办了诸如汉阳钢铁厂、邮政局、铁路局等多，继承了早期洋务派所标榜的"求富"与"自强"两个大目标，但对于优秀的外语人才和翻译人才，他认为最好的出路是"通殊方之学，察邻国之政"。②他对于学生从事买办或通事等行为严加斥责，称其为"卑下之业"，如若违反，则要追缴"历年薪水伙食及本身一切用费"。因此，他对学生之日常管理和道德品行也有严格要求：

> 学生以五年为毕业，学生留堂以后，即为官学生。其未毕业以前，若非实有紧要正事，不得自行请假，若藉端求去，改习卑下之业，甚或不自爱惜，受洋行雇充翻译，须将其历年薪水火食及本身一切用费追缴。责成该学堂于学生挑选留堂之日，即将其家世考询明确，并须有同乡官员诚实可靠之人出具保结。③

---

① 张之洞：《招考自强学堂学生示并章程》，收录入陈学洵《中国近代教育史教学参考资料(上)》，北京：人民教育出版社，1986年，第62-63页。
② 张之洞：《招考自强学堂学生示并章程》，收录入陈学洵《中国近代教育史教学参考资料(上)》，北京：人民教育出版社，1986年，第62-63页。
③ 张之洞：《招考自强学堂学生示并章程》，收录入陈学洵《中国近代教育史教学参考资料(上)》，北京：人民教育出版社，1986年，第64页。

最后，张氏本人持"中体西用"的翻译观。他非常重视学堂所收学生的汉语水平，要求汉语水平欠缺者，旧学根基不深者不予录取。在入学后，对于年龄较小，汉语水平较浅者，也招募教师对其进行辅导，其最终的目的则是"以圣道为准绳""中外兼通，不致忘本"，将中国伦常名教视为做人和封建统治系统的根本，视外语等西学为辅助"中学"发扬光大的工具，用新手段维持旧思想。这也是张之洞在《劝学篇》提出的"内篇务本，以正人心；外篇务通，以开风气①"精神的延续。他的这种思想也体现在学生功课设定上：

> 学生必须以华文为根底，以圣道为准绳。儒书既通，则指授西文，亦可收事半功倍之效。此次挑取学生，非华文精通义理明白，根基已立者，断不收录。
>
> 学生有年齿稍长或已列胶痒者，必已通晓儒书。每日除西学功课外，尽可自温旧业。其年齿稍稚，华文较浅之学生，另于该学堂设立华文教习，于西文之暇，课授儒书华文，并作论说，庶几中外兼通，不致忘本。②

张之洞指示自强学堂除学习外语和化学外，还应翻译西书，由此促成了自强学堂的翻译活动。

二、自强学堂译书处的翻译人员和活动

张之洞规定"所有自强学堂改课方言，兼课化学，并附译西书"。至于西书的翻译方式则采用晚清时期较为常见的"口译笔述"的合译模式，"口译各书，而以华人为之笔述"，其运作方式大体如下：

> 亦应延聘通晓华语之西士一二人，口译各书，而以华人为之笔述，刊布流传，为未通洋文者收集思广益之效，亦即附入自强学堂

---

① 张之洞.劝学篇[M].上海：上海古籍出版社，2002：1.

② 张之洞：《招考自强学堂学生示并章程》，收录入陈学洵《中国近代教育史教学参考资料》(上)，北京：人民教育出版社，1986年，第62-63页。

中，别为一事，其如何访觅西士，购求图籍，亟宜妥筹赶办。所有自强学堂改课方言，兼课化学，并附译西书，以及添建堂舍各项费用，除原拨款项外，一并在本部堂新筹善后经费各款及银元局赢余项下动支。其学堂事宜仍由总办蔡道锡勇、提调钱守徇、总稽查姚令锡光经理。①

根据史料，自强学堂译书处从事翻译的人员既有中国人也有外国人。中方人员主要包括陈毅、辜鸿铭、李维格、汪康年、杨模、杨楷、叶瀚等，外方人员以日籍人士为主，主要包括大原武庆、柳原又熊、木野村政德、中野太郎等。后者并非专职译员，而是以教学为主，兼事翻译。

译书处开展的翻译活动主要包括编译《洋务辑要》，出版"数学家华蘅芳的专著多种"②，选译洋书洋报③等。早在张之洞任职广州时就曾

---

① 张之洞：《札道员蔡锡勇改定自强学堂章程》，收录入陈学洵《中国近代教育史教学参考资料》（上），北京：人民教育出版社，1986年，第65-66页。

② "出版华蘅芳专著多种"的说法来自陈玉梅. 张之洞与自强学堂[J]. 档案记忆，2018(06)：42-43，但该文并未给出说法的来源，我们查阅其他文献中对华蘅芳译和出版的相关信息(如钱宝琮主编. 中国数学史[M]. 商务印书馆，2019：393-396；方梦之，庄智象主编. 中国翻译家研究(历代卷)[M]. 上海：上海外语教育出版社，2017：625-656)，都只提到华蘅芳在自强学堂担任教习一事，并未见到相关能够支持陈玉梅之说的直接证据。最后，经查阅华蘅芳年谱，1893年(光绪十九年)4月于武昌刻印所数学作《行素轩算稿》之六，《算学丛存》4种：1.《测量法》，《抛物线说》，2.《垛积演较》，3.《盈脑广义》《积较客难》，4.《诸乘方变法》《台积术解》《青朱出入图说》。之后又续刻：5.《求乘数法》，6.《数根演古》，7.《循环小数考》1895)，8.《算斋琐语》，该年谱支持了陈玉梅之说。是年，华世芳应张之洞聘，任湖北自强学堂算学教习。参考高燮初编《吴文化资源研究与开发》，西安：陕西旅游出版社，1999年，第296页。

③ 此工作似乎由辜鸿铭等人负责，但辜鸿铭是曾经拒绝张之洞翻译书报的建议。辜氏在《上湖广总督张书》中说"前日汤生辱蒙垂问译西报事，造次未能尽言，今反复熟思，窃谓西人报馆之议论，多属彼国党人之言，与中国无甚关系，偶有议论及中国政事民情，皆夸作隔膜，支离可笑，实不足为轻重。在中国办理交涉事，当局偶尔采译之，以观西人动静，或亦未尝无补益，然若使常译之刊于民间，诚恐徒以乱人心志。"可见，辜氏译报最多也只是偶尔为之，服务的是政府当局，他的译报量不可能有太多，承担译书处翻译报刊任务的很可能还有张之洞幕僚中的其他人物。

委托王韬在上海聘请译员翻译洋务书籍，分疆域、官制、学校、劳工、商务、赋税、国用、军事、刑律、邦交、教派、礼俗十二门。① 但王韬在 1894 年《致谢绥之函之三》中表示当时没有时间编译出版这套宏大的译书："前以香帅命译洋务业书，遂乏暇晷，刻书之役，遽尔中止"②。张之洞于是用命精通洋务的杨模、杨楷兄弟，以及邹代钧、李详、汪康年、陈庆年、叶瀚等幕府人员参与编译工作。邹代钧负责编译《疆域》，叶瀚编译《职官》、吴樵负责《必缘》《国用》、汪康年负责《工作》。邹代钧在致汪康年信件中提道：

> 《洋务辑要》中，浩吾《职官》甚佳，但未译全耳，《疆域》亦有用，即以钧所编《西图译略》为柱，以王译诸说之雅驯者为装修耳。限于急就，不能恰意，如来书所言，欲得各国疆域，以便初学，则此编可用。统纂全书之说，必系浩吾所造，实无此事。盖钧纂毕《疆域》之后，帅属将全书交鄙人校阅一次，将其中地名改归画一，免致译音歧出耳。此事当可速了。若言统纂，则吾岂敢。此书虽经许多名手删削，有用处固多，言乎名贵则未也。盖官书止能如是，他日必有人用此书各材料再加编纂者③。

邹代钧在信中明确其对《疆域》一书的校对和译名统一工作，而且对此书评价较高。但最终《洋务辑要》书稿可能并未付印，颇为遗憾。其间就谁来主持翻译大局等发生过一些争执，但张氏幕府众人似乎并不看好：

> 不如用包译之法，归傅兰雅一手料理，秀君不复再请，但傅兰雅已经盛京卿欲请作师范举堂及南洋大学堂总教习，每月薪水五百

---

① 吴剑杰. 张之洞年谱长编（上）[M]. 上海：上海交通大学出版社，2009：229-268.

② 王韬、孙邦华选编. 弢园老民自传[M]. 南京：江苏人民出版社，1999：191.

③ 上海图书馆. 汪康年师友书札 3[M]. 上海：上海书店出版社，2017：2414.

金，断无暇及此。即使肯包办，仍不过蹈香帅《洋务丛书》之覆辙，急就成章，繁芜不翦，卷帙虽多，势难付刻。求速反迟，求省反费，此皆吾兄与弟目击之弊，况陈伯严兄亦闻之熟矣。弟系属员，有瓜李之嫌，不敢力争。所惜者，弟等数人均欲多译农务之书，忽遭此阻，从此钳口结舌，亦可不谈译事矣。王紫诠先生恒言"延一西人，不如用两华人"此皆门外之谈。①

众多翻译人员也纷纷离去，如汪康年于 1895 年下半年举家迁往上海，转而投入《时务报》的编辑和出版工作。曾任自强学堂英文教习、铁政洋务局翻译委员的辜鸿铭也于 1903 年奉旨北上，② 导致《洋务辑要》最终不了了之。

除此之外，自强学堂译书处教习陈毅曾赴日考察并系统翻译日本教育规章制度、法令和教材，部分文章发表在张之洞幕府人员罗振玉创办的《教育世界》杂志上，"从第 1 号（1901 年 5 月）到第 65 号（1903 年 12 月），《教育世界》系统地介绍了日本教育法规与条例共约 96 项"③，对清末新式学堂教育制度的相关制定提供了借鉴。叶瀚曾任湖北自强学堂教习，并担任《中外日报》日文翻译，于 1901 年翻译出版了《泰西教育史》，其出版机构为位于上海的金栗斋。除中国教员外，日本教官大原武庆（1894—1903），柳原又熊（1898—1903）、木野村政德（1898—1900）、中野太郎（1902—1910）都在自强学堂担任日文教习并兼职翻译，译成兵书多种，"包括地方幼年学校三种，中央幼年学校二种，士官学校三种，步兵操典一种"。④

自强学堂译书处作为张之洞新政时期设立较早的翻译出版机构，其

①　上海图书馆.汪康年师友书札 3［M］.上海：上海书店出版社，2017：2823-2824.

②　严光辉.狂儒怪杰辜鸿铭［M］.北京：团结出版社，2020：292-295.

③　陈科美.上海近代教育史：1843—1949［M］.上海：上海教育出版社，2003：174.

④　李细珠.张之洞与清末新政研究（第 2 版）［M］.上海：上海书店出版社，2009：348.

翻译选材和实际成果均受到这位特殊赞助人的巨大影响。张之洞对译书活动的支持，对商务、铁路、农业领域方面的翻译选材也基本围绕其兴办实业，为实现富强目标而设置。张氏对外语教育教育的重视为湖北地区培养了不少懂西学的人才，"在中国近代化教育中占有一席之地，尤其是它对翻译人才早年的培养"①，为近代湖北翻译史抹上了浓墨重彩的一笔。

第六节　湖北法证编辑社

一、法政编辑社的创立

1905 年，迫于内外危机，清政府准备开始预备立宪，派遣五大臣出国考察各国政体，为实施君主立宪做准备。这一行动极大地激发了国内对法律、政治等方面的知识需求。与此同时，当时的清政府和日本政府为了各自利益，共同着力改善关系，出现了"中日文化交往的黄金十年"。② 在新的中日关系背景下，为满足清政府在法政方面的需求，日本法政大学成立法政速成科，从 1904 年 5 月至 1908 年 5 月共办班 5 期，另办补习科一期，先后有 1800 余名学员参加了速成班的培训与学习。学员主要由各省督抚在已经取得功名的科举精英中选拔，其中不少学员系进士出身，因此，学员的旧学素养大都较高。

在旅日留学的大潮下，在日本的湖北籍学生组成了湖北法政编辑社，在学习之余开展了法政书籍的编译工作。这一行动和当时留日学生成立的译书汇编社、湖南编译社、闽学会等团体有颇多相似之处。法政速成科学生前后共完成了四套法政书籍的翻译和编著工作，包括《法政

---

① 张旭. 近代湖南翻译史论[M]. 长沙：湖南人民出版社，2014：107.
② 甲午战争发生后，中日关系降至冰点。日本为了保住自身在中国的利益，千方百计遏制西方，特别是俄国在中国的渗透，不遗余力在政治、军事、文化、教育等方面对清政府予以协助。清政府也希望借重日本之力避免被西方列强瓜分，中日之间由此在 1898 年到 1907 年间形成了相对稳定的外交关系。参阅[美]任达（Douglas R. Reynolds），李仲贤译《新政革命与日本——中国：1898—1912》，南京：江苏人民出版社，1998 年（序言）。

粹编》(共 18 种 24 册)、《法政丛编》(共 19 种 24 册)、《法政讲义》(共 30 册)和《政法述义》(共 29 种 34 册)等。

二、《法政丛编》的组织和出版

《法政丛编》编译活动的开展主要是由速成科第一班中的湖北籍学员樊树勋、陈武、吴柏年、曹履贞、易奉乾等人发起,樊树勋任总经理。在《法政丛编》初版的 27 名译者当中,除湖南人瞿宗铎外,其余 26 名译者均为湖北籍,其编译动机具有强烈的经世济用目的,希望通过译书活动将政治改革落到实处:

> 比年以来,吾国政界稍有动机,朝野上下,渐知欲强国家,首在改良法律,变革政体,自考察政治五大臣归朝,政治界上遂起一大变动,此最近之盛况而为中外称庆者也。惟是改良法律,变革政体,非多读东西法政之书、取长舍短不能行其改革之实。敝社同人留学法政大学,该大学各讲师皆法学泰斗,其学说丰富,足以风靡一世,同人毕业后深慨祖国前途,欲一表贡献之忱用,就所闻于讲师之讲义,并参考本讲师及诸名家之著述,悉心结构,以成此编,视坊间译本当判霄壤。①

从引文可以看出,编辑社译员对自己所编译的图书相当自豪,强调其出自法学名家泰斗,而且在翻译的基础上参考各家各派思想,因此和之前的译本相比,高下立判。

编辑社的底气来源于该套丛书良好的销售情况,还未出版之前,预约购买者已达五千部,故第一版迅速售罄。因此在 1906 年进行重印,重印时增添了《政治学》《罗马法》二种,达到 19 种。再版之际,编辑社还专门登有推介广告和编译说明,如下:

---

① 湖北法政编辑社.《法政丛编》第 8 种监狱学[M]. 东京:湖北法政编辑社,1905.

279

自去秋付梓，陆续出版，今岁三月，全部告成。未成之先，豫约购买者已达初刊之部数（五千部），故全部告成之日，即全书售罄之日。本编可谓为学界所共认。顷者接奉直隶总督袁宫保电谕，订购再版一千部，此不徒法学昌明当从此始，且祖国前途良可预贺。同人等因大加增补，悉心校正，并加入《政治学》《罗马法》二种，以求完备。至装钉精美，印刷鲜明，较初版更胜一等。谨此禀告，度有志之士无不各手一编也。湖北法政编辑社谨启，寓日本东京麹町区饭田町九段中坂喜友馆，总经理樊树勋。①

《法政丛编》再版时颇受欢迎，时任直隶总督袁世凯电报订购1000部②，从侧面也反映出当时对法政类书籍的巨大需求。

与同时代的翻译机构相比，湖北法政编辑社有两大特点：一是存在时间较短，其主要是为编译出版中国第一套大型法政丛书而临时准备的，在法政速成科结束，学生毕业回国后即宣布解散；二是其虽然是由学生自发组织建立并发起的，但在其出版期间接受过晚清重臣如袁世凯等人的直接赞助以及湖北学务处的支持。这种支持既有财政上的，也有在名誉上的。财政上的主要是指湖北学务处给日本法政大学中国速成科学员所给的经济赞助："查湖北速成政法学生所编辑之讲义，亦拟刊印分布，已禀由湖北学务处拨给钞三千元，以作刊印之费，印成后呈缴一千部，由学务处颁发各府厅州县，分布于各学堂，其余即归编辑人出售"。③ 而名誉上的支持是指在由湖北地方教育机构递交给学部的请示书"湖北咨送日本留学生叶开琼禀呈法政丛编请示审定由"中提道：

---

① 湖北法政编辑社.《法政丛编》第4种（上）民法总则[M].东京：湖北法政编辑社，1905.

② 湖北法政编辑社.《法政丛编》第4种（下）：民法财产（债权担保）[M].东京：湖北法政编辑社，1905.

③ 原文为："顷者接奉直隶总督袁宫保电谕，订购再版一千部，此不徒法学昌明当从此始，且祖国前途良可预贺。"参阅中国第一历史档案馆《清代档案史料丛（第14辑）》，北京：中华书局，1990年，第280页。

批据禀，及书均系该留学生等，于受学余暇编译法政各书，深
堪嘉奖，尚仰候审定，再行批示。饬遵可也，此批。①

叶开琼为湖北大冶县人，系《法政丛编》第 14 卷《财政学》的编译者
之一，早年在张之洞举办的经心书院学习，后被张之洞选派到日本学习
法律、政治等学科。叶开琼的行为背后显然受到了以张之洞为代表的湖
北地方政府的赞助。在"请示"当中，由当时的清政府学部对湖北留学
生所编译的《法证丛编》进行审批，显然湖北地方当局认为学生利用业
余学习时间编译了法政各书，值得嘉奖，而清学部也对湖北地方的嘉奖
行为表示认同。从 1905 年 6 月至 1905 年 9 月 15 日，《法政丛编》各册
陆续出版，共出 19 种 24 册，② 具体书名和编译者罗列如下。

表 4-8 《法政丛编》总书目

序号	书　　名	编译者
1	法学通论	张知本、邹麟书、刘燮臣
2	国法学	陈武
3	行政法	曹履贞
4	（上）民法总则	严献章、匡一、王运震

① 佚名：《湖北咨送日本留学生叶开琼禀呈法政丛请示审定由》，载《北洋官
报》，1906 年第 1053 期，第 5-6 页。
② 学界对出版时间和出版种类说法不一，如翟海涛说(17 种，22 册)，出版
时间为 1905 年至 1906 年，熊月之说(19 种)出版时间为 1905 年下半年至 1906 年
春，赵青说(19 种 25 册)第一种出版时间为 1905 年 7 月。我们依据 1906 年再版的
《法政丛编》第一种《法学通论》上所附的法政丛种目及辑者姓氏注明丛书的总数，
至于最后一种《罗马法》的出版时间，参考的是其封面所标注的 1905 年 9 月 15 日。
参阅翟海涛《中国近代第一套大型法政丛书〈法政丛编〉译出版考析》，载《出版发行
研究》，2012 年第 9 期，第 95-97 页；熊月之《西学东渐与晚清社会》，上海：上海
人民出版社，1994 年；赵青《日本法政大学法政速成科学员辑译法政书目整理
(1905—1911 年)》，载《中西法律传统》，2016 年第 1 期，第 277-302 页；湖北法政
编辑社《〈法政丛编〉第 1 种法学通论》，湖北法政辑社，1906 年；樊树勋辑《〈法政
丛编〉第 19 种〈罗马法〉》，湖北法政编辑社，1905 年。

续表

序号	书　　名	编译者
4	(中)民法财产(总论·物权)	樊树勋
4	(下)民法财产(债权担保)	彭树棠
5	(上)商法(总则·商业·会社)	徐志绎
5	(下)商法(商行为·手形·海商)	徐志绎
6	(上)刑法总论	瞿宗铎
6	(下)刑法各论	李碧
7	裁判所构成法	吴柏年
8	监狱学	刘藩
9	民事诉讼法	欧阳葆真、朱家璧
10	刑事诉讼法	邹麟书、王崇铭、周仲曾
11	(上)平时国际公法	叶开琼
11	(下)战时国际公法	张福先
12	国际私法	郭斌
13	经济学	易奉乾
14	财政学	叶开琼、何福麟
15	殖民政策	周仲曾
16	政治地理	刘鸿钧
17	西洋史	李蕙仪、梁柏年
18	政治学	杜光佑、宁儒璞
19	罗马法	樊树勋

　　法政编辑社图书在封面上突出显示"湖北法政编辑社出版"，且在扉页用大号字标示"不许复制"，表现出较强的知识产权保护意识。由于丛书在日本出版，且销售地为日本和中国国内，因此其在扉页上用两种纪年方法予以标识，如在《法证丛编》第十五种《殖民政策》上即标注"光绪三十一年八月三十日发行，明治三十八年九月廿八日发行"字样，并分门别类标注了编辑者周仲曾，印刷者池田宗平，印刷所东京并木活

版所，发行所为湖北法政编辑社，发卖所在日本为"清国留学生会馆"地址为"东京神田区骏河台铃木町"，国内为"各大书肆"。

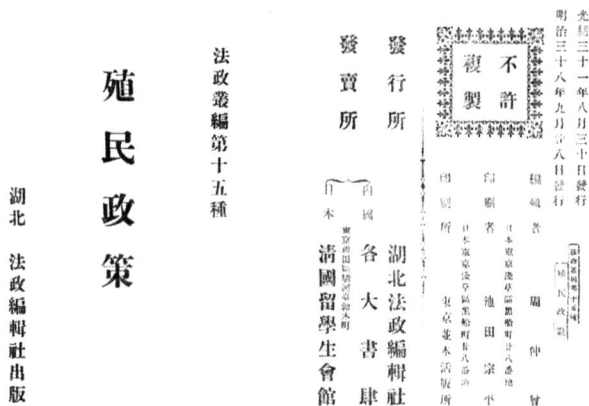

图 4-8 《法政丛编》部分图书封面与版权页

三、《法政丛编》的翻译规范

《法政丛编》系列丛书编译特色明显，其在封面上显著标明"编译"二字。但译者群体在哪些方面进行了编译，学界尚未有人进行过相关论述。通过考察其序言、跋、略例，可以一窥其翻译规范。丛书的编译形式表现在以下几个方面：首先，翻译形式为口授笔录。其次，在译本内容上译者也并不拘泥于教师的教授，而是根据自己的理解，搜罗相关资料的基础上进行解释和补充，"编者于讲师口译以外，搜罗中外名籍十数种，贯以己意，逐条解释，务期发挥尽致"，已属广义上的跨文化翻译和阐释行为①。虽然是编译，但周仲曾认为在编写过程中他参考了学界已有的相关成果，对历史上发生的事件也进行了比对研究，力图追寻其本源，其目的在于使前后的学说保持一致，不致有困惑，"参考各国

---

① 王宁：《翻译与跨文化阐释》，载《中国翻译》，2014 年第 2 期，第 5-13，127 页。

学派，比照历史事迹，寻流溯源，务衷一是。欲使学者无歧路亡羊之恨"。①

　　另外，丛书的编译性质还体现在章节的叙述顺序上，细考察其目录，其理论性质比较浓厚，既有总说，概念的界定，也涉及殖民者，殖民地，殖民条件等多个变量，其目的最终还是为了辅助殖民者更好地进行殖民扩张，欧洲中心主义倾向明显，并非从殖民地的角度帮助其摆脱殖民统治，走向独立。但编译者救国心切，在开篇第一章便将论说中国沦为列强瓜分，成为殖民地之忧患，"至今以往，则满洲以外中国全境为万国竞争之烧点，由是观之，二十世纪陈列于太平洋舞台之展览，品单为吾中国内地锦绣山河十八省而已矣"。② 在接下来的章节内容中，译者则依次从理论上厘清殖民的根本观念，殖民的定义及种类等，大致等同于学理之论说。其次，论述殖民的发展历史，以葡萄牙、西班牙、荷兰、法兰西和英吉利等老牌殖民者为例介绍其在世界各地的扩张历史。第四章则从政治、军事、经济三个方面的利益来论述殖民地带给殖民者的价值。第五章则结合实际，谈如何才能殖民成功，要考虑到诸如"文明程度，风土气候，地理交通，母国需要，殖民地的政体"等多个条件。第六章则从不同的主体出发，分别讲述了个人、集体与国家的殖民方法。第七章讨论殖民的设立和设置情况。第八章至第九章涉及了殖民之制度和殖民与人种之关系。在最后一章，译者再次论述中国相关议题，探讨中国近世史上殖民之人物，再次强调译者对中国问题的关切。

　　最后编译形式还体现在译者在翻译的同时添加按语，阐释译者其评论和对问题的理解：

　　　　中国今日所谓新学皆泰西之旧学，经前数世纪学哲研究而出者也。泰西近数十年，最新之学说为殖民政策一科。此学发明以后，

① 湖北法政编辑社.《法政丛编》第 15 种殖民政策[M]. 东京：湖北法政编辑社，1905(例言).
② 湖北法政编辑社.《法政丛编》第 15 种殖民政策[M]. 东京：湖北法政编辑社，1905：3.

列强争汲汲焉。设置殖民地官厅，创立殖民学校，联合殖民会社。
各国殖民事业之突飞进步遂以演成二十世纪最激烈最悲壮之活剧
者也。①

　　可以说这种编译方式并不以忠实原文为首要原则来考虑，而是考虑
到受众的需求和关切。在意译作为晚清风尚的情况下，此种编译法也符
合当时的主流规范。在翻译方法上，丛编大多使用直译等策略，《国法
学》例言指出"法学诸书，其语气稍或移易，即失其立说之精神，故补
采各说，皆从直译，阅者幸勿以其措语之累赘，并其学理亦鄙弃之"②。
《民法·总则》例言提到其条目"定义皆照原讲直录，条文皆照法典直
译，以其不失本真。但文句有太艰涩之处，则略加解释"③。直译等策
略在很大程度上是由于当时的"定名"之困难，"编译专门法律之书，以
定名词为最难，本书所用诸名词，多取之日本，并注西文于其下，以备
参考"④。为了避免译名不统一带来的混乱，译者采用的方法是采取英
汉对照的方式进行说明"并注西文于其下"。专有名词的翻译和统一是
晚清学界关注较多的大难题，《法政丛编》作为"中国第一套大型法政丛
书"⑤，并无先例可借鉴，直译并附双语术语实属难能可贵，也是当时
较为常见的通行做法。为解决不同译者在术语翻译时使用不同术语带来
的阅读混乱，在1911年，严复受聘担任清学部名词馆总纂，"并添派分
纂各员分任其事。由该总纂督率分门编辑，按日程功，其一切名词将来

----

　　①　湖北法政编辑社.《法政丛编》第15种殖民政策[M].东京：湖北法政编
辑社，1905：1.
　　②　湖北法政编辑社.《法政丛编》第2种国法学[M].东京：湖北法政编辑
社，1905(例言).
　　③　湖北法政编辑社.《法政丛编》第4种(上)民法总则[M].东京：湖北法政
编辑社，1905(例言).
　　④　湖北法政编辑社.《法政丛编》第2种国法学[M].东京：湖北法政编辑
社，1905(例言).
　　⑤　翟海涛：《中国近代第一套大型法政丛书〈法政丛编〉译出版考析》，载《出
版发行研究》，2012年第9期，第95-97页。

奏定颁行之后，所有教科及参考各书，无论官编民辑，其中所有名词有与所颁对照表歧异者，均应一律遵改，以昭画一"①，为确定和统一科学术语的译名做出了很大努力。

在直译不足以解释清楚的情况下，译者的阐释和解释对读者来说就很重要了，《法学通论》例言"法理精深，解释匪易。编者学浅时促，但求阐明其理，文字工拙，在所不计"。② 语言形式上丛编采用的是浅显的文言文，较为通俗易懂。摘录正文中部分文字如下：

> 夫由前之说，则我国民限于最危险之状态，由后之说，则我国民尚有可振兴之机会。存亡所关紧，系于一发。此全视我国民之决心与毅力。以为断存则为勃兴之日。本不十年而推到世界专制之两大帝国。亡则为犹太，为波兰，为埃及，为印度、安南、朝鲜、台湾地区之续而已，固我所不忍言者焉……过而不掩泪流涕痛心疾首投决拔剑而起者，吾决其非吾中国人也。③

这一点和丛编的读者面向有很大关系，其主要作为教材使用，专为普及之用，面向晚清学习新学的众多学子，在语言上和当时严复所用之古奥译文有很大差别。

四、法政编辑社的影响与局限

湖北法政编辑社作为临时性的翻译机构，其编译行为对普及政治法律知识方面起到了很大的作用，也是对前期江南制造总局编译的格致之书，以及张之洞所倚重的兵学、制造学等实学译书的有效补充。法政编辑社成员回国后很快成了法政行业的中坚力量。如叶开琼回国后任教育

---

① 佚名：《学部奏本部开办订名词馆并遴派总纂折》，载《浙江教育官报》，1910 年第 18 期，第 172-173 页。

② 湖北法政编辑社.《法政丛编》第 1 种法学通论[M]. 东京：湖北法政编辑社，1906(例言).

③ 湖北法政编辑社.《法政丛编》第 15 种殖民政策[M]. 东京：湖北法政编辑社，1905：8.

部金事，在 1910 年还编译出版了《中国经济全书》。

《法政丛编》也存在着诸多不足，首先，该丛书翻译时间仓促，"学浅时促"，①"匆促脱稿"，②"时日迫促，凡宗教、教育、军政、财政等类概从简略"③，或许有的是译者的谦辞，但这样的一套大型丛书在 3 个月左右的时间内就出齐了 17 种，且学员并非专职译员，而是在接受培训的闲暇时间内完成，这一情况却是不争的事实。时间紧、非专业译者的结果就是部分章节内容有待进一步优化，例如《殖民政策》第四章第一节"就各国最近政策变更上证明殖民之重要"小标题长达 17 个字，几乎等同于一句话，不够简洁，改为"政策变更与殖民"或更符合内容。第六章第三节的内容方面也有类似不一致、不协调的情况。④ 其次，在具体的译词上，主要采用直译，存在译词较为生硬、表述混乱和术语不统一的情况，如"里"的表述就有"里、方里、英里、海里、华里、口里"等⑤，且译者"越在海外，无从得旧书籍参阅"导致"所译地名与内地书籍不无异同"⑥。最后，书中内容和理论大多从日语转译而来，并非从原语直译。转译行为历经多次符号转换，其间伴随的增删、改写等情况，会产生"二次变形"。⑦ 且速成班学员在日本求学时间只有一年，多数还是出自从科举制度中脱颖而出的旧学界，对"西法"的理解不可能太深入，其译作也多属浅显之作。作为思想的先导，湖北法

① 湖北法政编辑社.《法政丛编》第 1 种法学通论[M]. 东京：湖北法政编辑社，1906(例言).
② 湖北法政编辑社.《法政丛编》第 2 种国法学[M]. 东京：湖北法政编辑社，1906(例言).
③ 湖北法政编辑社.《法政丛编》第 16 种政治地理[M]. 东京，法政辑社，1906(例言).
④ 湖北法政编辑社.《法政丛编》第 15 种殖民政策[M]. 东京：法政辑社，1905(目录).
⑤ 湖北法政编辑社.《法政丛编》第 16 种政治地理[M]. 东京：法政辑社，1906(例言).
⑥ 湖北法政编辑社.《法政丛编》〉第 16 种政治地理》[M]. 东京：法政辑社，1906(例言).
⑦ 谢天振.《译介学》增订本[M]. 南京：译林出版社，2013：122.

政编辑社的编译活动具有领风气之先的重要意义。它首次系统性地大规模引入西方法政学说，为清末兴办各类新式学堂提供了大量的教科书，促进了法政类的知识生产和传播，"对清末的宪政改革乃至中国的近代化转型都有着极大的推动作用"。①

第七节　湖北舆图总局

一、湖北舆图总局与武昌舆地学会

1891 年，张之洞在武昌成立湖北舆图②总局，聘请出身于舆图世家的邹代钧担任总纂。邹代钧曾作为随员，在英国和俄国等地期间收集西方世界所印刷的各种地图册，并研究其制图方法。地图的编撰涉及实地测量、绘制、印刷等方面工作，在晚清近代科学比较落后的情况下，尤为艰难。在同汪康年的书信中，邹代钧曾提及实地测量的艰苦情形：

> 顷见诸君，卫涉波涛，出入荆棘，风霜雨雪，尚所不计。南边荒埫，即谋一粗粮，须买米于十里内外，往往薄暮抵寓，午夜不得一餐，夜宿均古庙荒祠，风声鬼声，破壁四入，幸仆从尚多，暂安栖止。钧曾与同住，心为恻然。③

邹氏不辞辛劳，在 1894 年编绘出《湖北全省分图》，深受张之洞赞赏。其后，邹氏留任新成立的湖北译书局海国地理编辑员。在官方机构

---

① 翟海涛：《中国近代第一套大型法政丛书〈法政丛〉译出版考析》，载《出版发行研究》，2012 年第 9 期，第 95-97 页。

② 舆的意思是车的底座，用来承载物体的，因为地图上载有山川、城镇、四方地物，所以古人就把地图叫作舆图，把地理学叫作舆学。"以地为舆"，能较充分地反映当时的历史、地域的全貌，是研究社会、经济、疆域变迁发展的重要材料。

③ 上海图书馆. 汪康年师友书札 3[M]. 上海：上海书店出版社，2017：2410，2411.

任职的邹代钧虽然得到张之洞的赏识，但为了完成庞大的地图编译计划，仍需借助民间资本以及"地理学共同体"①的协助，以解决力量、资金的不足。1895年，邹代钧同《时务报》主编汪康年商议后，拟成立译印西文地图公会，并在《时务报》上刊登公会章程，希望借助社会和同仁的力量完成中外地图的翻译和编制工作。邹代钧认为现有的中文地图如《瀛寰志略》《海国图志》等在制图方法与清晰度等方面均较为落后，"山川形势仅得仿佛"，希望按照一定的比例，"以京师中线为起数"，将在国外收集到的各国地图进行翻译和印刷：

> 蒙所见华文地球各国舆图有《瀛寰志略》本，《海国图志》本，制造局《地球图本》，皆照西人原图译出，然辗转绘刻，不无差移；且分率过小，山川形势仅得仿佛……乃悉意搜单行之幅，得俄人所作中亚西亚、西比利亚二图，英人所作印度、缅甸、暹罗及北亚美利加、南阿非利加等图，法人所作越南图，德人所作南洋群岛图、阿非利加洲图，均称精详，足补图本之缺。兹不揣固陋，拟以图本为底稿，其略者则增入。各单幅尽行译绘，付之石印。比例略归一律，以中尺二寸为一度，合一百八十万分地周之一。以京师中线为起数，市镇满五百人者载之。险恶均载。约南北一尺，东西一尺四寸之幅，四百余纸。②

邹代钧对译印国内外地图的构想非常宏大，希望能够穷尽现有世界之最新地图，分次印刷，实行先国内后国外的绘制策略，其规划如下：

> 于天下山川险要，道路远近，海口形势，可一览无余，似为当今切要。惟工程浩大，需费颇巨，非一人之力所能办。谨将图目并

---

①　邹振环. 晚清西方地理学在中国：以1815年至1911年西方地理学译的传播与影响为中心[M]. 上海：上海古籍出版社，2000：322-330.

②　邹代钧：《译印西文地图公会章程》，载《时务报》，1896年第1期，第1-3页。

招股章程列后，凡我同志，幸为将伯之助。

一　全图告成，计日颇久，若俟底本尽出，始行开印，则不特同人殷盼，即海内留心时务者，亦翘企为劳。今拟分三次出图：初次成东三省、蒙古、新疆兼俄罗斯亚洲地图百幅(并大地总图一幅)，需时一年；二次成内地直省各图二百六十幅，需时一年半；三次成亚洲之一百一十一幅，欧洲之五十四幅，阿洲之三十一幅，澳岛之八幅，美洲之九十一幅，各海洋及两极下之十二幅，需时二年。按次逐印，装潢精美；分之则各自为册，合之则成全部。①

邹氏也考虑到对地图的修订与重译，注重地图的实时更新，"各国疆界建置有改变，山川有新测者，即购新图重译"。他将地图公会定位为非营利组织，借助同人的力量成立"地理学共同体"，推广地图学：

一　售价：初次所成百幅，每份价十三元五角，全图每份八十一元；如千份售完，除清还本利及重印补给二次股份外，所存之款，以之重印原图(如各国疆界建置有改变，山川有新测者，即购新图重译，更正底本，并与泰西地理公会订约，互相考究)。凡中外新出舆地图书必购存之；应译刊者即译刊。以行名存款曰舆地社款。天下有志舆地学者，均可入社共相切磋。除办事人照章支薪外，讲学之人均须自备资斧，此款永无入私囊之日，用以购刊图书，推广此学。②

1898 年戊戌变法失败后，朝廷禁止一切学会，邹代钧将之改名"舆地学社"，待风波过后，又将机构改名为"舆地学会"，继续出图。舆地学会的人员主要有两部分人组成，一是邹的家人，如其叔父邹伯

---

① 邹代钧：《译印西文地图公会章程》，载《时务报》，1896 年第 1 期。
② 邹代钧：《译印西文地图公会章程》，载《时务报》，1896 年第 1 期，第 640 页。

宗、侄邹续旦、邹焕廷等，二是邹的好友，主要是当时的维新人士，包括陈三立、汪康年、吴德渊、曾亦坝、欧阳梅溪等人。"武昌舆地学会不仅是湖北最早的自然科学研究学会，也是全国最早的自然科学研究团体之一。"①作为中国最早的地图编译机构，舆地学会的成立标志着中国地图编绘出版事业从"纯官办和收藏转而由半官方及民间社团与个人办理，并进而公开出版"的演进路程。②高雅洁将晚清地理图说按照其出版机构的性质分成教会、政府官办和民营三个系统。地图的编译首先是教会，而后是政府官办和教会系统并立存在，在 20 世纪初，则是民营出版机构空前兴盛的时代。③武昌舆地学会的成立和发展同国内翻译机构的发展和演进具有同步性。

二、舆地学会的编译工作

舆地学会成立后，就着手开始地图的编译和出版工作。1897 年，学会编译出版西伯利亚、中亚细亚地图共 94 幅。1903 年在张百熙的赞助下完成了《中外舆地全图》的出版工作，张百熙建议邹代钧的地图印刷计划采取分步走的策略，先行印刷一部分作中小学堂课本，"庶其使海内学子，无智无愚，均一览而知天下万国之形势矣"④，并当即为京师大学堂预订两千册。《中外舆地全图》在编排上以地图为主，以文字为辅，文字部分仅作附注使用，与晚清文字为主的地图有很大不同。全图共有 68 幅，由"全球大洲图""大清国图"与"各国图"等 3 部分构成。其中全球大洲图共计 15 幅，包括"亚细亚洲""欧罗巴洲""阿非利加洲""北亚美利加洲""南亚美利加洲"和"海洋洲"。大清国图包括"皇朝一统图"1 幅，各省图 24 幅，共计 25 幅图。各国图共计 28 幅，其中包括

① 罗福惠. 湖北通史：晚清卷[M]. 武汉：华中师范大学出版社，2018：562.
② 周岩：《邹氏家族和我国近代地图绘出版事业》，载《出版史料》，1989 年第 4 期，转引自宋原放，汪家熔辑注《中国出版史料：近代部分(第 2 卷)》，武汉：湖北教育出版社，2004 年，第 648 页。
③ 高雅洁. 晚清汉译地理图说考述[D]. 复旦大学硕士论文，2011(绪论)。
④ 张锡昌：《记二十世纪初的〈中外舆地全图〉》，载《社会科学报》，2001 年 8 月 9 日，第四版。

2 幅太平洋群岛图。① 国外地图主要以德国人所作地图为底本，但邹氏在编译时，并未采用通用的格林尼治子午线做中线，而是进行了改写和重构，将其改为以中国京师午门为中线，或许也是其爱国心使然，期待中国成为世界地理的中心。

邹代钧了解翻译的不易，尤其是专门学科，他指出"专门之学，译之亦不易也。缘中国习西文者，大抵讲求公事而已，专门未尝及也。且专门一人仅能译一门，万无兼译之理，非本货充拓，多招译者不可"。② 在翻译地图时，汪康年曾想保持原图不变，将地图中的西文改为中文即可。对此，邹代钧提到中西地图在分辨率、经度以及中线的确定等方面有诸多不同，翻译地图并不只是将地名改译即可。这表明邹氏对地图翻译实践中涉及的复杂翻译行为，如符际翻译，地图与政治等有着朴素的认知："只将原图覆到，涂西字写华字。万无此办法，分率不同，经度不同，岂有如是求速之理？此图钧已改作华里，以便量算，万不肯苟且了事。"③邹代钧也非常注意地名翻译的前后统一问题，例如他在校对《西图译略》时就提出"将全书交鄙人校阅一次，将其中地名改归画一，免致译音歧出耳"。④ 对于地图中的各国地名之翻译使用"字画少而合音者"，使之通俗易懂，尽量采用已译的地名，而且重新编辑地理志，列出术语对照表。

> 计译音(地名字数有甚繁者，入图占纸位颇多，今拟用字画少而合音者为地名，庶写者易于明白；但地名之字不能尽与前人已译者合，拟再编地理志，附图而行，于每地之下，则详注某书为某

---

① 刘家信：《舆图世家和〈中外舆地全图〉》，载《地图》，2015 年第 3 期，第 60-67 页。

② 上海图书馆. 汪康年师友书札 3[M]. 上海：上海书店出版社，2017：2417.

③ 上海图书馆. 汪康年师友书札 3[M]. 上海：上海书店出版社，2017：2469.

④ 上海图书馆. 汪康年师友书札 3[M]. 上海：上海书店出版社，2017：2414.

名，并注其地距国都之方向远近，及本图之经纬度分，今绘图但取其易写而已，惟前后互见者必归一律）。①

随着邹氏地图的流行，其所编译的地理名词逐渐被大众所使用和接受。特别是经学部审核的《世界地理》三册教科书中，指出地理名词的翻译应以"邹氏舆地学会图为主"，以便后续统一名词所用。清学部后续更是直接将《中外舆地全图》作为中学课堂教科书使用，为地理名词的翻译和统一设定了样本。

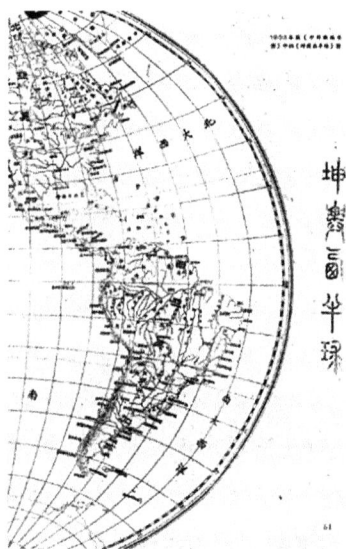

图4-9　1903年版《中外舆地全图》中的《坤舆西半球》

"世界地理志三册，日本中村五六编，顿野广太郎补，栖田保熙译。此书首卷总述数学地理、自然地理、政治地理三类之学，明晰精详，为他书所未有。编次各国地理，亦得纲要。所有岛名、人名及各名词附以洋文，尤见精善。译笔亦雅驯，可作为中等外国地

---

① 邹代钧：《译印西文地图公会章程》，载《时务报》，1896年第1期，第1-3页。

理教科书。惟地理各译音，当以邹氏舆地学会图为主，庶可渐几划一，教员可随时照改，并望有人重译之。"①

细察《中外舆地全图》中的外国地名，与现代所使用的译名大多非常接近，例如大西洋、太平洋、地中海、黑海、土耳其、希腊、亚得里亚湾等，舆地学会的编译行为为汉译地名的初步统一做出了贡献。

三、舆地学会的延伸

除《中外舆地全图》外，舆地学会编译出版的地图还有《西伯利亚、中亚西亚地图》《五洲列国图》《外国地理图》《东洋历史地图》《五洲总图》《列国暗射图》《五洲暗射图》等。在编译地图出版的后期，邹代钧因病不能主事，武昌舆地学会随之解散。后续地图出版由成立于1899年的武昌亚新地学社接手，该学社持续经营30年之久，"并在上海、南京、广州、长沙等地设立了分发行所，共出版各类地图、地学书刊200余种，对湖北和全国的文教、科技乃至抗日战争事业都起到了不小的作用"。②

第八节　近代湖北其他翻译出版机构

武昌质学会和武昌翻译学塾也是近代湖北重要的翻译出版机构，但是由于史料匮乏，论者寥寥，本节作将作简要论述。另有湖北沔阳慎始基斋，因其与严复《天演论》出版有关，此处一并提及。

一、武昌质学会

武昌质学会是1897年在湖北创立的一个学术性团体。戊戌之际，

---

① 佚名：《学部审定中学教科书提要（未完）》，载《教育杂志》，1909年第1卷，第1-8页。
② 罗福惠. 湖北通史：晚清卷［M］. 武汉：华中师范大学出版社，2018：563.

广大知识分子随着民族危机日益加重，越来越认识到结合群力对于民族自强之重要性，遂在全国范围内形成了保国会、圣学会、粤学会、蜀学会、闽学会、陕学会等各种学会。① 湖北质学会也是这次浪潮中由一些新型知识分子组成的民间团体。质学会成立的动因是"爰聚同人，分科肄习，以作士夫之气，以问风气之先"，其宗旨则在于"劝学务，崇质实，毋骛声华"，② 体现了近代西方分科治学思想影响下的学术观，以及对实业、实学的重视。在其章程中，明确提出学会共设十四科，具体包括：

> "一曰经学，须知六经皆圣人经世之书，西国富强之术，不能出其范围；二曰史学，宜分事实、典制两门，考求事实，乃中西古今政迹，典制则官制学校国用之属；三曰法律学，兼通中西刑律，各国公法，各国条约章程，遇有交涉案件，可与争执；四曰方言学，兼通中西语言文字,，以备翻译西书；五曰算学，以下诸学皆需算理，须通贯中西，元代微积，以及静重动重诸说；六曰图学，西国各学，既以算学为权舆，又必有图说以明之，故列为专门；七曰天文学；八曰地学，地球各国疆域、国土、山川、险要、记里、错互，皆宜详究；九曰农学，兼讲内地土宜，及泰西农器、新法种植各书；十曰矿学，查验各省矿质，比较各国矿产，博求各国分矿、炼矿之道；十一曰工学，如中西各厂、各学堂所讲营建工程、制造法式之类；十二曰商学，中西物产，税则图法，货物出入，水陆口岸，以及公司银行之利权，并宜详究；十四曰格致学，宜分声光化电重汽数门，以能著新书，创新法，制新器为要"。③

十四门大多兼顾中西，尤其提及方言学之重要，并提出学习中西语

---

① 关于清末学会成立之背景与具体状况可参阅张玉法《戊戌时期的学会运动》，载《历史研究》，1998 年第 5 期，第 5-26 页。

② 《武昌质学会章程》，载《知新报》，1897 年第 25 期。

③ 《武昌质学会章程》，载《知新报》，1897 年第 25 期。

言之目的在于"翻译西书"。而具体到质学会的事业则有藏书、刻书、办报、著述等四端。其中也提及现存西书中译存在的问题，倡导译创兼为之事业。略谓：

> "凡有四端：或就彼原书，加之删润，近出西书，多裨实用，译者不文，难期行远，若有能文者，删其繁芜，存其实事，不可观也。或搜萃散佚，汇成宏编，经世之文，近出益多，搜辑编纂，责在吾党，或自具条例，甄综西事，华文西史无佳音，若有详于西人典章者，仿《史》《汉》八书十志之例，作为《泰西会要》一书，或有详尽西国古近事者，仿袁枢《纪事本末》之例，作为《泰西纪事本末》一书，亦不朽盛业也。或究察利弊，著为论说，数年而后，当有成书，果裨实用，公付削厥，刻成之后，永存公所，不归私家。"①

但由于史料缺乏，尚无法确定质学会出版译著的具体篇目。

二、武昌翻译学塾

"翻译学塾"又称"武昌翻译学塾"，是在湖北武昌设立的翻译教育和出版机构。黎难秋等学者将其列为近代翻译出版机构之一，② 亦有研究指出晚清湖北选送赴美参加万国博览会的 22 种翻译图书中有部分是由翻译学塾编译，而且图书资料中还附有翻译学塾章程。③ 据查 1904《湖北学报》第 2 期刊载有《湖北学务汇录：禀报开办翻译学塾请批示立案由》《湖北学务汇录：翻译学塾课表》以及《湖北学务汇录：翻译学塾

---

① 《武昌质学会章程》，载《知新报》，1897 年第 25 期。

② 黎难秋. 中国科学翻译史［M］. 合肥：中国科学技术大学出版社，2005：335.

③ 参阅郑文红《从武昌洋务译书局丛书的史料挖掘看自强——方言学堂参与的翻译活动成果》，文献获取网址：http：//gzw. lib. whu. edu. cn/pe/ghgz/ShowArticle. asp？ ArticleID＝1324

简明章程》等。可惜因文献无法获取，而未能确定哪些图书是由翻译学塾译出，亦未能明了翻译学塾创办始末。现有关于翻译学塾所译图书的直接记载见于顾燮光撰《译书经眼录》，如下：

《原师》一卷（武昌翻译学塾洋装本，一册）

日本泽柳政太郎著，武昌翻译学塾译。全书凡十二章，专言教育重要，将来资格效果规则各事。观其绪论中言日本小学校教员至六万千有余名，宜其强矣。

《格致地理教科书》一卷（武昌翻译学塾洋装本）

英博士阿克报尔著，仇光裕、严保诚同译。全书分八章，发明天地自然之理，由浅入深，井然有序，为各专学必由之轨，于地矿、格致、汽机诸理，皆扼其要。盖地文学之书也，作者以教习率诸生于休息日清游起，设数问题逐段解明，引人入胜于不觉，颇得循循善诱之理，惜译笔稍冗，当删润之，卷首附图四张，共二十一小幅，皆与本书中有关涉者。①

从能查到的《原师》和《格致地理教科书》两本书来看，武昌翻译学塾所译书籍似以教科书为主。

三、慎始基斋与《天演论》的出版

《天演论》对近代中国士人影响巨大，而且版本众多。一般而言，湖北沔阳慎始基斋于 1898 年 6 月刊行的《天演论》是成书"最早的版本"②。全书为木刻线装，分上下两卷，封面镌刻着"河阳庐氏慎始基斋刊行"，版心镌"慎始基斋丛书"，卷末附有"沔阳庐弼校字"。该刊本《译例言》最后一段简要说明了全书的出版过程：

① 转引自王扬宗校《近代科学在中国的传播》（下），济南：山东教育出版社，2009 年，第 861 页。
② 耿心：《清末民初〈天演论〉版本及其时代特征》，载《文献》，1996 年第 2 期，第 236-238 页。

　　　　"是编之译，本以理学西书，翻转不易，固取此书，日与同学诸子相课。迨书成，吴丈挚甫见而好之，斧落征引，匡益实多。顾惟探赜扣寂之学，非当务之所亟，不愿问世也。而稿经新会梁任公、沔阳卢木斋诸君借钞，皆劝早日付梓，木斋邮示介弟慎之于鄂，亦谓宜公海内，遂灾枣梨，犹非不佞意也。刻讫寂津复斠。乃为发例言，并识缘起如是云。"①

　　从这段叙述可知，该版本是严复听取吴汝纶、梁启超等人的修改意见之后，修订而成。其中提及的"木斋"即卢靖。② 当时，卢靖与严复同在天津武备学堂供职，两人交好，卢氏在阅读严译《天演论》之后深为折服，遂将该书寄给远在湖北的弟弟卢弼（文中提及的"慎之"即卢弼），并由后者在其开办的慎始基斋刊刻③。

　　1898 年严复《天演论》在湖北沔阳卢氏的慎始基斋正式出版，当时的湖北已成立了自强学堂译书处（1896 年），为何没能抓住机会出版这一影响巨大的近代译著，进而扩大官办译书局的社会影响力？原因可能是多方面的。首先很有可能张之洞及其幕府人员并未见到《天演论》的手稿。虽然《天演论》的部分内容在严复主办的《国闻汇编》上刊载过，但只出版过 6 期，存续时间较短，且远在天津，因此不为湖北官办书局所知。但更深层的原因可能是严复和张之洞等人在救亡图存上的路径上存在巨大分歧。据严复年谱，④ 1895 年，严复有感于甲午战败的刺激，愤而著《原强》《救亡决论》《辟韩》诸文，并开始从事《天演论》的翻译，未数月脱稿。在《辟韩》一文中，严复猛烈地抨击了君权专制，认为秦

---

　　①　严复：《〈天演论〉译例言》，载朱志瑜、张旭、黄立波编《中国传统译论文献（卷一）》，北京：商务印书馆，2020 年，第 232 页。

　　②　卢靖（1856—1948），字勉之，号木斋，湖北沔阳（今仙桃市区）仙桃镇人，著名教育家、藏书家、刻书家。

　　③　关于此版本的刊刻始末与内容参阅邬国义《〈天演论〉慎始基斋本探研》，载《华东师范大学学报（哲学社会科学版）》，1998 年第 5 期，第 13-19 页。

　　④　马勇. 盗火者：严复传[M]. 上海：东方出版社，2015：416.

代以来的君主的权力是从百姓手中窃取的，倡导"择其公且贤者立而为之君"。张之洞对文章中的观点大为不满，吩咐幕僚人员在《时务报》上发《辨〈辟韩〉书》对严复的观点进行驳斥，并提出要严惩严复。在存在巨大政见分歧的情况下，张之洞即使是见到了严复所译的《天演论》手稿，也不可能将其出版。张氏向来以能招揽人才，用人不唯地域而闻名，但对于政见不同的严复，无论在其成名前后，张氏均未将其收归门下。就严复来说，他对张之洞极为不认同，私下里称张是"妄庸臣子"，以后必是祸国之辈，并公开反对其中体西用的主张，还讽刺说"未闻以牛为体，以马为用者也"，① 故而也不可能接受张的赞助。严复后期的译著，如《原富》由南洋公学译书院出版，《群学肄言》由上海文明编译书局出版，《群己权界论》等均由商务印书馆出版。湖北的官办或民办翻译机构未能抓住严译这一在晚清具有巨大影响力的象征资本进而走向全国殊为遗憾。

---

① 黄克武：《走向翻译之路：北洋水师学堂时期的严复》，载"中央"研究院《近代史研究所集刊》，2005 年第 49 期第 17 页。

第五章　近代湖北翻译史专题研究：
总结与重审

一、近代湖北翻译史专题研究的总结与意义

近代中国，国弱民贫，饱受西方列强欺凌。面对此内忧外患、民不聊生的局面，人心思变，有识之士纷纷主张引进西学，革故鼎新，振国力以自强，而欲引进西学则需亟须翻译西书，译事因此大盛，翻译之学亦由此肇始。近代湖北作为华夏大地之一隅，其风气与发展亦与此大环境有关。当近代西方文明伴随着坚船利炮汹涌而入之时，当近代中国处于"近三千年未有之大变局"之时，湖北之发展亦为之一变。不过，相较于上海、北京等得风气之先的城市，湖北作为内陆城市起步则相对较晚。比如，近代上海不仅设立了全国第一个翻译机构——江南制造总局，而且在1860年以后发展成为西学在中国传播的最大中心，70%～80%的翻译机构设立于上海，全国译书总数77%出自上海，① 而成立于1888年的北京京师同文馆翻译处也领先于全国其他官办翻译机构，其编译的《万国公法》《富国策》等书在晚清产生了广泛影响。相比较而言，湖北的官办翻译机构成立时间大多晚于上海和北京地区，其所出版的各类翻译图书、报纸杂志等在影响力上也不及上海、北京等地。或许正因为如此，学界对近代湖北翻译史的关注相对较少。而实际上，19世纪末20世纪初期之湖北在教育、文化、工业等方面所发生的巨大变化足

① 熊月之. 西学东渐与晚清社会(修订版)[M]. 北京：中国人民大学出版社，2011：10.

以影响近代中国之发展。张之洞督鄂时期，湖北更是"由一个深居腹地、经济文化均处中等发达程度的省份，一跃而为晚清全国最重要的工业、教育、文化中心之一"。① 至辛亥革命时期，湖北在近代中国之影响力已达至极高地位。这一切都离不开翻译的作用。

正因为如此，本书选取近代（1840—1911）湖北为时空坐标，整合翻译学和历史学理论，运用跨学科研究方法，从译人译事、译报译刊、翻译出版等三个方面开展断代史研究，旨在以翻译为入口，从知识史和思想史的层面，探寻湖北人士如何借助翻译在中西、古今之间进行知识再生产，进而拓展湖北区域史研究的新面向。通过研究发现，近代湖北翻译呈现出三个特点：其一，在翻译对象方面，以非文学翻译为主。众所周知，中国古代的翻译实践以佛经翻译为主，至近代逐渐出现自然科学、人文科学和文学翻译并存的局面。而近代湖北在注重实学、讲求实务的大背景下，实用性翻译渐渐占据主导地位。这种倾向不仅表现在湖北籍翻译家大多以专门性学问家为主，而且表现在湖北所创立的各种译报译刊和翻译机构亦以法政、农商、警察、教育、舆图、军事、外交等为主要内容。虽然戢翼翚、闻一多、李伟森、闻家驷、叶君健等人兼事文学翻译，亦有《扬子江小说报》作为文学类期刊，但总体而言并非主体。其二，在语言选择方面，以日语为主，以英、法等其他语言为辅。不变革则亡国灭种的历史紧迫感促使近代智识分子产生了舍欧美而学日本以求"速成"的思想。张之洞在《劝学篇》中对此论述最为切要："西书甚繁，凡西学不切要者，东人已删节而酌改之。"② 又说"我径取于东洋，力省效速"。③ 在这种观念指引下，部分人士输入西学时并非直接取自欧美等，而是转道日本。事实也的确如此。据统计，在1880—

---

① 吴贻谷. 武汉大学校史 1893—1993[M]. 武汉：武汉大学出版社，1993：2.

② 张之洞. 劝学篇·外篇[M]. 长春：吉林出版集团有限责任公司，2010：6.

③ 张之洞. 劝学篇·外篇[M]. 长春：吉林出版集团有限责任公司，2010：6.

1940 年约 2204 种日文著作被译为中文。其中 1850—1889 年从日文翻译的作品占译入中国作品总量的 15.1%，到 1902—1904 年这一数字高达 60.2%，而 1912—1940 年也有 18.2%。① 近代湖北的各种译报译刊和翻译机构的翻译实践表现较为明显。一方面，相当一部分近代湖北译报译刊在日本创刊，或者由留日学生创刊，另有部分官办和专业性译报译刊也或聘请日籍译员或大量转译日文报纸杂志的报道。另一方面，许多近代湖北翻译出版机构所译书籍和教科书中有相当多的种类是以日语为原文。其三，从具体翻译方法而言，翻译馆译书时，通常采用日/西人和中国学者合作的方式。先由日/西人通读全书，了解书籍内容，然后与中国学者合译。一般做法是，先由日/洋逐句译成华语，由中国学者笔录，如遇疑难处，则共同商议。译毕，由中国学者对初稿进行润色，使其合乎中国文法。一些重要的著作，在发稿刊印前，由中国学者再次核对，一般书籍则不一定采用这个办法。在翻译策略方面，译者根据需要增删内容或加入个人评论，或将多种源文整合，以己意贯穿始终，是较为常见的做法。

　　就其研究意义而言，本研究依托湖北区域翻译史，在史料挖掘同时，注重理论建构，可助力区域翻译史研究。首先，本研究能够丰富翻译理论与实践史。近代湖北翻译实践中有大量转译现象，而近代湖北士人关于翻译本质、功能、策略和语言形式的思考与论争以及近代湖北籍翻译家的翻译实践，对丰富学界关于翻译的认识和翻译实践史知识积累意义重大。其次，本研究能够拓宽湖北的区域翻译史研究。以湖北区域翻译史专题研究为基础，综合运用文化史、思想史、教育史、出版史、新闻报刊史等领域的史料和研究方法，考察湖北士人在近代中西思想激荡、古今时代交替历史进程中所扮演的角色及其知识生产过程，将有利于开拓地方史研究新面向。再次，本研究利于彰显湖北文化底蕴。翻译是近代引进西学、传播新知的重要途径，以史学的眼光考察湖北近代翻

---

　　① Tsien, Tsuen-hsuin. Western Impact on China through Translation[J]. *The Far Easter Quarterly*, 1954, 13(3)：318-319.

译活动，或可丰富湖北地方史研究，凸显湖北作为近代辛亥革命首义地的历史价值，并探究由翻译引进的西学与近代湖北革命思想之间的互动关系，进而彰显湖北的文化底蕴。最后，本研究能够为当下提供历史的鉴镜。通过深度挖掘湖北地方翻译史料，尤其是当时关于翻译教育政策、翻译出版政策以及翻译人才培养方法等史料，反思其历史经验，或可为今日地方文化外译以及翻译人才培养提供历史鉴镜。

二、近代湖北翻译史专题研究的不足与局限

当然，本研究也存在种种局限。首先，本研究的史料运用有较大局限。本研究撰写的基础和重点之一是搜集和挖掘与湖北翻译实践相关的重要史料。理想状态下，本研究应该综合运用文化史、教育史、出版史、地方志、回忆录、个人笔记或日记等各种研究文献和原始文献，而且最好能够参考日语和德语等相关学者的研究成果。虽然我们已经尝试尽可能多地掌握各种电子研究文献和一手档案资料，通过借助网络数据库、国家图书馆和各地档案馆，吸纳多语言研究者等解决此问题，但是研究者视野和语言能力，以及史学方法训练的不足，本书中所实际运用的史料较为有限。

其次，本研究论及的内容有待拓展。本书从湖北籍翻译家的翻译实践及其翻译思想、湖北译报译刊和湖北翻译出版机构三个专题切入。限于篇幅和研究时间，在译者研究方面只涉及了戢翼翚、冯承钧、闻一多、王亚南、李伟森、闻家驷、叶君健等，实际上还有李汉俊、刘英等。在译报译刊研究方面，多以留日学生群体和官办报刊为主，而当时还有各类外报和民报(如《绎志汇报》《绎言报》《新译界》)等报刊，在本书中均未涉及。此外，本书中所论及的报纸杂志和翻译机构多限于武汉地区，武汉以外地区的探讨较少。还有部分机构，如武昌翻译学塾等，虽然有所提及，但限于史料，仍然有待深入。

再次，区域翻译史研究仍然有待系统深入的理论建构，本研究需要同时兼顾理论架构以及研究实施，可借鉴的成果相对较少。区域翻译史研目前较为碎片化，也缺乏理论层面的建构，本课题尝试以湖北翻译史

为依托，既注重具体研究也尝试进行理论建构。以翻译为主线，在近代湖北的历史时空坐标下，从译人译事、译报译刊、翻译机构等层面形成关于近代湖北的翻译史研究。但翻译之道绝非简单地将一种语言转换成另一种语言，而是涉及源语文化与译语文化、原作与译作、原作者与译者、翻译赞助人与目标读者、翻译目的与翻译规范等多重主体和要素之间的互动。近代中国之翻译尤其如此。出于传播西学、开启民智的目的，经世致用成为当时许多译者从事翻译实践的重要价值取向，无论是拟译文本的选择，还是文本内容的增删，抑或译者的其他"操纵"行为均在此大原则下进行，由此构成了纷繁多样的翻译现象和灵活多变的翻译规范。如何在一个相对完备且统一的理论框架下兼顾多种要素，对近代湖北翻译实践的微观层面进行描写，尚有待展开。

最后，也是最需要注意的是史料的运用。近代著名历史学家陈垣在论及历史研究方法时曾指出"史料愈近愈繁。凡道光以来一切档案、碑传、文集、笔记、报章、杂志，皆为史料。如此搜集颇为不易"。① 因此，他认为要想尽可能全面、彻底地搜集史料，最好是分类进行研究（也即按照专题来研究），因为"分类研究，收缩范围，按外交、政治、教育、学术、文学、美术、宗教思想、社会经济、商工业等，逐类研究，较有把握。且既认定门类，搜集材料亦较容易"。② 关于翻译研究史料问题，中国香港学者孔慧怡在《亚洲翻译传统动向》中的一段话尤具启发性：

> "笔录传统留给我们的是大量的历史文献，但因为任何记载都反映记录者和他的年代的特定看法和价值观，所以我们面对的挑战，是如何分析记载中的主观和客观成分，从而对事情得到比较真确的了解；同时我们也要承认，历史材料有很大的偏向和局限，因此即使在笔录传统，也有某些关于翻译的层面是缺乏记载的。此

---

① 陈智超注. 陈垣往来书信集[M]. 上海：上海古籍出版社，1990：380.
② 陈智超注. 陈垣往来书信集[M]. 上海：上海古籍出版社，1990：380.

外，因为翻译活动一般都不是史料的重要主题，因此我们要得到有关的材料，就要涉猎种类和数量极庞大的古籍，从不同的记载中寻找相关的一鳞半爪，希望可以由此拼凑出一幅比较完整的画面来，这可以说是渔翁撒网的做法。要处理数量庞大的传统资料，是一项极大的挑战。"①

　　孔氏此说一方面提醒了我们需要注意史料获取、甄别和使用过程中可能存在种种困难，警告我们需要在"大胆假设"的同时"小心求证"。同时，也从侧面说明，跨学科、跨国度或跨地区的区域翻译史的必要性。当然，"写史并不只是收集历史资料，更重要的是找寻各种历史事件的意义与模式，让我们对整个题目和相关的事情达到更深的了解"。②也即是说，历史书写绝非单纯的大事记或资料汇编——尽管这样的工作对历史研究而言也非常重要，但是需要重视在单个或相关历史事件背后所隐含的规律，以达致"通"的境界与目的。对"通"或者说系统性的追求随着现代科学观念的普遍化而受到各学科的追捧，但是历史与其他学科之不同在于，它是"一趟过"的，此历史事件与彼历史事件之间究竟存在多大的共性、意义或模式，尚需研究者谨慎断言，以免在找寻历史实践的意义与模式的过程中出现穿凿附会、强古人以就我的问题。而对于翻译学者而言，无论采用何种研究路径，研究者在史料选择、问题提出、史实还原或阐释等方面都需要注意区域翻译史的重心和落脚点是翻译问题。这或许是本研究最需要深入和注意的方面。

---

① 孔慧怡、杨承淑．亚洲翻译传统与动向[M]．北京：北京大学出版社，2000：8.

② 陈智超注．陈垣往来书信集[M]．上海：上海古籍出版社，1990：380.

附　　录

附录一　梁任公：湖北在文化史上之地位及将来责任

（1922 年 8 月 30 日）

　　诸君，二十里年前，兄弟因张文襄聘充两湖书院教授，曾到湖北一次。后因应湖南之聘，勾留鄂渚十余日即行赴湘。今日重与诸君聚首，首补从前与鄂人士讲学之未了缺憾，非常愉快。今日所讲为湖北在中国文化史上之地位及将来责任。因时间过短，故就其大概言之。

　　中国文化向分二源，即黄河与长江两大源流是也。黄河流域之文化代表，即河南、山东；长江流域之代表，即湖北、江南。而湖北因地处南北要冲，为中国枢纽，所以在中国文化史上之地位，不特为长江文化之主，而且为融合二源文化之媒介。就历史上考察，春秋之时，楚国即在武昌建都。三国之际，孙吴亦在武昌建都。其文化之进步，咸发源于此。又以人物上之考证，老子庄子为中国之大哲学家，即世界各国亦所公认。老庄之产地虽难考察，而其为楚人则无疑。此湖北文化史上最著名之人文也。他如屈原著离骚，诸葛亮以文学家而兼长政治经济之学。然犹有为佛学界之鼻祖而为常人所未及知者，则为道安。道安襄阳人，有弟子数百人。今日住此山，明日住彼山。专研佛学，但彼本不识印度文字，而卒能将一切翻译错误之佛经谬误完全更正者，尤毫厘不差。最后中国之讲佛学者，皆推为开山祖师。其弟子等朝夕传道，一如空门弟子。然五胡之乱，苻坚以大军下襄阳，乃狂喜曰：余今日既下襄阳，又得此著名之佛学家，真幸事也。湖北文化史上之人物，其著名者有如此之多，所占地位，不可谓不重。但以中国全部而论，湖北与中国各省文化程度之比较，适成水平线，列于不高不低之地位。闲尝与友人作游戏，将二十四史中列传人物之籍贯综合，而用百分比例法比较之。自前汉之明末，湖北籍列传人物恒为百分之五。山东、河南在东汉时且有至百分之四十或三十余不等。至于云南、贵州、广西则其比较恒不及百分之一二。而最糟粕者则为我们广东，几文化之可言。但山东、河南等省在从前虽有百分之四十或三十余之比较，而唐宋以远，其文化且有不及百分之五者。惟湖北自汉迄明，适中为百分之五，既无所增，亦无所减。此其原因，亦颇有研究之价值。盖湖北局东西南北之中，风波所及，靡不受其催折。虽有控固之文化原质，究不能一跃而为中国文化之超等地位。譬之大树一株，根深蒂固，而日加以砍伐，则其枝干自无形受其影响，不能繁茂。又以其根深蒂固之故，遂能保持其原有之质。以故，湖北文化，始终无所增减。然而文化二字，本不限于科学已也。政治、经济亦文化之一。兹就政治而言，洪杨之乱，胡文忠公死守武汉，因而致胜。又辛亥之役，武昌首义，登高一呼，群山皆应，使辛亥以前十余年，未能达到之革命目的。一旦成功，不独推倒数百年之满清政府，且推翻两千年之君主专制政体。而建造此共和民国，湖北人牺牲许多生命财产，供给南北十余省军饷。"中华民国"乃得成立，是湖北在政治上之地位应列于中国各省之上。人格之高，无以复加。乃十余年来之民国，湖北地位，竟愈趋而愈下。观夫商场之繁盛，房屋之建筑，未尝不优于从前，而就精神上观之，则不特不如辛亥改革时之健全高尚，即以比张文襄公在鄂时亦有所不及。故，今日之湖北人，可谓受智识及精神与精神上之饥饿。此致饥饿之原因或受强有力之压迫，或为利禄所引诱。以致将辛亥革命时之人格，完全摧残无余。即改革时素负众望之人，亦为一二强有力者所利诱。且由利诱以致于压迫，所以将湖北人皆陷于万劫不复之境。我对于"民国"十一年来之湖北人，实为同声下泪。湖北人欲增高其地位，保持其最高人格。非设法抵抗武力之压迫与利禄之引诱，或者有一线生机。庶不负辛亥起义之苦心，致令前功尽弃。譬之产母育儿，生之而不抚，是必至于冻饿以死。则生之之功，俱归为乌有，又何贵乎生之耶。湖北人缔造民国，在中国各省之前，此后亦应同心努力，列于前峰，永久保持其高尚之地位，是则我所希望于湖北人者也。此湖北在中国文化史上之地位，大略如是。

至将来之责任，又有三焉：第一，湖北既首义缔造民国，应负永久之责任，俾跻于富强之域。第二，湖北不惟绾毂南北，而且居东西要冲，文化上应负调融之责任。使东南西北各部，均得以贯轮无阻。第三，则无附带义务。现在北京大学、东南大学，虽云办理完善，而其文化上之贯输，在北经典大学能普及于黄河流域，东南大学只能贯输于长江流域。东西两方竟无形阻隔。湖北将来川粤汉铁路成功。东西交通完全无阻，果能办一个完全的大学，与北大、东大相抗衡，则文化必能贯输于云、贵、川、桂、湘等省。而调融东西南北之文化义务尽矣。将来之湖北文化当不难跻身于最高上之地位。总之，湖北人受种种之苦痛，使文化顿形减色，要皆强有力者之压迫有以致之。我希望诸君兴强力与和奋斗，而自保其高尚之人格，恢复其文化之精神，则幸甚。惟今日因时间短促，特略述其梗概。本晚十点尚须赴湘一行，回鄂后再与诸君聚首。

（注：梁启超所作《湖北在文化史上之地位及将来责任》的演讲有多个版本。本文转录于《梁任公莅鄂讲演第一声：湖北在文化史上之地位及将来责任》，原载于《海潮音》1923 年第 4 卷第 2 期，第 7-10 页。除此之外，尚有齐永篪所记《湖北在文化史上之地位及其将来之责任》，载于《扬子江》1923 年第 2 期，第 80-84 页；华中师范大学档案馆馆藏档案号：中华大学—LS11—517。其中，齐永篪所记版本在字数和具体细节性内容上都和《海潮音》(1923 年版) 有所区别。

附录二　《劝学篇·广译第五》

十年以来，各省学堂，尝延西人为教习矣。然有二弊：师生言语不通，恃翻译为枢纽。译者学多浅陋，或仅习其语而不能通其学，传达失真，毫厘千里，其不解者，则以意删减之，改易之。此一弊也。即使译者善矣，而洋教习所授，每日不过两三时，所教不过一两事。西人积习，往往故作迟缓，不尽其技，以久其期，故有一加减法而教一年者矣。即使师不惮劳，而西人之学，能有几何？西师之费，已为巨款，以故学堂虽建，迄少成材，朱子所谓无得于心而所知有限者也。此二弊也。前一弊学不能精，后一弊学不能多。至机器制造局厂，用西人为工师，华匠不通洋文，仅凭一二翻译者，其弊亦同。

尝考三代即讲译学。《周书》有舌人，《周礼》有象胥诵训，扬雄录别国方言，朱酺译西南夷乐歌。于谨兼通数国言语，《隋志》有国语杂文、鲜卑号令，婆罗门书、扶南胡书、外国书。近人若邵阳魏源，于道光之季，译外国各书各新闻报，为《海国图志》，是为中国知西政之始。南海冯焌光，于同治之季，官上海道时，创设方言馆，译西书数十种，是为中国知西学之始。迹其先几远蹯，洵皆所谓豪杰之士也。

若能明习中学，而兼通西文，则有洋教习者，师生对语，不惟无误，且易启发；无洋教习者，以书为师，随性所近，博学无方。况中外照会、条约、合同，华洋文义，不尽符合，动为所欺，贻害无底。吾见西人善华语华文者甚多，而华人通西语西文者甚少，是以虽面谈久处而不能得其情，其于交涉之际，失机误事者多矣。

大率商贾市井，英文之用多；公牍条约，法文之用多；至各种西学书之要者，日本皆已译之，我取径于东洋，力省效速，则东文之用多。惟是翻译之学有深浅：其仅能市井应酬语，略识帐目字者，不入等；能解浅显公牍书信，能识名物者，为下等；能译专门学问之书（如所习天文矿学，则只能译天文矿学书），非所习者不能译也，为中等；能译各门学问之书，及重要公牍律法深意者，为上等。下等三年，中等五年，上等十年。我既不能待十年以后译材众多而后用之，且译学虽深，而其志趣才识固未可知，又未列于士宦，是仍无与于救时之急务也。是惟多译西国有用之书，以教不习西文之人。凡在位之达官、腹省之寒士、深于中学之耆儒、略通华文之工商，无论老壮，皆得取而读之，采而行之矣。

译书之法有三：一、各省多设译书局；一、出使大臣访其国之要书而选译之；一、上海有力书贾、好事文人，广译西书出售，销流必广，主人得其名，天下得其用矣(此可为贫士治生之计，而隐有开物成务之功。其利益与石印场屋书等，其功德比刻兽书则过之。惟字须略大，若石印书之密行细字，则年老事繁之人不能多读，即不能多销也。今日急欲开发新知者，首在居官任事之人，大率皆在中年以上，且事烦暇少，岂能挑灯细读？译洋报者亦然)。

王仲任之言曰："知古不知今，谓之陆沉；知今不知古，谓之聋瞽。"吾请易之曰："知外不知中，谓之失心；知中不知外，谓之聋瞽。"夫不通西语，不识西文，不译西书，人胜我而不信，人谋我而不闻，人规我而不纳，人吞我而不知，人残我而不见，非聋瞽而何哉？学西文者，效迟而用博，为少年未仕者计也。译西书者，功近而效速，为中年已仕者计也。若学东洋文，译东洋书，则速而又速者也。是故从洋师不如通洋文，译西书不如译东书。

（注：本文辑录自张之洞《劝学篇》，郑州：中州古籍出版社，1998 年，第 127-128 页。）

参 考 书 目

中文参考文献

阿英. 阿英全集[M]. 合肥：安徽教育出版社，2003.

安树芬、彭诗琅. 中华教育历程·(第四十六卷)[M]. 北京：光明日报
　　出版社，2006.

[法]安托瓦纳·贝尔曼. 异域的考研：德国浪漫主义时期的文化与翻
　　译[M]. 章文，译. 北京：生活·读书·新知三联书店，2021.

白立平. 翻译家梁实秋[M]. 北京：商务印书馆，2016.

佚名：被难同志传略[J]. 前哨·文学导报，1931，1(1)：6-7.

陈爱钗. 闽籍翻译家研究[D]. 福建师范大学博士学位论文，2007.

陈丹洪、黄年青. 自强学堂创办经费来源问题研究[J]. 咸宁学院学报，
　　2010(4).

陈德鸿、张南峰. 西方翻译理论精选[M]. 香港：香港城市大学出版社，
　　2000.

陈福康. 中国译学理论史稿[M]. 上海：上海外语教育出版社，2008.

陈福康. 中国译学史[M]. 上海：上海外语教育出版社，2010.

陈洪、夏力. 儿童文学新思维[M]. 北京：大众文艺出版社，2006.

陈建功、吴义勤. 中国现代翻译文学初版本图典(上)[M]. 南昌：百花
　　洲文艺出版社，2015.

陈钧等. 湖北农业开发史[M]. 北京：中国文史出版社，1992.

陈科美. 上海近代教育史：1843—1949[M]. 上海：上海教育出版社，
　　2003.

陈农非：《忆念李求实同志》，收入中国青年出版社编《共青团，我的母
　　亲》，中国青年出版社，1958.

陈其光. 陶园心草：60 年文论自选[M]. 广州：中山大学出版社，2010.

陈炜. 叶君健对中国儿童文学事业的贡献[J]. 新闻出版交流，1999(4).

陈旭麓. 近代中国社会的新陈代谢[M]. 上海：上海人民出版社，1992.

陈智超. 陈垣往来书信集[M]. 上海：上海古籍出版社，1990.

大冶县政协文史资料委员会. 大冶文史资料（第 7 辑）：名人与大冶
　　1[M]. 武汉：武汉出版社，1994.

戴一峰. 区域史研究的困惑：方法论与范畴论[J]. 天津社会科学，2010
　　(1)：128-135.

翟海涛. 法政人与清末法制变革研究[D]. 华东师范大学博士论文，2012.

翟海涛. 中国近代第一套大型法政丛书《法政丛编》编译出版考析[J].
　　出版发行研究，2012(9)：95-97.

董秋斯：《论翻译理论的建设》，收入罗新璋、陈应年《翻译论集》，商
　　务印书馆，2009.

董雁南. 陈天华、邹容、方志敏爱国文选[M]. 北京：时代华文书局，
　　2016.

范军. 崇文书局及晚清官书局研究论集[M]. 武汉：崇文书局，2017.

范铁权、孔祥吉. 革命党人戢翼翚重要史实述考[J]. 历史研究，2013
　　(5)：173-182.

方汉奇、李矗. 中国新闻学之最[M]. 西安：新华出版社，2005.

方克. 中共中央党刊史稿（上）[M]. 北京：红旗出版社，1999.

方梦之、庄智象. 中国翻译家研究（民国卷）[M]. 上海：上海外语教育
　　出版社，2017.

方梦之、庄智象. 中国翻译家研究（当代卷）[M]. 上海：上海外语教育
　　出版社，2017.

方梦之、庄智象. 中国翻译家研究（历代卷）[M]. 上海：上海外语教育
　　出版社，2017.

方仪力. 近代"译名"问题：存疑、释疑与设疑[J]. 四川大学学报（哲学

社会科学版），2018（6）：107-115.

[美]费正清. 剑桥中国晚清史（下卷）[M]. 北京：中国社会科学出版
　　社，1993.

冯承钧：《翻译之缘起及旨趣》，收入[法]沙畹《中国之旅行家：摩尼教
　　流行中国考》，冯承钧，译，上海古籍出版社，2014.

冯承钧. 摩尼教流行中国考·译序[M]. 上海：商务印书馆，1931.

冯承钧：《译后语》，收入[意]马可·波罗《马可·波罗行纪》，哈尔滨
　　出版社，2009.

冯天瑜. 张之洞评传·近代史人物评传[M]. 开封：河南教育出版社，
　　1985.

冯志杰. 中国近代翻译史·晚清卷[M]. 北京：九州出版社，2011.

冯自由. 革命逸史[M]. 北京：新星出版社，2009.

冯自由. 中华民国开国前革命史[M]. 桂林：广西师范大学出版社，1997.

付克. 中国外语教育史[M]. 上海：上海外语教育出版社，1989.

甘民重、林其泉. 王亚南传略[J]. 党史资料与研究，1987（4）.

高伟. 翻译家徐志摩研究[M]. 上海：东南大学出版社，2009.

高晓芳. 晚清洋务学堂的外语教育[M]. 北京：商务印书馆，2007.

高雅洁. 晚清汉译地理图说考述[D]. 复旦大学硕士学位论文，2011（绪
　　论）.

高中自、王琪珉. 辛亥功臣高振霄史迹录[M]. 北京：知识产权出版社，
　　2011.

戈宝权：《谈普希金的俄国情史》，收入《中外文学因缘·戈宝权比较文
　　学论文集》，华东师范大学出版社，2013.

戈宝权编. 中外文学因缘：戈宝权比较文学论文集[M]. 上海：华东师
　　范大学出版社，2013.

戈公振. 中国报学史[M]. 北京：中国新闻出版社，1985.

耿昇：《冯承钧先生学术年表》，收入冯承钧《中国南洋交通史》，商务
　　印书馆，2017.

耿昇：《冯承钧与〈中国南洋交通史〉》，收入冯承钧《中国南洋交通

史》，商务印书馆，2017.

顾颉刚. 当代中国史学[M]. 上海：胜利出版公司，1947.

顾祖禹撰，贺次君、施和金点校. 读史方舆纪要[M]. 北京：中华书局，2005.

郭国良. 中华翻译家代表性译文库：叶君健卷[M]. 杭州：浙江大学出版社，2020.

郭娅、汪婉. 晚清《湖北教育官报》的创办及其史料价值[J]. 课程教育研究，2015(24).

国家清史编纂委员会.《张之洞全集》(6)[M]. 武汉：武汉出版社，2008.

胡从经. 榛莽集——中国现代文学管窥录[M]. 福州：海峡文艺出版社，1988.

胡文辉. 现代学林点将录[M]. 广州：广东人民出版社，2010.

湖北法政编辑社编.《法政丛编》第 15 种殖民政策[M]. 东京：湖北法政编辑社，1905.

湖北法政编辑社编.《法政丛编》第 16 种政治地理[M]. 东京：湖北法政编辑社，1906.

湖北法政编辑社编.《法政丛编》第 1 种法学通论[M]. 东京：湖北法政编辑社，1906.

湖北法政编辑社编.《法政丛编》第 2 种国法学[M]. 东京：湖北法政编辑社，1905.

湖北法政编辑社编.《法政丛编》第 4 种(上)民法总则[M]. 东京：湖北法政编辑社，1905.

湖北法政编辑社编.《法政丛编》第 4 种(下)：民法财产(债权担保)[M]. 东京：湖北法政编辑社，1905.

湖北省地方志编纂委员会编. 湖北省志·新闻出版(下)[M]. 武汉：湖北人民出版社，1995.

黄昌勇. 李伟森与中国新文学——为〈李求实文集〉出版而作[J]. 文艺理论与批评，1993，8(3).

黄国华. 清末第一个以省区命名的留日学生刊物——〈湖北学生界〉[J].

历史教学，1980(4)：33.

黄克武. 走向翻译之路：北洋水师学堂时期的严复[J]．"中央"研究院
　　《近代史研究所集刊》，2005(49)．

黄丽娜. 闻一多诗歌翻译研究[M]．长沙：湖南师范大学硕士学位论文，
　　2013.

黄焰结. 翻译史研究的层次与特征[J]．理论月刊，2014：92-96.

黄焰结等. 中国新时期(1979—2013)翻译史著作的计量分析[J]．浙江
　　越秀外国语学院学报，2016(6)．

黄永昌. 传统慈善组织与社会发展：以明清湖北为中心[M]．北京：光
　　明日报出版社，2012.

戢焕奇、高怀勇、刘锋. 别求新声于异邦——留日先驱戢冀翚事略[J]．
　　重庆交通大学学报(社科版)，2011(5)．

戢翼翚、唐宝锷. 东语正规[M]．上海：作新社，1903.

戢翼翚. 俄国情史[M]．上海：作新社，1903.

季镇淮. 闻一多研究四十年[M]．北京：清华大学出版社，1988.

贾洪伟、贾闽虹. 述往事 思来者 明道理——有关翻译史编写的思
　　考[J]．上海翻译，2014(2)．

江督张人骏札复文. 柳诒征. 国学书局本末[A]．//杨共乐、张昭军主编
　　《柳诒征文集第 10 卷历史与文化论集 2》[C]．北京：商务印书馆，
　　2018.

江凌. 试论近代编译书局的兴起对湖北教育近代化的影响[J]．湖北第
　　二师范学院学报，2008(11)：90-92.

姜元庶. 试论近代编译书局的兴起对湖北教育近代化的影响[M]．鄂州
　　大学学报，2009(1)．

蒋成德. 中国近现代作家的编辑历程[M]．北京：中国书籍出版社，2019.

蒋风. 中国儿童文学大系理论(2)[M]．太原：希望出版社，2009.

金冲及、胡绳武. 辛亥革命史稿 1[M]．上海：上海辞书出版社，2011.

居蜜. 1904 年美国圣路易斯万国博览会中国参展图录》(2 卷本)[M]．
　　上海：上海古籍出版社，2010.

康有为. 公民自治篇——辛亥革命前十年间时论选集[M]. 上海：上海
　　三联书店，1977.

康有为：《上清帝第四书》，收入朱移山《中国新闻传播史文选》，合肥
　　工业大学出版社，2016.

孔慧怡、杨承淑. 亚洲翻译传统与动向[M]. 北京：北京大学出版社，
　　2000.

孔慧怡. 重写翻译史[M]. 香港：香港中文大学出版社，2005.

孔祥吉. 惊雷十年梦未醒：档案中的晚清史事与人物[M]. 广州：广东
　　人民出版社，2017.

蓝红军. 整体史与碎片化之间：论翻译史书写的会通视角[J]. 中国翻
　　译，2016(1).

冷遇春、冷小平. 郧阳抚治二百年[M]. 武汉：湖北人民出版社，2004.

黎难秋. 中国科学翻译史[M]. 合肥：中国科学技术大学出版社，2005.

李敖.《戴震集》《雕菰集》《严复集》[M]. 天津：天津古籍出版社，2016.

李保初. 论"叶君健现象"——兼论文学史的任务[J]. 西安文理学院学
　　报(自然科学版)，1999(2).

李伯和、佘烨. 译论译技与译评译介[M]. 西安：陕西旅游出版社，2006.

李涵秋.《梨云劫》(续)[J]. 扬子江小说报，1909(3).

李金树.〈抗战时期重庆翻译研究〉评介[J]. 外国语文，2017(4).

李景端. 叶君健与《安徒生童话》中译本[J]. 出版史料，2003(1).

李敬一. 中国传播史论[M]. 武汉：武汉大学出版社，2003.

李明. 1922年梁启超湖北讲演实考[J]. 近代史学刊，2015(1).

李权时、皮明庥. 武汉通览[M]. 武汉：武汉出版社，1988.

[英]李提摩太：《中国各报馆始末》，收入杨光辉等编《中国近代报刊发
　　展概况》，新华出版社，1986.

李伟森. 建立出版界的水平——为低能的穷苦读者请愿[J].《北新》半
　　月刊，1930，4(12).

李伟森译，朵思退夫斯基. 朵思退夫斯基夫人之日记及回想录[M]. 上
　　海：上海书局，1928.

李伟森. Francts Buzzell.《寂寞的地位》译者附识[J]. 妇女杂志，1922，8(102).

李伟森. Gubert Canna.《生》译者附识[N]. 晨报副刊，1922-08-31.

李西宁. 中国书院与阅读推广[M]. 北京：朝华出版社，2020.

李细珠. 张之洞与清末新政研究(第2版)[M]. 上海：上海书店出版社，2009.

李晓波. 夏道平思想的古典自由主义性格[J]. 湖北社会科学，2007(10).

李玉. 中国近代区域史研究综述[J]. 贵州师范大学学报(社会科学版)，2002(6).

李月华. 郭大力、王亚南与《资本论》第一个中文全译本的诞生[J]. 百年潮，2021(7).

李长森. 近代澳门翻译史稿[M]. 北京：社会科学文献出版社，2016.

李宗藩. 欧美小学教员(未完)[J]. 教育新报，1909(3).

梁启超. 东籍月旦[M]. 北京：中华书局，1989.

梁启超：《论小说与群治之关系》，收入陈平原编《20世纪中国小说理论资料》，北京大学出版社，1997.

梁启超：《论译书》，收入朱志瑜等编，收入《中国传统译论文献汇编》(卷一)，商务印书馆，2020.

梁启超：《译印政治小说序》，收入陈平原编《20世纪中国小说理论资料》，北京大学出版社，1997.

梁启超：《译印政治小说序》，收入陈平原、夏晓虹编《20世纪中国小说理论资料》(第1卷)，北京大学出版社，1989.

梁启超. 湖北在文化史上之地位及其将来之责任[N]. 申报，1922-09-05.

梁启超. 饮冰室合集，文集之四十[M]. 北京：中华书局，2015.

梁启超. 中国历史研究法[M]. 上海：上海古籍出版社，2011.

林本椿编. 福建翻译家研究[M]. 福州：福建教育出版社，2004.

林大津. 福建翻译史论(三卷本)[M]. 厦门：厦门大学出版社，2013.

林文艺. 1951—2001年英文版〈中国文学〉研究[M]. 重庆：重庆大学出

版社，2012.

刘晨晖. 震荡晚清六名臣[M]. 北京：团结出版社，2017.

刘成禺. 世载堂杂忆[M]. 沈阳：辽宁教育出版社，1997.

刘峨. 论檄文的文体特点[J]. 淮北师范大学学报（哲学社会科学版），
2012(2).

刘家信. 舆图世家和《中外舆地全图》[J]. 地图，2015(3).

刘军平. 后严复话语时代：叶君健对严复翻译思想的拓新[J]. 外语与
外语教学，2015(6).

刘军平. 西方翻译理论通史[M]. 武汉：武汉大学出版社，2014.

刘望龄. 张之洞与湖北报刊[J]. 近代史研究，1996(2)：44-65.

刘望龄. 辛亥首义与时论思潮详录[M]. 武汉：华中师范大学出版社，
2011.

刘晓. 元史研究[M]. 福州：福建人民出版社，2006.

刘远芳. 三栖名家夏道平[J]. 档案记忆，2016(8).

刘志伟、任建敏. 区域史研究的旨趣与路径[J]. 区域史研究（创刊号/
总第1辑）. 北京：社会科学文献出版社，2019.

柳诒征：《国学书局本末》，收入杨共乐、张昭军《柳诒征文集第10卷
历史与文化论集2》，商务印书馆，2018.

鲁迅：《为了忘却的记念》，收入李金水《时光新文库 很美很美的中国
散文》，台海出版社，2018.

鲁迅. 中国无产阶级革命文学和前驱的血[J]. 前哨·文学导报，1931，
1(1)：4-5.

罗福惠. 湖北通史：晚清卷[M]. 武汉：华中师范大学出版社，2018.

罗志田、葛小佳. 东风与西风[M]. 北京：三联书店，1998.

吕瑞廷. 湖北农会报缘起[J]. 湖北农会报，1905(1).

马建忠：《拟设翻译书院议》，收入郑振铎《晚清文选》，西苑出版社，
2003.

马克思著.《资本论》（第3卷）·译者跋[M]. 郭大力、王亚南译. 上
海：三联书店，2011.

马勇. 盗火者：严复传[M]. 上海：东方出版社, 2015.

毛泽东. 毛泽东诗词选[M]. 北京：人民文学出版社, 1986.

茅海建. 戊戌时期康有为与光绪帝[J]. 近代史研究, 2021(4).

明庥. 近代武汉城市史[M]. 北京：中国社会科学出版社, 1999.

南治国. 闻一多的译诗及译论[J]. 中国翻译, 2002(2).

潘新藻. 湖北省建制沿革[M]. 武汉：湖北人民出版社, 1987.

[美]钱存训著. 近世译书对中国现代化的影响[J]. 戴文伯译. 文献, 1986(2).

屈文生. 翻译史研究的面向与方法[J]. 外语教学与研究, 2018(6)：833-834.

璩鑫圭、唐良炎. 中国近代教育史资料汇编·学制演变[M]. 上海：上海教育出版社, 2007.

热扎克·买提尼牙孜. 西域翻译史[M]. 乌鲁木齐：新疆大学出版社, 1994.

[美]任达. 新政革命与日本——中国：1898—1912[M]. 李仲贤译. 南京：江苏人民出版社, 1998.

桑兵. 治学的门径与取法——晚清民国研究的史料与史学[M]. 北京：社会科学出版社, 2014.

上海鲁迅纪念馆编. 上海鲁迅研究(2015年冬)[M]. 上海：上海社科院出版社, 2015.

上海图书馆编. 〈中国近代期刊篇目汇录〉第1册[M]. 上海：上海人民出版社, 1982.

上海图书馆. 汪康年师友书札3[M]. 上海：上海书店出版社, 2017.

沈渭滨. 孙中山与辛亥革命[M]. 上海：上海人民出版社, 2016.

沈兆祎：《新学书目提要(卷一)》, 收入熊月之《晚清新学书目提要》, 上海书店出版社, 2014.

施康强. 何妨各行其道[J]. 读书, 1991, 12(5).

石小梅. 小畑薰良英译《李白诗集》的历史价值与当代意义[J]. 西安外国语大学学报, 2016, 24(2).

[日]实藤惠秀. 中国人留学日本史[M]. 谭汝谦、林启彦, 译. 北京: 三联书店, 1983.

斯丹达尔著. 红与黑[M]. 闻家驷译. 北京: 人民文学出版社, 1988.

宋徽.《湖北学生界》: 晚清湖北之平地惊雷[J]. 咸宁学院学报, 2010(7).

宋徽. 晚清留日学生刊物《湖北学生界》的出版发行[J]. 出版发行研究, 2012(6): 77-79.

宋原放编, 汪家熔辑注. 中国出版史料: 近代部分(第2卷)[M]. 武汉: 湖北教育出版社, 2004.

宋韵声. 跨文化的彩虹——叶君健传[M]. 沈阳: 辽宁大学出版社, 2014.

苏艳. 张之洞督鄂期间翻译赞助行为研究[J]. 外语研究, 2021(5): 70-76.

苏云峰. 中国现代化的区域研究: 湖北省 1860—1916[J]. "中央"研究院近代史研究所专刊(台湾), 1987(41).

孙宏云. 那特硁的《政治学》及其在晚清的译介与影响[J]. 辛亥革命与清末民初思想, 2012: 274-297.

孙慧怡. 重写翻译史[M]. 香港: 香港中文大学出版社, 2005.

孙迁. 也谈《红与黑》的汉译——和王子野先生商榷[J]. 四川外语学院学报, 1992, 13(3).

孙霞著. 清末民初时期湖北的外语教育和翻译活动[M]. 武汉: 武汉大学出版社, 2018.

孙艳、张旭. 中国翻译史的海外发声——基于九大国际译学期刊的考察(1955—2020)[J]. 上海翻译, 2022(1).

谭汝谦. 中国译日本书综合目录[M]. 香港: 香港中文大学出版社, 1980.

谭载喜. 西方翻译简史(增订版)[M]. 北京: 商务印书馆, 2008.

汤旭岩、马志立. 缘起百年前湖北出版物的一段佳话[M]. 图书情报论坛, 2010(3): 3-5.

陶报癖. 论小说之势力及其影响[A]. //黄霖编. 中国历代小说批评史料汇编校释[C]. 南昌: 百花洲文艺出版社, 2009.

田中千春. 日本翻译史概要[J]. 中国翻译, 1985(11)：41-44.

涂文学. 大智眼界 大爱情怀——试论冯天瑜先生的湖北武汉区域历时
　　文化研究[J]. 社会科学动态, 2022(1)：39.

王秉钦. 20 世纪中国翻译思想史(第 2 版)[M]. 天津：南开大学出版
　　社, 2018.

王德威. 想象中国的方法：历史·小说·叙事[M]. 天津：百花文艺出
　　版社, 2016.

王黻炜. 实业教育论[J]. 教育新报, 1908(2).

王宏志. 作为文化现象的译者：译者研究的一个切入点[J]. 长江学术,
　　2021(1).

王宏志. 翻译与近代中国[M]. 上海：复旦大学出版社, 2014.

王建朗、黄克武. 两岸新编中国近代史[M]. 北京：社会科学文献出版
　　社, 2016.

王静如. 冯承钧教授传[J]. 燕京学报, 1946(6).

王宁. 翻译与跨文化阐释[J]. 中国翻译, 2014(2)：5-13, 127.

王韬著, 孙邦华编选. 弢园老民自传[M]. 南京：江苏人民出版社, 1999.

王先明. "区域化"取向与近代史研究[J]. 学术月刊, 2006(3)：126-
　　128, 137.

王向远. 译文学：翻译研究新范式[M]. 北京：中央编译出版社, 2018.

王扬宗编校. 近代科学在中国的传播(下)[M]. 济南：山东教育出版
　　社, 2009.

《王亚南文集》编委会. 王亚南文集(第 2 卷)《资本论》研究[M]. 福州：
　　福建教育出版社, 1988.

王友贵. 翻译家鲁迅[M]. 天津：南开大学出版社, 2016.

王运孚. 乡土科教授法[J]. 教育新报, 1908(2).

王增炳、余纲编. 王亚南治学之路[M]. 福州：福建人民出版社, 1984.

王子野. 后来未必居上[J]. 读书, 1991, 12(3)：100.

王祖华. 但开风气不惧先——戢翼翚的翻译活动述考[J]. 东方翻译,
　　2017(4)：51-55.

韦力. 寻访官书局[M]. 南昌：江西高校出版社，2018.

魏源. 海国图志[M]. 郑州：中州古籍出版社，1999.

闻家驷. 当真是劫匪吗[N].《人民周报》等期刊出版的联合增刊，1945-
　　12-08(001).

闻家驷. 维克多·雨果[N]. 光明日报，1952-05-04.

闻家驷. 心里话[J]. 群言，1994，10(7)：26.

闻家驷. 忆一多兄[J]. 读书，1979，1(4).

闻家驷. 在法国文学介绍方面尽点力量[J]. 国外文学，1983，3(2).

闻家驷：《直译还是意译》，收入许钧、施雪莹《从〈茶花女〉到〈流浪的
　　星星〉启蒙的光辉与人性的力量》，西苑出版社，2016.

闻一多. 闻一多全集[M]. 武汉：湖北人民出版社，1993.

闻一多. 七子之歌闻一多诗歌散文经典[M]. 长春：吉林出版集团股份
　　有限公司，2018.

吴建国. 清末民初的自治思潮评述[J]. 西南民族大学学报(人文社会科
　　学版)，2004(12).

吴剑杰. 张之洞年谱长编[M]. 上海：上海交通大学出版社，2009.

"五四"三十周年纪念专辑编委会编. "五四"三十周年纪念专辑[M]. 上
　　海：新华书店，1949.

吴贻谷. 武汉大学校史1893—1993[M]. 武汉：武汉大学出版社，1993.

夏道平：《〈个人主义与经济秩序〉修订版译者序》，收入何卓恩、夏明
　　《夏道平文集》，长春出版社，2013.

夏道平：《〈经济科学的最后基础〉修订版译者序》，收入何卓恩、夏明
　　《夏道平文集》，长春出版社，2013.

夏道平：《经济学者应注意的一个小小"S"》，收入何卓恩、夏明《夏道
　　平文集》，长春出版社，2013.

夏道平. 自由经济的思路[M]. 台北：台湾远流出版事业股份有限公司，
　　1989.

夏明. 夏道平其人其事[J]. 湖北经济学院学报，2017(15)：103-107.

萧超然、沙健录、周承恩、梁柱. 北京大学校史(1898—1949)[M]. 上

海：上海教育出版社，1981.

肖超. 翻译出版与学术传播——商务印书馆地理学译著出版史[M]. 北京：商务印书馆，2016.

肖崇俊. 浅议马克思《资本论》在中国的翻译与研究[J]. 决策与信息，2016(3).

肖志兵. 论区域翻译史的研究路径——张旭近著《近代湖南翻译史论》评析[J]. 中国比较文学，2016(1).

啸余. 欧西地方自治之大观[J]. 湖北地方自治研究会杂志，1908(1)：107.

谢天振. 译介学(增订本)[M]. 南京：译林出版社，2013.

辛安亭. 中国著名现代人物选[M]. 兰州：甘肃人民出版社，1995.

熊贤君. 湖北教育史[M]. 武汉：湖北教育出版社，1999.

熊月之. 论上海租界的双重影响[J]. 史林，1987(3)：103-110.

熊月之. 晚清新学书目提要[M]. 上海：上海书店出版社，2007.

熊月之. 晚清社会与西学东渐[M]. 上海：上海人民出版社，1994.

修彩波. 近代学人与中西交通史研究[M]. 北京：光明日报出版社，2010.

徐国利. 关于区域史研究中的理论问题——区域史的定义及其区域的界定和选择[J]. 学术月刊，2007(3)：121-128.

徐万民. 孙中山与辛亥革命[M]. 北京：北京图书馆出版社，2002.

徐志摩. 勃朗宁夫人的情诗[J]. 新诗，1928(1)(转引自外国文学网).

许渊冲. 文学翻译是两种语言的竞赛——《红与黑》新译本前言[J]. 外国语，1993，16(3).

许渊冲. 文学翻译与翻译文学[J]. 世界文学，1990，38(1).

[英]亚当·斯密. 国富论(上)[M]. 郭大力、王亚南，译. 上海：上海三联书店，2009.

严昌洪. 中国近代史料学(增订本)[M]. 北京：北京大学出版社，2018.

严光辉. 狂儒怪杰辜鸿铭[M]. 北京：团结出版社，2020.

阎志. 汉口商业简史[M]. 武汉：湖北人民出版社，2017.

晏昌贵. 丹江口水库区域历史地理研究[M]. 北京：中国社会科学出版

社，2007.

燕治国. 先生们[M]. 太原：北岳文艺出版社，2018.

阳金洲. 中外新闻传播史(第3版)[M]. 北京：中国传媒大学出版社，2017.

杨枫. 知识翻译学宣言[J]. 当代外语研究，2021(5)(卷首语).

杨宏峰. 新青年简体典藏全本(第2卷 第1-6号)[M]. 银川：宁夏人民出版社，2011.

杨荣广. 定名与求实：翻译学的学科演进再反思[J]. 上海翻译，2018(2)：6-11，94.

杨荣广，黄忠廉. 中国译论史研究展望[J]. 中国社会科学报，2022-01-11.

杨荣广，胡德香. 民国中期的翻译批评理论建设[J]. 东方翻译，2021(4)：7-12.

杨荣广，袁湘生. 中国本土译论术语"变译"的英译研究[J]. 语言教育，2021(3)：66-71.

杨荣广. 重识传统译论：方法与路径[J]. 中国科技翻译，2019(1)：62-65+21.

杨荣广. 我国典籍的对外翻译出版与传播[J]. 出版广角，2015(14)：114-116.

杨永德、蒋洁. 中国书籍装帧4000年艺术史[M]. 北京：中国青年出版社，2013.

要云. 滇魂：抗日战争中的云南人[M]. 昆明：云南科学技术出版社，2018.

叶君健. 翻译也要出"精品"[J]. 中国翻译，1997(1).

叶君健. 关于文学作品翻译的一点体会[J]. 中国翻译，1983(2).

叶君健. 毛泽东诗词的翻译——一段回忆[J]. 中国翻译，1991(4)：7-9.

叶君健：《我的青少年时代》，收入《叶君健全集》(第十七卷)，清华大学出版社，2010.

叶念先. 叶君健年谱[J]. 新文学史料，2001(4)：186-195.

叶再生. 中国近代现代出版通史(第1卷)[M]. 北京：华文出版社, 2002.

佚名. 倡办国民报简明章程[N]. 国民报, 1901-01-01.

佚名. 改正体例告白[J]. 译书汇编, 1902, 2(9).

佚名. 海外之部：小学图书馆办法[N]. 湖北教育官报, 1910-8.

佚名. 湖北官报凡例十则[N]. 湖北官报, 1905-01.

佚名. 湖北商务报略例[N]. 湖北商务报, 1899-01.

佚名. 湖北学生界开办章程[J]. 湖北学生界, 1903(1).

佚名. 湖北咨送日本留学生叶开琼禀呈《法政丛编》请示审定由[N]. 北洋官报, 1906(1053).

佚名. 梁启超在武大暑校讲演记[N]. 申报, 1922-09-05.

佚名. 绍介新书：政法学报(原名译书汇编)：东京译书汇编社刊[J]. 新民丛报, 1903(30).

佚名. 叙例[N]. 国民报, 1901-01.

佚名. 学部审定中学教科书提要(未完)[J]. 教育杂志, 1909(1)：1-8.

佚名. 学部奏本部开办编订名词馆并遴派总纂折[N]. 浙江教育官报, 1910-18.

佚名. 中外日报论译商业书要例[N]. 湖北商务报, 1899-03.

译书汇编编辑部. 译书汇编之发行意趣[J]. 译书汇编, 1902, 2(1).

易经. 试论翻译学体系的构建[D]. 湖南师范大学博士论文, 2009.

虞慕堂. 稻叶枯病[N]. 湖北农会报, 1910-07.

雨果. 雨果诗抄[M]. 闻家驷, 译. 北京：外国文学出版社, 1986.

苑书义等. 张之洞全集[M]. 石家庄：河北人民出版社, 1998.

查明健、谢天振. 中国20世纪外国文学翻译史[M]. 武汉：湖北教育出版社, 2007.

张继煦. 最近各国学制》(附图)[N]. 湖北教育官报, 1910-01.

张继煦. 最近各国学制》(续前)[N]. 湖北教育官报, 1910-08.

张杰. 在整体视野中深化区域史研究[N]. 中国社会科学报, 2016-04-06.

张莉.《湖北学生界》与日语借词的引进[J]. 黄冈师范学院学报, 2018(2).

张朋园. 湖南现代化的早期进展[M]. 长沙：岳麓书社，2002.

张寿祺编. 记王宠惠先生[M]. 广州：广东人民出版社，2017.

张伟然. 湖北历史文化地理研究[M]. 武汉：湖北教育出版社，2000.

张锡昌. 记二十世纪初的《中外舆地全图》[N]. 社会科学报，2001-04.

张旭. 近代湖南翻译史论[M]. 长沙：湖南人民出版社，2014.

张旭. 湘籍近现代文化名人·翻译家卷[M]. 长沙：湖南师范大学出版社，2011.

张玉法. 戊戌时期的学会运动[J]. 历史研究，1998(5)：5-26.

张之洞.《湖北商务报》缘起：湖广总督部堂张奏设汉口商务局酌拟开办章程折[N]. 湖北商务报，1899-01.

张之洞. 吁请修备储才折.《张之洞全集》第二册奏议第三十七卷[M]. 石家庄：河北人民出版社，1998.

张之洞：《札道员蔡锡勇改定自强学堂章程》，收入陈学洵编《中国近代教育史教学参考资料》(上)，人民教育出版社，1986.

张之洞. 张文襄公全集[M]. 北京：中国书店，1990.

张之洞：《招考自强学堂学生示并章程》，收入陈学洵编《中国近代教育史教学参考资料(上)》，人民教育出版社，1986.

张之洞著，李忠兴评注. 劝学篇[M]. 郑州：中州古籍出版社，1998.

张之洞著. 劝学篇·外篇[M]. 长春：吉林出版集团有限责任公司，2010.

章开沅、张正明、罗福惠. 湖北通史[M]. 武汉：华中师范大学出版社，1999.

章开沅. 辛亥革命辞典[M]. 武汉：武汉出版社，2011.

赵瑞蕻：《译书漫忆——关于〈红与黑〉的翻译及其他》，参阅许钧主编《文字·文学·文化》，译林出版社，2011 年.

赵忠文. 中国史史学大辞典[M]. 延吉：延边大学出版社，1992.

郑鹤声. 八十年来官办编译事业之检讨[J]. 说文月刊第四卷(合订本)，1946.

郑鹤声：《冯承钧对中国海外交通史、中外关系史研究的贡献》，收入中国海外交通史研究会、福建省泉州海外交通史博物馆编《海上丝绸之路综论》，中国海洋出版社，2017.

中共江夏区委金口街道办事处工作委员会、政协江夏区文史学习委员会编. 金口史话[M]. 武汉：武汉出版社，2009.

中国大百科全书出版社编辑部编. 中国大百科全书·经济学 1—3[M]. 北京：中国大百科全书出版社，1988.

中国第一历史档案馆编. 清代档案史料丛编(第 14 辑)[M]. 北京：中华书局，1990.

《中国翻译》编辑部编. 诗词翻译的艺术[M]. 北京：中国对外翻译出版公司，1987.

中国史学会编. 中国近代史资料丛刊·戊戌变法(二)[M]. 上海：上海人民出版社，1958.

中国中共党史学会编. 中国共产党历史系列辞典[Z]. 北京：中共党史出版社、党建读物出版社，2019.

周川. 中国近现代高等教育人物辞典[Z]. 福州：福建教育出版社，2018.

周光明、邹文平. 论张之洞与近代报刊[J]. 武汉大学学报(人文科学版)，2007(5)：716-721.

周积明. 湖北文化史[M]. 武汉：华中师范大学出版社，2006.

周俊博. 晚清"湖北译书局"的译介活动[J]. 郑州航空工业管理学院学报(社会科学版)，2013(5)：107-110.

周俊博. 晚清"湖北译书局"译介活动研究评析[J]. 长春师范学院学报，2013(11)：24-25.

周丽红等. 地域翻译史研究：问题与思考[J]. 辽宁工业大学学报(社会科学版)，2021(6).

周元良、胡培兆. 王亚南传略[J]. 晋阳学刊，1980(3)：81-85.

朱杰勤：《纪念冯承钧先生》，收入冯承钧撰，邬国义编校《冯承钧学术论文集(下)》，上海古籍出版社，2015.

朱琳、吴永贵：《湖北官书局刻书始末考》，收入范军《崇文书局及晚清官书局研究论集》，武汉：崇文书局，2017.

朱政惠. 美国中国学发展史——以历史学为中心[M]. 上海：中西书局，

2014.

庄驰原. 近代中国最早的法政翻译期刊《译书汇编》探微[J]. 翻译论坛, 2018(3).

邹代钧. 译印西文地图公会章程[N]. 时务报, 1896-01.

邹俊杰. 清末湖北警政问题研究[M]. 武汉：武汉大学出版社, 2019.

邹振环. 20 世纪中国翻译史学史[M]. 上海：中西书局, 2017.

邹振环. 冯承钧及其在中国翻译史上的贡献[J]. 学术月刊, 1996, 40(4).

邹振环. 近五十年来台湾的翻译史研究[J]. 东方翻译, 2014(6).

邹振环. 晚明至晚清的翻译：内部史与外部史[J]. 东方翻译, 2010： 18-26+32.

邹振环. 20 世纪上海翻译出版与文化变迁[M]. 桂林：广西教育出版 社, 2000.

邹振环. 晚清西方地理学在中国：以 1815 至 1911 年西方地理学译著的 传播与影响为中心[M]. 上海：上海古籍出版社, 2000.

樽本照雄. 新编增补清末民初小说目录[M]. 济南：齐鲁书社, 2002.

外文参考文献

[日]高须治助：露国情史 スミスマリー之傳[M]. 东京：高崎书房, 1886.

A. Rizzi et al. *What Is Translation History*? [M]. Queesland：Palgrave Macmillan, 2009.

Almasy, K. Setting the Canon, Translating the Canon[J]. *Chronotopos*, 2020(2).

Aroshidze, Marine. Aroshidze, Nino. Role of Translation in Enhancement of the Religious and Scientific Knowledge[J]. *Balkanistic Forum*, 2019(2)：205-214.

Bassnet Susan. *Translation Studies* (Third Edition) [M]. Shanghai： Shanghai Foreign Language Education Press, 2010.

Bastin, G. and P. Bandia. (eds.) *Charting the Future of Translation*

History: *Current Discourses and Methodology*[M]. Ottawa: Ottawa University Press, 2006.

Brems, E. Separated by the Same Language: Intralingual Translation Between Dutch and Dutch[J]. *Perspectives*: *Journal of Translation Studies*, 2019, 26(4): 509-525.

Chesterman, Andrew. The Name and Nature of Translator Studies[J]. *Hermes*: *Journal of Language and Communication in Business*, 2009, 22(42): 13-22.

Di Giovanni. Chelati Dirar. Reviewing Directionality in Writing and Translation: Notes for a History of Translation in the Horn of Africa[J]. *Translation Studies*, 2015(2): 175-190.

Gibadullin I. R. An Anonymous Persian Work—"Hikayat": A Source on the History of the Volga-Ural Region[J]. *Zolotoordynskoe Obozrenie*, 2019(4): 687-719.

Jin, HN (Jin, Haina). Film Translation into Ethnic Minority Languages in China: a Historical Perspective[J]. *Perspectives*: *Journal of Translation Studies*, 2020, 28(4): 1-13.

Ken Takiguchi. Translating Erased History: Inter-Asian Translation of the National Changgeuk Company of Korea's Romeo and Juliet [J]. *Journal of World Languages*, 2016, 3(1): 22-36.

Lieven D'hulst & Yves Gambier. *A History of Modern Translation Knowledge*[M]. Amsterdam/Philadelphia: John Benjamins Publishing Company, 2018.

Munday, Jeromy. Using Primary Sources to Produce a Microhistory of Translation and Translators: Theoretical and Methodological Concerns[J]. *The Translator*, Vol. 20(1), 2014: 64-80.

Pym, A. *Method in Translation History*[M]. Beijing: Foreign Language Teaching and Research Press, 2007.

Reichard, A. Z. Translation [J]. *Early American Studies*: *An Interdiscip-*

linary Journal, 2018(4): 801-811.

Sh A. Kulieva & D. V. Tavberidze. From the History of Translation Activity in Central Asia (XVI-XIX) [J]. *Polylinguality and Transcultural Practices*, 2017, 14(2): 310-318.

Sheker A. Kulieva. Development of Trranslation in Cental Asia: Kazakhstan's Experience [J]. *Polylinguality and Transcultural Practices*, 2018 (2): 528-536.

Soesilo, D. An Overview of Bible Translation History in Asia with Focus on the Regions of Chinese-Character Cultures [J]. *Journal of Biblical Text Research*, 2006(19): 138-152.

Tsien T. H. Western Impact on China Through Translation [J]. *The Journal of Asian Studies*, 1954, 13(3): 305-327.